流光溢彩的金属宝器

郭艳红　编著

中国出版集团　现代出版社

图书在版编目（CIP）数据

流光溢彩的金属宝器 / 郭艳红编著. -- 北京 : 现代出版社，2017.8

ISBN 978-7-5143-6481-1

Ⅰ. ①流… Ⅱ. ①郭… Ⅲ. ①金属器物—古器物—介绍—中国 Ⅳ. ①K876.4

中国版本图书馆CIP数据核字(2017)第223458号

流光溢彩的金属宝器

作　　者：郭艳红
责任编辑：李　鹏
出版发行：现代出版社
通讯地址：北京市定安门外安华里504号
邮政编码：100011
电　　话：010-64267325　64245264（传真）
网　　址：www.1980xd.com
电子邮箱：xiandai@vip.sina.com
印　　刷：天津兴湘印务有限公司
字　　数：380千字
开　　本：710mm×1000mm　1/16
印　　张：30
版　　次：2018年5月第1版　2018年5月第1次印刷
书　　号：ISBN 978-7-5143-6481-1
定　　价：128.00元

习近平总书记在党的十九大报告中指出："深入挖掘中华优秀传统文化蕴含的思想观念、人文精神、道德规范，结合时代要求继承创新，让中华文化展现出永久魅力和时代风采。"同时习总书记指出："中国特色社会主义文化，源自于中华民族五千多年文明历史所孕育的中华优秀传统文化，熔铸于党领导人民在革命、建设、改革中创造的革命文化和社会主义先进文化，植根于中国特色社会主义伟大实践。"

我国经过改革开放的历程，推进了民族振兴、国家富强、人民幸福的"中国梦"，推进了伟大复兴的历史进程。文化是立国之根，实现"中国梦"也是我国文化实现伟大复兴的过程，并最终体现在文化的发展繁荣。博大精深的中国优秀传统文化是我们在世界文化激荡中站稳脚跟的根基。中华文化源远流长，积淀着中华民族最深层的精神追求，代表着中华民族独特的精神标识，为中华民族生生不息、发展壮大提供了丰厚滋养。我们要认识中华文化的独特创造、价值理念、鲜明特色，增强文化自信和价值自信。

如今，我们正处在改革开放攻坚和经济发展的转型时期，面对世界各国形形色色的文化现象，面对各种眼花缭乱的现代传媒，我们要坚持文化自信，古为今用、洋为中用、推陈出新，有鉴别地加以对待，有扬弃地予以继承，传承和升华中华优秀传统文化，发展中国特色社会主义文化，增强国家文化软实力。

浩浩历史长河，熊熊文明薪火，中华文化源远流长，滚滚黄河、滔滔长江，是最直接的源头，这两大文化浪涛经过千百年冲刷洗礼和不断交流、融合以及沉淀，最终形成了求同存异、兼收并蓄的辉煌灿烂的中华文明，也是世界上唯一绵延不绝的古老文化，并始终充满生机与活力。

中华文化曾是东方文化摇篮，也是推动世界文明不断前行的动力之一。早在五百年前，中华文化的四大发明催生了欧洲文艺复兴运动和地理大发

现。中国四大发明先后传到西方，对于促进西方工业社会发展和形成，起到了重要作用。

中华文化的力量，已经深深熔铸到我们的生命力、创造力和凝聚力中，是我们民族的基因。中华民族的精神，业已深深植根于绵延数千年的优秀文化传统之中，是我们的精神家园。

总之，中国文化博大精深，是中华各族人民五千年来创造、传承下来的物质文明和精神文明的总和，其内容包罗万象，浩若星汉，具有很强的文化纵深，蕴含着丰富的宝藏。我们要实现中华文化的伟大复兴，首先要站在传统文化前沿，薪火相传，一脉相承，弘扬和发展五千年来优秀的、光明的、先进的、科学的、文明的和自豪的文化现象，融合古今中外一切文化精华，构建具有中国特色的现代民族文化，向世界和未来展示中华民族的文化力量、文化价值、文化形态与文化风采。

为此，在有关专家指导下，我们收集整理了大量古今资料和最新研究成果，特别编撰了本套大型书系。主要包括巧夺天工的古建杰作、承载历史的文化遗迹、人杰地灵的物华天宝、千年奇观的名胜古迹、天地精华的自然美景、淳朴浓郁的民风习俗、独具特色的语言文字、异彩纷呈的文学艺术、欢乐祥和的歌舞娱乐、生动感人的戏剧表演、辉煌灿烂的科技教育、修身养性的传统保健、至善至美的伦理道德、意蕴深邃的古老哲学、文明悠久的历史形态、群星闪耀的杰出人物等，充分显示了中华民族厚重的文化底蕴和强大的民族凝聚力，具有极强的系统性、广博性和规模性。

本套书系的特点是全景展现，纵横捭阖，内容采取讲故事的方式进行叙述，语言通俗，明白晓畅，图文并茂，形象直观，古风古韵，格调高雅，具有很强的可读性、欣赏性、知识性和延伸性，能够让广大读者全面触摸和感受中国文化的丰富内涵，增强中华儿女民族自尊心和文化自豪感，并能很好地继承和弘扬中国文化，创造具有中国特色的先进民族文化。

金银生辉——金银文化与艺术特色

青铜时代——青铜文化与艺术特色

流光溢彩的

金属宝器

金银生辉

金银文化与艺术特色

夏商两周金银器

在甘肃省玉门夏代古墓中，发现了铸造粗糙的金耳环，这是中国发现的最早的金饰器实物。商代的金器以装饰品占主导地位，器物类相对较少。

河南省安阳殷墟遗址出土的眼部贴金虎形饰及金片、金叶、金箔等装饰，四川省广汉三星堆祭祀坑中发现的金面罩和金杖等祭祀用的金器说明，金器在商代已被社会上层广泛使用。夏商西周时期还没有银器发现。

夏代火烧沟发轫的金银器

　　夏朝是中国历史上的第一个朝代。《史记·夏本纪》注引《集解》等书说，夏朝"从禹至桀十七君，十四世"，共471年。夏朝的主要活动地区在河南西部颍水上游和伊河、洛河下游及山西晋南地区。

　　与夏朝文化遗址同时存在的其他氏族、部落的文化遗址主要有黄河下游齐鲁地区的岳石文化、黄河上游的齐家文化，长江中游荆楚先民的石家河文化和长江下游吴、越先民的晚期良渚文化等。

　　夏朝是中国第一个奴隶制王朝，与夏朝并存的还有全国各地的氏族、部落、部落联盟。这些分布在中国的早期国家和氏族、部落集团共同发展了经济，共同创造了夏代的历史。

对鸟纹金饰片

　　在甘肃省玉门市清泉乡火烧沟文化遗址中，有一个被称为"火烧沟原始村"的

地方，其中"建草棚泥屋八座"展现了河西先民的生活图景。

■ 原始金饰指环

因遗址处于一条红土山沟旁，山沟土色红似火烧故名火烧沟遗址。该遗址中有大量新石器文化遗存，距今3700年左右，属夏朝末期，被称为火烧沟文化。

在火烧沟文化遗址中发现了中国最原始的金器，主要是金耳环、合金鼻环等饰物。虽然铸造粗糙，但开创了中国金银器实物之先河。

在火烧沟遗址中发现的大量夏代青铜器和冶炼作坊，说明这里是中国夏商时代重要的冶炼中心。

中国最古老而又比较确实的地理书籍《禹贡》和《职方氏》中有关夏朝"九州"的记载均包括了河西走廊，从中可以看到，河西走廊全境都包括在九州之中，是夏朝疆域的西陲。

因此，河西走廊并不是华夏文明之外的蛮荒之地。很多文献展现出的是河西走廊文化的先进性，例如《新语·术事篇》上说，"大禹出于西羌"；司马迁《史记·六国表》中说，"禹兴于西羌"；《荀子·大略》中也说，"禹学于西王母国"；等等。

这些古代文献和火烧沟的考古资料，共同印证了河西走廊在中国夏代时期不但与华夏有着密切的联

禹　即夏禹，姒姓夏后氏，名文命，字高密，号禹，后世尊称大禹，夏后氏首领，传说为黄帝轩辕氏第六代玄孙，因治黄河水患有功，受舜禅让即帝位。禹是夏朝的第一位天子，因此后人也称他为夏禹。

《史记》　西汉司马迁撰写的第一部纪传体通史。是二十五史的第一部。记载了上自上古传说中的黄帝时代，下至汉武帝太初四年共3000多年的历史。《史记》最初没有书名，或称"太史公书""太史公传"，也省称"太史公"。它与宋代司马光编撰的《资治通鉴》并称"史学双璧"。

古代贵族金饰品

系，而且有着最先进的文化。

火烧沟文化是羌文化，《说文解字》中说："羌，西方牧羊人也。"位于夏朝西陲的火烧沟墓葬中发现的四羊头铜权杖柄、羊头柄彩陶方杯，尤其是成规格的随葬羊骨，都体现了典型的羊文化特点。

而在火烧沟文化东面的齐家文化各遗址，甚至临近火烧沟的东灰山遗址中，均不见这样典型的羊文化特点。从这些遗址中发现的兽骨，均以猪为主，羊骨极少，因此火烧沟所在的河西走廊西部应是早期的羌文化所在地，火烧沟人应是早期羌人的一支。

尤其重要的是，火烧沟人的黄金制造水平也是高超的。火烧沟遗址中发现的齐头合缝的金耳环数量较多，纯度很高，微泛红色。

火烧沟人除了懂得如何冶炼青铜，还能冶炼其他合金，这说明火烧沟的金属制造业已达到相当高的水平。

阅读链接

在火烧沟遗址中还发现了一个金属鼻环，这个鼻环是银白色的，密度较大，外表光亮。

它不会是纯银，因为银经过几千年早就氧化而发黑了；它也不会是纯金，因为金是黄色的。但有一点应是肯定的，即它是由合金制成的，估计金、银是其主要成分。

展现金属之美的商代金器

商朝时期青铜工艺的繁荣和发展，为金器的发展奠定了雄厚的物质和技术基础，同时青铜、玉雕、漆器等工艺的发展，也促进了金器工艺的发展，并使金器得以在更广阔的领域中，以更多样的形式发挥其审美功能。

商代金器大多为装饰品，而最常见的金箔，多用于其他器物上的饰件，或者说，是以和其他器物相结合的形式来增强器物的美感。

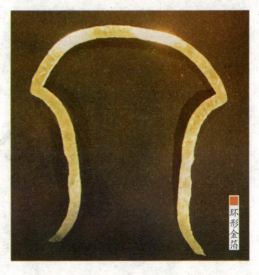

环形金箔

商代最主要的遗址是殷墟，在这里发现的金箔十分轻薄，从厚度看，当时的锤揲工艺已相当高超，也说明商代工匠对金子的延展性有了相当深刻的认识，不然不可能加工到如此

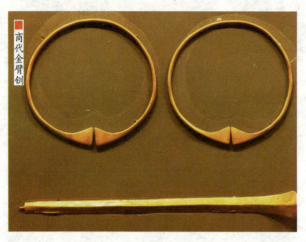

商代金臂钏

微薄的厚度。

在北京市平谷区刘家河商墓中发现的几件金器，金耳坠通高3.4厘米，坠部直径2.2厘米，重6.8克，耳坠部呈扇形，往上由粗及细弯成半圆形，尾端收束成尖锥形；金臂钏周长约39厘米，截面直径0.3厘米，钏直径12.5厘米，其中，一件重93.7克，另一件重79.8克；金簪长27.7厘米，头宽2.9厘米，尾宽0.9厘米，重108.7克，器身截断面呈钝三角形，在其尾端有一长约0.4厘米的榫状结构，可能原镶嵌有其他装饰品。

臂钏即臂环，古代称臂环为钏。《正字通·金部》上说"古男女同用，今惟女饰有之"，《南史·王玄象传》中也讲"女臂有玉钏"。由此可以看出，臂钏在早期是男女都佩戴的饰物，以后才成为女性特有的一种装饰品。

臂钏种类很多。刘家河商墓金臂钏用直径0.4厘米的金条相对弯成环形，环两端锤扁呈扇形，整体光素无纹饰，造型简洁明快。

刘家河商墓的这些金器不仅器型完整，而且发饰、耳饰、臂饰齐备，构成一个品类繁多的系列，实属罕见。

经测定，这些金器的含金量在85%以上，另有少量的银和微量铜。

从工艺上看，金簪系用范

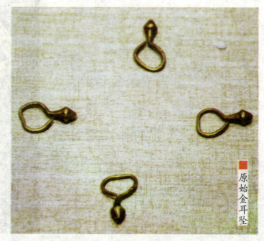

原始金耳坠

流光溢彩的金属宝器

铸法成型，金耳坠和臂钏则是锤揲而成。造型都比较简朴，并无纹饰和其他装饰。这也是发现最早的成套金首饰。

刘家河商墓中的扁喇叭形金耳环、金簪等饰物，地方色彩十分鲜明，极有可能是商朝周边少数民族制造的饰品。

■ 原始金币

这些器物与北京、河北、辽宁等地夏家店下层文化墓葬中的金或铜质饰件形制相同，说明商代贵金属工艺的发生和发展与夏家店文化有密切的联系。

另外，在河南省安阳殷墟武官大墓中发现有环状金片，其中殷墟侯家庄一座葬坑中发现6枚包金铜泡，是用圆形金片的周边折入铜泡的背面，使金箔牢固地包在泡面上，方法十分巧妙，此为金箔饰铜器数例。

木器贴金的器物较多，河南省安阳大司空村一座殷墓车马坑舆上中间有3片重叠在一起的圆形金片饰，直径为12厘米，有可能是伞盖上的装饰。

安阳小屯一座殷墓车马坑舆内西部出土金箔片，金箔呈南北纵列，当是鞭杆之饰。杆饰自顶端玉饰下分8节，每节用金片相对地饰于杆上，杆径约2厘米，杆末端10厘米间为手柄，没有金饰。金片长5.5厘米至6.5厘米、宽1厘米至1.1厘米，总重3.9克。

此外，殷墟侯家庄一座墓中发现的桥形金片，片

簪 由笄发展而来，是古人用来绾定发髻或冠的长针。可用金属、骨头、玉石等器物制成，多加以珠宝装饰。后来专指妇女绾髻的首饰。摘，簪股，将头部做成可搔头的簪子，所以俗称为搔头。

殷墟 商代后期都城遗址，位于河南省安阳市殷都区小屯村，横跨洹河两岸。商代从盘庚到帝辛，在此建都达273年，是中国历史上第一个文献可考并为考古学和甲骨文所证实的都城遗址。

妇好墓中的金眼玉虎

上有钉孔，可能是钉于木器上的箔饰。

在安阳殷墟妇好墓中发现的一件玉虎，其眼睛处贴金箔以点睛。

河北藁城台西村的商墓中的漆盒上贴有金箔，厚度不到1毫米，箔片残存半圆形，正面阴刻云雷纹，背面遗有朱漆痕迹。

在藁城台西遗址商代墓葬中还发现有金臂钏、金耳环、金簪等金器。

将商王朝统治区与周边地区发现的金器进行对照会发现，它们应属不同的文化系统。在形制和纹饰上，各自的地域文化特点十分鲜明。

商王朝统治区的黄金制品大多为金箔、金叶和金片，主要用于器物装饰。在商王朝北部地区的金饰品，主要是人身佩戴的黄金首饰。

这个时期所发现的金器中，最令人瞩目的是四川省广汉三星堆遗址和金沙遗址的一批金器，不仅数量多，而且形制别具一格，这反映出中国早期文明发展的多元性和不平衡性。

古蜀族是世界上最早开采和使用黄金的古老的民族之一，在相当于中原殷商时期就已经熟练地掌握

妇好 商王武丁的诸妇（妃嫔）之一，中国历史上有据可查的第一位女性军事统帅，同时也是杰出的女政治家。她不仅能够率领军队东征西讨为武丁拓展疆土，还主持着武丁朝的各种祭祀活动。因此武丁十分喜欢她，她去世后武丁悲痛不已，追谥曰"辛"，商朝的后人们尊称她为"母辛""后母辛"。

了黄金的加工技术，制作了精美绝伦的金杖、黄金面罩、金虎、金叶、金鱼、金璋等多种黄金动物图形和装饰品。

这些黄金饰品，不仅展现了古代蜀人高超的金箔加工制作技艺，而且具有丰富的文化内涵，这些金箔加工工艺也代表了商代最早的黄金制品水平，为揭示三星堆古蜀文明的珍贵资料和重新认识中国早期黄金冶炼水平具有很高的研究价值。

三星堆遗址的黄金器是商文化遗址中最丰富的。

一是种类多，有金杖、金面罩、金箔虎形饰、金箔鱼形饰、金箔璋形饰、金箔带饰、金料块等。

二是形体大，一、二号坑均有金面罩。二号坑的铜头像上有的贴有金箔面罩，构成金面铜头像。可以推测，金箔面罩原来都是粘贴在铜头像上使用的。一、二号坑中丰富的黄金器也是三星堆遗址晚期遗存的重要特征。

三星堆遗址的黄金制品，还有金箔或金片制成的

三星堆遗址 古蜀国的典型，位于中国四川省广汉市，因有3座突兀在成都平原上的黄土堆而得名。三星堆文明上承古蜀宝墩文化，下启金沙文化、古巴国，前后历时约2000年，是中国长江流域早期文明的代表，也是中国信史中已知的最早的文明。

■ 商代金锭

三星堆金杖

金虎、金叶、金鱼、金璋、金带等，此外还有金料块。在这些黄金制品的制作工艺上，采用了锤锻平展、剪裁修整、平面雕刻等手法。

鱼纹金箔

如金叶，形似细长的叶子，上面用浅雕手法刻画了多组"∧"形的平行线条，在每组"∧"形线条之间布满刺点纹，显示出独特的装饰效果；叶片柄端两侧有小缺口犹如鱼头形，并有小孔，可供穿系所用。

在三星堆的黄金制品中，其中，一号祭祀坑的一柄金杖，堪称金器中的绝世珍品。它全长1.42米，直径为2.3厘米，用锤打好的金箔，包卷在一根木杆上，净重约500克。木杆早已碳化，只剩完整的金箔。

金杖杖身上端有3组人、鱼、鸟图案，说明金杖既被赋予着人世间的王权，又被赋予着宗教的神权，它本身既是王权，又是神权、政教合一的象征和标志。

靠近端头的是两个前后对称的人头像，头戴五齿高冠，耳垂三角形耳坠，面带微笑。另两种图案相同，上方是两只两头相对的鸟，下方是两条两背相对的鱼。它们的颈部，都叠压着一根似箭翎的图案。

图案的意义大致是，在神人的护佑下，箭将鱼射中，鸟又将箭杆带鱼驮负着归来。

这是一柄权杖，同时又可看作具有巫术原理的魔

流光溢彩的金属宝器

杖。传说蜀的国王鱼凫是以渔猎著称，因而后世尊奉为神，这柄金杖有可能和鱼凫氏的传说有关系。这支金杖的图案，有鱼有鸟，应当印证是鱼凫王所执掌。

黄金面罩是古蜀人使用黄金制品方面的又一杰作。从制作工艺上看，是先将纯金锤锻成金箔，然后做成与青铜人头像相似的轮廓，将双肩双眼镂空，再包贴在青铜器人头像上，经锤拓、蹭拭、剔除、黏合等工序，最后制成与青铜人像浑然一体的黄金面罩。

在三星堆众多的金器中，金面铜头像由铜头像和金面罩两部分组成，金面人像高41厘米，铜头像为平顶，头发向后梳理，发辫垂于脑后，发辫上端扎束。

金面罩大小、造型和铜头像面部特征相同，双眼双眉镂空，用土漆调和石灰做黏合剂，将面罩粘贴于头像上。头像尊严高贵、气度非凡，这金光熠熠、耀人眼目，俨然王者风范的"金面使者"乃当时社会高层人士，掌握生杀大权，具有首领的统治意味。

从三星堆青铜人头像上包金面罩的情况来看，早在商代，蜀人就知道黄金为尊，所以他们才在铜头像上再包贴金面罩，其并非仅仅为了美观，而是为了得到神灵的欢愉，以使铜头像代表的神灵更灵验一些。

同时，从金箔面罩可以看出，三星堆青铜人物雕像的面部有相当大一部分是高鼻、深目，颌下留一周胡须的形象，这种

■ 三星堆金面罩人头像

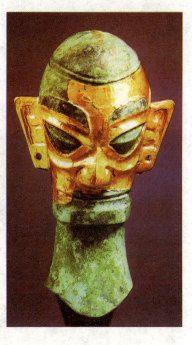

风格显然同商周时代中国的各种人面特征不同。

而在艺术风格上，三星堆青铜人物雕像的面部神态几乎都是庄严肃穆，眼睛大睁，尤其是着意表现双眼在面部的突出地位，这同西亚近东青铜雕像的艺术风格是一致的。

另外，三星堆金面人头像像高48.5厘米，人头像为圆顶，面罩与面部结合紧密，倒八字长眉，杏核状眼，蒜头鼻，阔口，闭唇，宽方颐。长方形耳郭，饰云雷纹，耳垂穿有一孔。

发现于三星堆遗址一号祭祀坑的金箔虎形饰高6.7厘米，宽11.6厘米，用金箔锤拓而成。巨头，昂首，口大张，眼镂空，大耳，身细长，饰虎斑纹，前足伸，后足蹲，尾上卷，呈咆哮状。

三星堆遗址二号祭祀坑的金箔鱼形饰长22.68厘米，宽1.85厘米，形似鲇鱼，又似细叶，从一面錾凿形线和刺点纹。头端戳有一小空，两侧錾一个小缺口。

四川省成都市西部的金沙村远古文明遗址，在1000多件遗物中，包括30件金器。以金箔和金片为主，有金杖、金面罩、金面具、金带、太阳神鸟金饰、盒形器、喇叭形器、四叉形器、圆形饰、蛙形饰、虎形饰、鱼形饰等。

这些金器采用的是锤揲、剪切、刻画、模冲、镂空、打磨等多种技法加工，其厚度一般为0.02厘米至0.03厘米，最厚的约0.04厘米，含金量83.3%至94.2%，其中有些工艺技术已达到较高水平，许多金器都是商代晚期至西周时期黄金工艺技术的代表之作。

一系列的发现表明，金沙遗址的金器具有浓厚的

镏金饰物

地域性特色，金沙先民有独特的"黄金崇拜"。首先，数量多，形制丰富，达几十种；其次，这些金器基本都是器物上的附件；再次，金面具等人物形象的金器在中国相当罕见；最后，金器的造型和图案有强烈的象征意义，包含着丰富的古代历史信息。

■金沙村遗址出土金箔

其中，金冠带上的图案反映的是古蜀人对祖先和鸟的崇拜，太阳神鸟金饰则反映了古蜀人对太阳的崇拜。

金冠带呈圆环形，直径上大下小，为19.6厘米至19.9厘米，宽2.68厘米至2.8厘米，厚0.02厘米。

金带表面纹饰由4组相同图案构成，每组图案分别有一鱼、一箭、一鸟和一圆圈。这件冠带上的纹饰与三星堆器物坑金杖上的纹饰基本

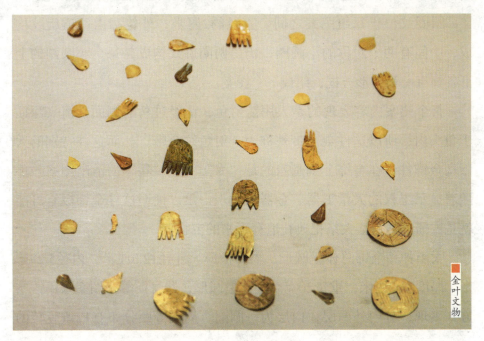

■金叶文物

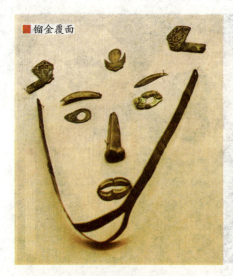
鎏金覆面

相同，都是以鸟、鱼、箭、人头为主要构图元素组成的图案。

金冠带与金杖都可能是当时古国古族至高无上的王权与族权的体现与代表，标志着金沙遗址与三星堆遗址的统治者在族属上的同一性或连续性。

金带表面纹饰主要以錾刻的技艺完成，在局部纹饰中采用了刻画工艺。图案中鱼体宽短，大头圆眼，嘴略下勾，嘴上有胡须，鱼身刻画鳞片，身上有较长的背鳍，身下有两道较短的腹鳍，鱼尾作"Y"字形，两尾尖向前卷曲。箭头插于鱼头内，箭杆较粗，带尾羽，鱼的胡须处采用刻画工艺。

鸟位于箭杆后方，鸟头与鱼头朝箭羽方向，鸟为粗颈，长尾，大头，钩喙，头上有冠，翼展较小，腿爪前伸，鸟爪亦采用刻画工艺。

圆圈纹位于每组图案之间，直径约2厘米，外轮廓由两道旋纹构成，中间有两个对称的小圆圈，仍由两圈旋纹构成，每个小圆圈的上下各饰有一长方形方框，组成一个图案。

整个图案内容表现的是人用箭射鱼，箭经过鸟的侧面，箭头深插于鱼头内，所以这件金冠带被称为"射鱼纹金带"。而这件特别的太阳鸟金饰件，在金饰上刻画着的是"太阳"和"鸟"的清晰图案。伴随着显示王权的大量玉器、金器的发现，足以证明这件金饰极有可能就是古蜀王举行盛大祭祀典礼遗存下来的宝物。

太阳神鸟金饰总体呈圆形，器身极薄。外径12.5厘米，内径5.29厘米，厚度0.02厘米，重量20克。整器呈圆形，器身极薄。图案采用镂空方式表现，分内外两层，内层为一圆圈，周围等距分布有12条旋转的

流光溢彩的金属宝器

齿状光芒；外层图案围绕在内层图案周围，由4只相同的逆时针飞行的鸟组成。

4只鸟身较瘦长，翅膀短小，喙微下勾，短尾下垂，爪有三趾。鸟首足前后相接，朝同一方向逆时针飞行，与内层旋涡旋转方向相反。

太阳神鸟金饰整个图案似一幅剪纸作品，线条简练流畅，极富韵律，无论是外层的4只飞鸟，还是内层旋转的太阳，都充满强烈的动感，富有极强的象征意义和极大的想象空间。

特别是在红色背景衬托下，里面的旋涡就如同一轮旋转的火球，周围飞鸟图案分明就是红色的火鸟。外层飞行的神鸟和内层旋转着的太阳，表现的正是古蜀人对太阳神鸟和太阳神的崇拜和讴歌。

太阳神鸟金饰生动地再现了远古人类"金乌负日"的神话传说故事，4只神鸟围绕着旋转的太阳飞翔，周而复始，循环往复，生生不息。

有研究认为其外层4鸟也代表春夏秋冬四季轮回，内层12道芒纹代表一年12个月周而复始。这是古代蜀人崇拜太阳的物证，也许当时古蜀人已经掌握了岁、时、月的概念以及形成的原因。

另外，从这个太阳神鸟金箔饰本身形象来看，内层的12道旋涡状光芒，既像一道道火苗，又像一根根象

太阳鸟 又称三足鸟，中国远古时代太阳神话传说中的十日是帝俊与羲和的儿子，它们既有人与神的特征，又是金乌的化身，是长有三足的踆乌，会飞翔的太阳神鸟。十日每天早晨轮流从东方扶桑神树上升起，化为金乌或太阳神鸟在宇宙中由东向西飞翔，到了晚上便落在西方若木神树上。

■ 金沙出土金冠

牙，也像一轮轮弯月，极富美感。

古蜀人把所能够理解并掌握的自然现象和自然规律，总结为科学知识，如天文历法知识等；而把不理解的自然现象就归于神秘的宗教崇拜和神话传说。

一方面祭祀祈祷天神和日神保佑；另一方面顺应天时，总结自然规律，利用自然规律，科学地安排生产和生活。同时，古蜀人首先又利用历法为农业生产服务。

古人采用的是观象授时的办法，来预告农事进程。即观测自然现象来判断农事季节。因此，鸟也可以代表四季。历法的先进性就是以历年和太阳的回归年之间的无限接近为前提的，而要准确地测量回归年，最简单而又确切的方法是测量日影的长度。因此，崇拜太阳和鸟的古蜀人在总结历法的过程中，是离不开太阳和鸟的。

随着社会的进步，知识的积累，经过一代代巫师和古蜀人的努力，历法也逐步得到改进。因此，宗教崇拜，尤其是太阳和鸟崇拜及历法都在古蜀人的生产和生活中起到至关重要的作用，太阳和鸟崇拜以及历法也是古蜀文化中的重要因素。

虽然很多古代器物中都有太阳形图案，但是刚好是12个的却不多。这说明蜀中的天文历算特

■ 金沙遗址出土的金饰

别发达，有其独特的系统，产生过深远的影响。

古蜀人使用历法的发展，除了古蜀人自己不断总结自然规律，不断进步以外，也借鉴了中原地区以及其他地区的历法知识。

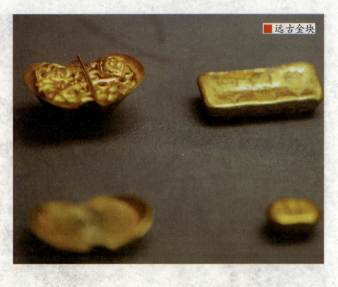
远古金块

文献资料和考古材料都证明，古蜀人与其他地区，尤其是与中原地区的交流，自古就有，而且从来没有间断过。

太阳神鸟金饰构图凝练，是古蜀人丰富的哲学思想、宗教思想、非凡的艺术创造力与想象力和精湛工艺水平的完美结合，也是古蜀国黄金工艺辉煌成就的代表。

在金沙遗址中还发现了中心孔圆形金饰，穿孔在圆心，器表略弧。器内壁有细微磨痕。直径1.1厘米。还有边缘孔圆形金饰，穿孔则在器物边缘，器身平整。而这一件环形金饰，素面，残长15.9厘米，宽1.04厘米，环面宽窄不等，器身多有铜锈，环内外边缘有内卷痕迹。

金沙遗址竟然还有一件金盒，椭圆形，无盖，平底略外弧，高3.13厘米，宽2.97厘米，长9.43厘米。近沿外有多处擦痕，器表曾做抛光处理，器壁不平整，有破损。

在金沙遗址中也发现有金面具，高3.74厘米，宽4.92厘米。圆脸，耳朵外展，耳郭线清晰，耳垂上有孔，但未穿通。梭形双眼镂空，鼻梁高直，鼻翼与颧骨线相连，大嘴微张，镂空而成。器表做抛光处理，内壁则较为粗糙。

流光溢彩的金属宝器

■ 金沙遗址出土的金面罩

弦纹 古代纹饰，是刻画出的单一的或若干道平行的线条，排列在器物的颈、肩、腹、胫等部位。是古器物上最简单的传统纹饰，在青铜器上呈现为凸起的横线条。出现于新石器时代，商周普遍流行。弦纹是作为界栏出现的。

金沙遗址中的蛙形和鱼形金饰也很有特色，其中蛙形金饰，长6.96厘米。器呈片状，头部呈尖桃形，并列一对圆眼。"亞"字形身，背部中间有一脊线，前后四肢相对向内弯曲，尾端尖。脊两侧饰对称弦纹，由背脊处延至四肢，弦纹内饰一排连珠纹。

而鱼形金饰，长4.9厘米，柳叶形，头部有一圆形小穿孔，身上錾刻有鱼刺纹和点纹。

除此之外，另有几件金饰也各具特色。

如喇叭形金器，口径9.8厘米。器较矮，小平顶，顶上有一个不规则穿孔。器表不平整，内外壁均抛光，留有零乱的细密划痕。

还有金器呈"几"字形，长49厘米，外缘不规整，有内卷痕迹。附有铜锈，抛光处理。

条形金饰，素面。残长14.7厘米，宽1.6厘米。

三角形金器，长25厘米。器呈圆角三角形，器一端有长方形柄。器外缘内卷，身中部有一裂缝。

除此之外，商代葬墓中位于死者身体贴近部位的，多为饰于衣帽上的金箔。

如山西省保德林遮峪村商墓发现的两件赤金弓形饰，形状一样，高、宽、厚各为11.1厘米、26厘米、0.5厘米和13厘米、29.1厘米、0.5厘米，总重量是215克，含金量达95%。这两件箔饰的两端各有一穿孔，位于死者胸部，应当是缝缀在衣服上的一种装饰。

山西石楼桃花庄商墓死者的头骨处有一带状金片，长、宽、厚各为57.6厘米、4.8厘米、0.05厘米，重约150克，两窄端各有穿孔，据考证，墓主人以圆箍形"頍"或额带束发，金片是上面的装饰。

阅读链接

在四川古史传说中，曾留下了许多与黄帝、颛顼、大禹有关的记载，说明古蜀族与华夏祖先有着极深的渊源。在殷墟甲骨卜辞中至少有70条记载了蜀与商之间的关系。

大量的器物证明，四川盆地的先秦考古学文化受到中原地区、长江中下游地区和甘青地区等文化的强烈影响。

三星堆灿烂的金器展示了那个时代所特有的风貌，而这些金器所体现出的价值也不断地为了解古蜀国，提供了可靠的实证资料。在当时的环境和条件下能够掌握黄金的淘洗加工技术，以及从挖掘的这些考古遗物上来看，说明冶炼锤锻辗制加工已具有较高的水平。

特别是金杖、金箔面罩、金箔叶之类的工艺精湛内涵丰富的黄金制品，可以说明古蜀王国在制作工艺上居于世界领先地位，而且在黄金制品的用途和内涵方面更显示出了鲜明的特色和无穷的魅力。

好德尚礼的西周时期金器

中国自古就崇尚人的品德，西周人尤其好德，有一则与金子有关故事可以说明：

当时，鲁国人秋胡娶了妻子才5天工夫，就到陈国做官去了。这一

西周时代镏金青铜器

去过了5个年头才回来，在路上秋胡看见一个采桑的妇人，十分欢喜，就下车拿了金子去引诱，可是那采桑的妇人毫不理会。

秋胡闷闷不乐地回到家里，就捧了金子出来献给他的母亲，随后又唤妻子出来，谁知就是他刚在路上调戏的采桑妇人。秋胡顿时惊得目瞪口呆！

只听他妻子说："你因为欢喜女子而给她金子，这是忘记自己的母亲了，忘记了母亲，就是不孝；贪恋女色，动了淫心，这是污秽自己的品行了，也就是不

■ 凤纹镏金铜壁

义。你孝义两件都丢失了，我实在羞于见你。"说完就奔出门投河死了。

在中国古人的眼中，认为只有好的德行才是世间最珍贵的东西，也是一个人真正能谨守一生的最大财富。所以，在十分强调礼制的周代，秋胡的下场也就可想而知了。孔子后来一心要恢复的就是周礼。

当然，中国文化既有这种严厉苛责自己的一面，也有极其宽容大度的一面，那就是浪子回头"金"不换。也只有在这两方面的牵制与中庸里，文化才显示出不会在物欲里迷失的可能。

由于西周时人们并不崇尚奢华，所以当时的金制品也非常少见，西周的金饰主要是河南省三门峡虢国墓地发现的金带饰，其中，圆形饰7件，长方形饰1件，兽面纹饰3件，类似虎头形，另有1件为镂空兽面纹三角形饰，大小共计12件，总重433克。

其中，三角龙形金带饰高1.65厘米，重93.7克。三棱锥体状，外折边且有8个方形小穿孔。器表做两组单首双身龙形，顶端为浮雕式，龙头上有螺旋形双

孔子（前551—前479），姓孔名丘，字仲尼。生于东周时期鲁国陬邑，即今山东省曲阜市南辛镇。春秋末期的思想家和教育家，儒家思想的创始人。孔子集华夏上古文化之大成，是当时社会上的最博学者之一，被后世统治者尊为孔圣人、至圣先师、万世师表。孔子和儒家思想对中国和世界产生了深远影响。

■ 三角龙形金腰带

角，口旁一对獠牙，卷鼻，吐舌，纹样间隙镂空。

兽首形金带扣高2厘米，重39.1克。兽首，牛鼻，双角尖有短梯形豁口，下有獠牙。

虢国墓地出土的金带饰的制作工艺均为钣金浇铸成型，而且运用了镂空工艺。这些金饰件都位于棺内尸体腰部，估计是腰带上的装饰件。

在山西省曲沃西周晋侯墓中也发现了两组分别为15件和6件的金腰带饰，从中可以看出，西周时期已开始流行成套的金饰品。

此外，在北京市琉璃河的西周燕国墓里发现了一件木胎漆，器身上镶有3道金箔，下面两道金箔上还嵌有绿松石，这是发现最早的一件金平脱古器。

金平脱工艺的出现，说明金器工艺从商代发展到西周，已经有了小小的进步，而且这个工艺也可以看作金工艺寻求独立发展的萌芽。

尽管西周时期的金制品非常少见，但从已发现的实物来看，明显存在着地区差别。北方长城内外地区多纯金制成的首饰类器物，如金耳环、金臂钏等，而中原地区和西南地区却多用薄金工艺把黄金加工成箔片，然后贴、包于铜器和漆木器之上，起装饰作用。

如在甘肃省礼县大堡子西周晚期秦人墓发现的金饰片中，有金虎2件，鸱鸮形金饰片8件，口唇纹鳞形

流光溢彩的金属宝器

平脱 将金、银纹饰用胶漆平粘于素胎上，空白处填漆，再加以细磨，使粘上的花纹与漆面平齐，叫"平脱"。所谓的金平脱技术，一般是将金片用漆粘在器物上之后，再在器物表面加涂漆液，有时要加涂几次，使漆形成一定的厚度，比饰件厚度稍厚。待漆干后，再将金饰片上的漆磨掉，露出饰件纹样，并使之与漆面平滑一致。

金饰片26件、云纹圭形金饰片4件、兽面纹盾形金饰片2件、目云纹窃曲形金饰片2件，推定为棺木装饰。

其金虎长4.1厘米、高16厘米、宽3—4厘米。鸱鸮形金饰片高52厘米、宽32厘米，以金箔剪裁而成，通身饰变形窃曲纹为翎毛，窃曲纹的余白中为形状各异的镂孔，使得鸱鸮形象异常富丽。

这两件金饰纹路清晰，凸凹起伏，犹如青铜器铸造出的纹样。它在锤揲中似采取了加底衬式冲模等高超的手段。从先秦各金箔饰物的具体状况来看，被金箔装饰的器物有铜器、玉石器、漆器、木器及衣帽等。

河南浚县辛村的西周墓发现的包金铜兽头一大一小，形制相同，大者长2.8厘米、宽2.8厘米，小者长2.4厘米、宽2.6厘米，铜兽头刻镂精细，外包金箔薄匀，花纹毕露。

墓中还有矛柄饰金箔24片，有条形、圆形、人字形、三角形等形状，分贴于矛柄的各部位。

金箔贴于玉石器的器物，如陕西省扶风强家沟的西周墓发现的绿松石柄形器一件，顶端排列整齐绿松石片，并束有一圈金箔片。河南省洛阳北窑西周墓发现的玉柄形器的鞘饰上，也镶嵌有金箔片。

陕西淳化史家塬的西周墓人骨朽痕处有金片31件，应是衣物金饰，可分为方形和三角形两种，方形最大者长4.5厘米、宽3.5厘米，三角形最大者边长为2.5厘米。

掐丝是金器制作的基本技法之一，其

■ 镏金青铜桶

做法是将锤打成极薄的金片，剪成细条，慢慢扭搓成丝，可以单股，也可以多股。另外还有拔丝，是通过拔丝板的锥形细孔，将金料挤压而入，从下面的小孔将丝抽出，较粗的丝也可直接锤打而成。

陕西、山西北部交界一带发现的西周时金耳环，通常称"珥"，共26件，形制相似，均是月牙形金片，一端呈螺旋形，另一端为伸出的金丝，或穿有绿松石。

还有一种是圆圈形，发现于辽宁省朝阳魏营子西周墓，它是用金丝绕成两圈。内蒙古自治区杭锦旗阿鲁柴登西周末期墓葬发现的金锁链则由多股金丝编成，金丝细如毫发。

流光溢彩的金属宝器

阅读链接

西周时，在金器工艺中还发明了錾刻，《荀子·劝学篇》说："锲而不舍，金石可镂。"锲是用刀刻，镂是雕刻。可知先秦时代多用刻镂的方法加工金石器物。

在考古学中多称这种方法为錾刻或雕镂，它是在器物成型之后的进一步加工技术，多施用于花纹。从后世金器制造来看，錾刻工艺十分复杂，工具有几百种之多，根据需要随时制作出不同形状的錾头或錾刀。

一类錾头不锋利，錾刻较圆润的纹样，不至于把较薄的金片刻裂，用肉眼就能看到錾刻的痕迹，由一段段的短线组成。另一类錾头锋利如凿子，錾出较细腻的纹样，在制作实施时又分两种，一种线条为挤压出来的，另一种线条为剔出来的。

錾刻技术产生出丰富多彩的艺术效果，有时为平面雕刻，有时花纹凹凸呈浮雕状，可在器物的表里同时使用。金器锤揲成型后，錾刻一直作为细部加工手段而使用，也运用在铸造器物的表面刻画上，贴金、包金器物的纹样部分也采用此法。

清新活泼的春秋战国金银器

　　春秋战国时期，社会变革带来了生产、生活领域中的重大变化。春秋战国时期，黄金白银的产量有了明显的增长，黄金在上层人士中的使用比较普遍，它既是诸侯、贵族之间相互馈赠、贿赂的礼物，是财富的象征，又是战争争夺的对象和祭祀用的供物。

　　与黄金一样，在春秋战国时期，带钩普遍被王公贵族作为饰物佩戴在身上，尤其是金带钩材质高贵，造型奇特而别具匠心，也是当时身份的象征。

春秋纯金带钩

带钩是古代扣接腰带的用具，始于春秋，流行于战国至汉。战国秦汉时期，带钩的使用非常普遍，形制也日趋精巧，长短不一，有短至2寸的，也有长达11寸的，但钩体都作S形，下面有柱。有竹节形、琵琶形、棒形、鱼鸟形、兽形等，其材质包括金、银、铜、铁、玉、玛瑙各类。

带钩不仅有束住丝带革带的实用价值及装饰美化作用，相传它还为齐国争霸立下了汗马功劳。古文献记载，春秋时管仲追赶公子小白，拔箭向他射去，正好射中他的带钩，公子小白装死躲过了这场灾难，后成为齐国的国君，他不记前仇，重用管仲，终于完成了霸业。

带钩既是当时的服饰又有装饰意义，因此贵族所用带钩的工艺特别考究，有些铜、铁带钩也是用包金、镏金、金银错、嵌玉、嵌琉璃或绿松石等方法加工的，品种繁多，制作大多精致轻巧，是非常珍贵的艺术作品。

■ 竖线纹鳞形金饰片

在春秋中、晚期，齐、燕、楚、秦等国就已经开始出现带钩。山东、河南、湖南、陕西、北京及辽宁等地的春秋至战国早中期墓葬中都有带钩发现。如江苏省涟水三里墩战国墓发现的一件兽形金带钩，造型虽为怪兽却给人一种温柔可爱的奇妙感觉，线条圆润、流畅，做工精巧、细腻，整件作品既高贵又清新，鲜明地体现出

了儒家人生既要艺术化又要以仁义为精神和依归的"乐教"传统。

这一兽形金带钩，系采用立雕、浅浮雕、阳刻等多种技法铸造制成，长12厘米，重275克，钩形似战国时期流行的琵琶样式。

纹样的风格和同期青铜器纹样的风格相一致。将带钩向上时，整个形象为蹲坐状的怪兽，钩似马首，前肢抬起收于胸前，挺胸勾首，颇为生动。

马首靠近右眼脖颈处有一明显凹陷及一较细划痕，似为重物或尖锐器物所划伤。带钩中部即怪兽腹部颜色较深且粗糙不平，似被汗渍污染所致。

在鲁故城墓中也发现了近10件带钩，质地有银、铜、玉、铁等，制作工艺有镏金、金银错、贴金和镶嵌等，堪称佳品。如在一座墓中发现的兽头银带钩，根据位置和共存器物判断，此带钩是佩器钩。器作琵琶形，钩首作兽头形，器身弧形拱起，侧视呈"S"形，尾端雕饰卷角兽面纹。两道细凸棱使钩身正面呈瓦状内凹，背面一圆钮，长15.9厘米，宽2.5厘米。

战国时期的异形带钩主要为猿形，此外还有龙虎形、牛形、人形等，这些不仅是主人显示身份的标志，还有辟邪保平安之意。

这一时期，金银器分布区域明显扩大，在南北方都有发现，金银器的形制种类增多。

其中，金银器皿的出现，及相当一部分银器的出现，十分引人注目。大型金银器皿的出现是当时的重要标志，也是金银器发展迈出的具有划时代意义的一步。

■ 刺猬形金饰件

中原地区，金箔作为装饰外包，在春秋时期仍然得到广泛使用，如在陕西省凤翔马家庄春秋秦宗庙遗址中发现的春秋中期金泡，其中两件高3.5厘米，直径2.2厘米，重10.8克，其余高0.2厘米，直径1.82厘米，重5克。

马家庄春秋秦宗庙遗址的金方泡长2.2厘米，宽1.7厘米，重2克。该处还发现了春秋中期金节约多件，其中，6件长2.1厘米，宽1.5厘米，重9.5克，一件长2.1厘米，宽1.5厘米，铜环直径4.7厘米。筒最大直径为0.9—1.8厘米，重2.2—7克。

在山东省沂水刘家店春秋中期墓中发现的嵌金漆勺上嵌有三角形、菱形压花金箔。在河南省信阳长台关的楚墓中发现了两件繁缨座，为木胎漆器，其正面的某些花纹部分就贴有金叶。这是漆器贴金的5件。其金箔大概是在漆将干未干时贴上去的。

在安徽省寿县春秋晚期蔡侯墓中发现了金箔12件，一部分出于墓主腰际，边有穿孔，其上压印花纹，有圆形、云形、燕尾形等，多是贴在漆皮上的，当为衣上装饰。

北方金银器主要有装饰品、兵器饰件和马饰具，造型以虎、豹、狼、鹰、野猪、怪兽、鹿、牛、羊、马等动物纹为主，也有少量几何纹、火焰纹。

如在山东省曲阜县鲁国故城遗址中发现的战国猿

流光溢彩的金属宝器

节约 原为马器，是节制、约束的意思，古时将马使用的缰绳或皮条穿其而过，以此起到连接作用，使缰绳和皮条连为一体，达到控制马的目的。后来的"节约"一词是引申出来的意思。

火焰纹 传统寓意纹样。又称"背光"。火焰，是佛教中佛法的象征。古代佛像背面，多饰有各种火焰纹样。一般部位在尖拱额中。以北魏石窟佛像最为习见，构成其艺术的一大特色。河南洛阳龙门石窟表现尤为细致，以宾阳洞、古阳洞诸龛为代表。

形银饰，通高16.7厘米。猿猴作回首攀缘状，姿态极其生动。背面有一圆钮，可能为带钩一类器物。

在辽宁省凌源三官甸子春秋墓中也发现了一件金兽，长4.9厘米，高3.8厘米，重26.5克。金兽呈鹿形，制造者准确到捕捉了小鹿受惊回首、拔腿欲奔的一刹那。

这个时期，北方的匈奴地区也出现了金银器。器物多为具有浓郁草原文化特色的动物纹饰件。如在内蒙古自治区鄂尔多斯市杭锦旗阿鲁柴登战国墓中发现的唯一的"胡冠"标本鹰形金冠以及在陕西神木纳林高兔村一座匈奴墓中发现的一批包括金怪兽、金虎、银虎、银鹿等动物形象为题材的金银饰件。

在内蒙古自治区杭锦旗阿鲁柴登发现的战国金镶彩石虎鸟纹饰牌，长4.5厘米，以伏虎形图案为主，虎身镶嵌红绿色彩石7块，虎头上附加火焰状角纹，外围八鸟图案，突出鸟头，鸟身简化，这组饰牌反映了匈奴人对虎的崇拜。

在内蒙古自治区杭锦旗阿鲁柴登还发现了一件战国鹰形金冠饰顶，高7.1厘米，带长30厘米，周长60厘米，共重1394克。

由冠顶和冠箍两部分组成。冠顶傲立展翅雄鹰，鹰体由金片做成，中空，身及双翅有羽毛纹饰。

鹰首、颈由绿松石做成，颈间有带花边的金片，类似项链。头部用金丝从鼻

鹿　在古代被视为神物。古人认为，鹿能给人们带来吉祥幸福和长寿。作为美的象征，鹿与艺术有着不解之缘，历代壁画、绘画、雕塑、雕刻中都有鹿。现代的街心广场，庭院小区矗立着群鹿、独鹿、母子鹿、夫妻鹿等雕塑。一些商标、馆驿、店铺匾额也用鹿，是人们向往美好，企盼财运兴旺的心理反映。

■战国鹰顶金冠饰

孔插入，通过颈部与腹下相连；尾部另做，亦用金丝连接。

鹰下部为厚金片锤揲成的半球形体，表面从中心四等分为90度的扇面形，其上浮雕四组狼咬羊图案，狼做卧伏状，盘角羊前肢弯曲，后肢被狼咬住，做反转态。

整个冠顶呈现雄鹰俯视狼咬羊的生动情景。冠带由铸造的3条半圆形金条组成，前面有上下两条，中间及末端均有榫卯相合；后面一条两端有榫与前面一条连接组成头箍；左右靠近人耳处，分别浮雕卧伏的虎、盘角羊和马，其余部分为3股交错绳索纹。

该冠顶工艺精湛，雍容华贵，具有明显的北方骑马民族的装饰特点，为匈奴遗物中最有代表性的艺术珍品。

还有在新疆维吾尔自治区托克逊县阿拉沟的战国匈奴墓中发现的金虎纹圆形饰，直径约6厘米，重21.2克。另一件金虎纹条形饰长26.5厘米，宽3.5厘米，重27.7克。

这些金饰中不仅有个体形象，而且出现了多种动物组合构图，如虎牛、虎狼、虎鹿等，以动物间争斗为装饰风格，打破了夏家店上层文化那种整齐规范的纹饰布局。

在内蒙古自治区准格尔旗西沟畔匈奴墓中发现的战国金双兽纹牌饰，长13厘米，宽10厘米，重291.4克。动物的形象以写实为基调，个别形象予以夸张，具有抽象性。动物反转式和怪兽造型，又是受分布于黑海北岸、北高加索地区的游牧民族文化斯基泰文化的影响。

实物表明，北方金银器

金银错龙凤纹车饰

已分别采用了锤揲、压印、镶嵌、雕铸等工艺，无论是制造技术还是装饰技巧均已达到很高的水平，丝毫不亚于中原地区。

从金银器艺术特色和制作工艺来看，南北方差异较大，风格迥异。战国以后，楚文化和秦文化具有重大影响。而在中原地区的墓葬遗址中，以陕西省宝鸡益门村秦国墓葬、河南省洛阳金村古墓、河南省辉县固围村魏国墓地、河北省平山县中山王墓的金银器最有代表性。

在河南省辉县固围村东周魏国墓地发现了一件包金镶玉嵌琉璃银带钩，带钩侧视弧曲如桥，俯视造型为当时流行的琵琶式。长18.4厘米，中宽4.9厘米，通体银镂，表面包金。两端浮雕方向相背的兽首。兽首有角，双耳如扁环。

带钩窄端镶一只鸭嘴状白玉钩，并以阴线刻饰口、眼等细部。钩背上嵌3枚穀纹白玉玦，两端两玦中心各镶一蜻蜓眼式琉璃珠。钩背两侧浮雕两条夔龙，与两只长尾鹦鹉，夹绕盘旋。带钩局部有点状錾饰，有的部分以黑漆勾线、点睛。

带钩工艺复杂，纹饰丰富，显示出战国时期金属工艺的高超水平。此带钩是一件罕见的大型银带钩。辉县战国时属魏，此带钩应是魏国贵族所有。

此外，在河南省洛阳金村战国末期周墓中发现了嵌玉金带钩3件，金带钩作怪兽形，嵌玉透雕虺龙纹，为世所罕见。

在陕西省凤翔高庄春秋秦墓中发现的金带钩，山

■ 战国镏金嵌玉带钩

夔龙 神话中形似龙的单足神怪动物。《山海经·大荒东经》描写夔是："状如牛，苍身而无角，一足，出入水则必有风雨，其光如日月，其声如雷，其名曰夔"。但更多的古籍中则说夔是蛇状怪物。

■曾侯乙墓出土的金圈

东省临淄郎家庄齐墓的2件金带钩、8件银带钩，钩身均形体细小、光素，钩首作马头或鸭头形，同属春秋晚期，是中国时代最早的金银带钩。

在河北省平山中山王墓中发现的嵌金银带钩，江陵望山楚墓中的金错凤纹铁带钩，长达46厘米，如此之大的带钩较为罕见。

春秋战国时期，大量金银错器皿的出现，几乎成为这个时期工艺水平高度发展的一个标志。

从商代直到战国末期，在长达1000多年的漫长岁月里，中原地区的人民似乎一直沉迷在青铜器的光芒之中，对金银的使用只局限在装饰青铜器物。于是出现了中国早期的金银错工艺。

在河北省平山县的战国墓，是战国时神秘的中山国的王墓，在墓室的一角发现了一些金银错器皿。如一对神兽的表面，用粗细不同的银片和银丝镶出变化无穷的斑纹，以强化神兽的神秘感。经过千年的埋藏，曾经光彩夺目的青铜器已经变成黑色，但是上面的金银错，却依旧闪烁着毫不褪色的光芒。

所谓金银错，就是先在铜器模范上做出金银错纹的槽路，器物铸造完成后，再把金银丝压嵌在槽路里面。

如中山王墓战国铜金银错四龙四凤方案，是战国时期第一次以实物造型来进行创作的。长47.5厘米，宽47厘米，高36.2厘米，方案下部有两牡两牝4只侧卧的梅花鹿环列，四肢蜷曲，驮一圆环形底座。

中间部分于环座的弧面上，立有4条神龙，分向四方。四龙独首双尾。龙身蟠环纠结之间四面各有一凤，引颈长鸣，展翅欲飞。上部龙顶斗拱承一方形案框，斗拱和案框饰勾连云纹。

此案动静结合，疏密得当，一幅特殊的龙飞凤舞图跃然眼前。方案案面原为漆板，已腐朽不存，仅留铜案座。它的造型内收而外敞，突破了商、周以来青铜器动物造型以浮雕或圆雕为主的传统手法。

另外，4只龙头上各有一个斗拱，第一次以实物面貌生动再现出战国时期的斗拱造型。方案周身用金银错饰以艳丽的纹饰。

此器造型复杂，各部为分铸后用铆接和焊接制成，有的地方曲度较大，是用接铸或失蜡法铸成。案框一侧沿口上刻有铭文10字："十四祀，右车，啬夫郭，工疥。"此器整体结构繁复适称，铸造工艺精湛，动物造型姿态优美，生动细腻，堪称稀世珍宝。

虽然，春秋战国时期金银器的分布区域明显扩大，已知最早的金银器皿几乎均出自楚国统治区域，而中原及其他诸侯国，极少有金银器皿发现，说明楚人可能最先掌握了金银冶炼及制造技术。

春秋战国时期，南方地区发现的金银器虽然数量不多，但却十分引人注目。最为重要的发现当属湖北省随县曾侯乙墓发现的一批金器，其中，仅金箔即达950件之多，它们大多贴在器物上做装饰，只因器物腐蚀而散落到墓室各处。这些金箔上还压印有各种纹饰。

在曾侯乙墓中还发现有5件金制器皿：金盏、勺、杯、盏盖及带钩。带盖金盏与金漏勺应是一套，带盖金盏共重2156克，为先秦金器之最。其中，金盏通高11厘米，口径15.1厘米，

战国金银错铜辕首

仍然采用范铸工艺，盖顶中央有环形钮，盖边缘有两个边卡，可以与盏扣合，金盏底有"S"形凤足，近盏口有对称的两只环状耳，盖顶和盏口外沿均铸有繁缛的蟠龙纹和云雷纹。

金盏整个造型和纹饰及纹饰布局不仅吸取了青铜鼎的一些特点，而且还又自有创意，环形耳及"S"形凤足显得轻盈且秀气，盏为半球体，仅在盏口有一圈环带形纹饰，盏壁较薄，故盏身也显得并不厚重，但盏盖造型及繁密的纹饰呈环圈布局，而且盏盖略大于盏口，给人以强烈的凝重感。

盏内置镂孔金匕一支。匕身圆形，镂孔作变异龙纹，方柄，素面，通长13厘米，重56.4504克。

与金盏同时发现的金杯呈圆桶状，敞口束腰，平底有盖，腹上部有两个对称环耳，通体素面无纹，杯壁较厚，盖足圆拱形。杯通高10.65厘米，口径8.1厘米，重789.9克，系锤揲工艺制作而成，亦为先秦重器。

■曾侯乙墓金盏

另外，还发现了金器盖两件；不见器身，一大一小，圆拱形，盖面以麻点纹为地纹，饰数周花纹。大盖通高2.5厘米，直径9.5厘米，重327.65克。小盖通高2.2厘米，直径7.5厘米，重157.35克。

■ 战国银错卧牛青铜镇

曾侯乙墓金带钩发现于东室主棺内，器型完整。钩鹅首形，长颈扁喙，素面光洁，均长4.4厘米，分别重40.9克、43.2克、45.5克和46.6克。

还有形状不一的金箔，有圆形、半圆形、圆弧形、方形、长方形、三角形、梯形、圭形、双沟形等10多种。多数在表面上压印各种几何形图案，构图简洁，少数光素无纹饰。厚0.037毫米至0.378毫米，一般在0.1毫米至0.2毫米之间，每平方厘米重20毫克至30毫克，估计是用于粘贴铅锡饰物的。

特别是在曾侯乙墓中有462段金弹簧形器，用金丝绕成，每根金弹簧器的圈数一般为18圈至25圈，长约2厘米，圈经0.4厘米至0.5厘米，金丝直径为0.01厘米至0.05厘米，含金量为87.4%。

这批金属簧形器称为"蚕形器"，是采用经拉丝工艺制成的金属丝绕制而成型的，在金丝的表面有拉伸的痕迹，这些拉伸的痕迹也与金属丝的长度方向一致。

从湖北省随县曾侯乙墓发现的金盏，采用钮、

圭 中国古代在祭祀、宴飨、丧葬以及征伐等活动中使用的器具，其使用的规格有严格的等级限制，用以表明使用者的地位、身份、权力。周代玉圭，以尖首长条形为多，圭身素面，尺寸一般长15厘米至20厘米。不同名称的圭是赋予持有不同权力的依据。

盖、身、足分铸，再合范浇铸成型的制造方法以及各种器物大量使用青铜器常见的装饰纹样，可以看出，当时的金银工艺是在借鉴传统青铜工艺的基础上发展起来的。

战国时已经产生银器，如在河北省平山县三汲乡中山成王墓中发现有战国银首男俑铜灯，通高66.4厘米，通宽52.5厘米，人俑高25.6厘米，此灯为一站立的青年男俑执灯之形象。

男俑立于兽纹方座上，头部为银铸，壮发梳髻，发丝精细，罩巾缚带，浓眉短须，宝石镶睛，扁脸高颧，面带微笑。

该银首男俑身穿右衽广袖朱红云纹锦袍，腰系宽带以带钩连接。两臂张开手握双螭，右手一螭头上挺吻托灯柱，柱饰黑彩蟠螭和三角纹，并有夔龙戏猴，柱顶一灯盘；左手一螭向外卷曲，头上挺吻托一灯盘，其下有一大型灯盘，于内沿盘环一螭，头上挺吻顶上螭之中腰。每个灯盘内均有3个烛扦。

此器将实用性与装饰性有机地结合在一起，人物刻画细致入微，构思巧妙，且银与铜相结合的技法在国内十分罕见，故定为国宝。

此外，湖南省长沙近郊的公元前300年题名的银皿等也较为有名。

流光溢彩的金属宝器

阅读链接

战国时期，由于崇尚武力，所以描述动物的金银饰物特别多，如金镶彩石虎鸟纹饰牌、金怪兽纹饰牌、金站立怪兽纹饰片、金镶松石耳坠、银狼驮鹿纹牌、金豹噬野猪纹嵌宝石带扣、金卧虎形饰片、金虎咬牛饰牌、金刺猬形缀饰、银虎头形饰、金三鹭纹扣、金猎鹰形缀饰、金羚羊形饰、金鸟纹扣、金四鹰首纹饰、金虎狼咬斗带饰、金双鹰搏蛇纹饰牌、银虎吞羊项圈、金鹰形饰片、金双兽纹饰牌、银鹿、金怪兽纹带饰、金双鹿纹牌饰、金双怪兽纹牌饰、金双鸟头形饰、金狮形片饰等。

秦汉魏晋金银器

秦朝由于年代较短，遗留的金银器不多，仅在始皇陵所出铜车上有所发现。其中，金质的有金当卢、金泡、金项圈部件、纛座上镶嵌的金珠等，银质的有银镳、银觜、银辖及银环、银泡、银项圈部件等，均系铸造成型。

金银错技艺在春秋中晚期开始兴起，到汉代，这种技艺已经成为中国传统金银工艺的主流，并且达到了相当高的水准。

三国魏晋时期的金银器数量较多，金银器的社会功能进一步扩大，制作技术更加娴熟，器型、图案也不断创新。在这个时期的墓葬中，常可以看到民族间相互影响和融合的迹象。

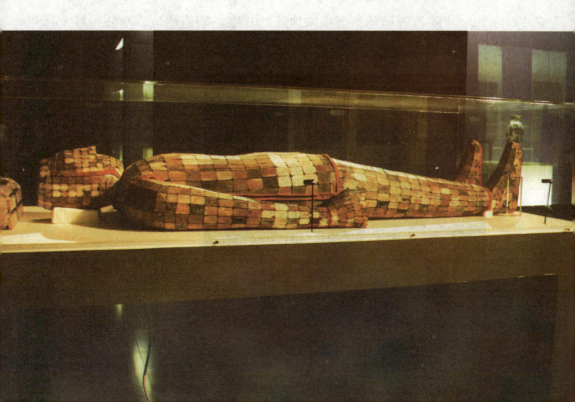

秦朝王者之风的金银器

在春秋战国时期，秦国的金银器主要是金制品，银制品极为罕见。无论是从黄金制品的数量还是造型、工艺水平上看，秦国的金制品在诸侯国中都表现得最突出。

在陕西省凤翔秦都雍城地区的马家庄宗庙遗址、秦公一号大墓和凤翔西村秦墓中及始皇陵中，发现了黄金制品百余件，既有花纹繁复、造型独特的装饰品，如龙首蟠龙、盘蛇、鸳鸯金带钩、金兽面、金方泡、玉环金铺首等；也有做工精细、精美绝伦的实用器，如金错虎符、金银错铜鼎、镏金蒜头壶、金洗、金环首铜刀等。

此外，秦国的一些铜

金银错铜鼎

■ 镏金铜车马

铁器的柄部也饰有金柄，如在陕西省宝鸡益门村春秋墓中发现有3件金柄铁剑。除秦公一号大墓的一件金箔系锻打之外，其他所有金器全是铸造成型，明显受到当时青铜工艺的影响。

根据凤翔和宝鸡等地所发现金器的规范程度和统一的造型风格推断，上述金器应是秦国官府作坊统一制造的，地方官府在当时的客观条件下是不可能制造金器的。

秦始皇统一全国后，除黄金制造业外，还出现了银器制造，但仍以金器制造为主。此时的金制品已由礼器和装饰品向实用器发展，主要是一些大型车马的部件和饰件，很少有实用生活器皿。

秦朝由于年代较短，遗留的金银器不多，大多在始皇陵所出铜车上有所发现。陕西临潼秦始皇陵封土西侧20米处的一个陪葬坑里，发现两乘大型陪葬铜车马，一前一后排列，大小约为真人真马的二分之一。

秦始皇（前259—前210），嬴政，嬴姓赵氏，故又称赵政，他是中国历史上著名的政治家、战略家、改革家。他是首位完成中国统一的皇帝，建立皇帝制度，书同文，车同轨，统一度量衡，把中国推向了大一统时代，对中国和世界历史产生了深远影响，被誉为"千古一帝"。

■ 秦代金牌

流光溢彩的金属宝器

彩绘 在中国自古有之，被称为丹青。其常用于中国传统建筑上绘制的装饰画。中国建筑彩绘的运用和发明可以追溯到2000多年前的春秋时代。它自隋唐期间开始大范围运用，到了清朝进入鼎盛时期，清朝的建筑物大部分都覆盖了精美复杂的彩绘。

制作年代最晚在陵墓兴建时期，即公元前210年之前。铜车马主体为青铜所铸，一些零部件为金银饰品，各个部件分别铸造，秦代工匠成功地运用了铸造、焊接、镶嵌、销接、活铰连接、子母扣连接、转轴连接等各种工艺技术，并将其完美地结合为一个整体。

如秦陵二号铜车马的零部件中就有金制件737件，银制件983件。

一号铜车马为双轮、单辕结构，前驾4马，车舆为横长方形，宽126厘米，进深70厘米，前面与两侧有车栏，后面留门以备上下。

车舆右侧置一面盾牌，车舆前挂有一件铜弩和铜镞。车上立一圆伞，伞下站立一名高91厘米的铜御官俑。其名叫立车，又叫戎车、高车，乘车时立于车上。该铜车马共由3500多个零部件组成，总重约1040千克，其中，金饰件3000余克，银饰件4000余克，车马通体饰有精美绝伦的彩绘。

该车伞杠上有圆管形金银错纹样两节，纹样环伞杠一周，上下两端各有一条宽0.35厘米的金银错粗环纹，及一条细线作为纹样的上下界。中间部分也有3组凸起的阳弦纹作为整个图案纹样分组的间隔条带。

由上向下数第一、三两组阳弦纹上的金银错纹样基本相同，中间凸起的部分都是以金银错的横"S"

纹作为主题纹样，形成二方连续的环带纹。纹样与纹样之间也是以3条细金银错线相隔。

金银勒是控驭马的重要器具。一号铜车前所驾的4匹铜马的头上各戴1副。4副勒的形制、结构和编缀方法基本相同，大小相似。主要的连接点上缀有金质或银质的圆泡形节约，额部饰金当卢。

金当卢为马头上的形的金饰件，勒套装于马头后，当卢则位于马额中央。长9.6厘米，最宽5厘米，厚0.4厘米。分上下两层，上层为金质，下层为铜托。两层大小、形状相同，连接在一起。

金当卢正面的周边有突起的状似流云纹的阳线边饰，中部为由两条左右相对组成的类似蝉纹的浅浮雕单独纹样交合为一的两条蟠虺纹。

金当卢背面的铜托上铸有4个钮鼻，两两相对。钮鼻内贯穿纵横呈十字形铜条，此铜条与托板、钮鼻铸连一起，用以连接金银勒上的链条，起节约作用。

蝉纹 蝉体大多做垂叶形三角状，腹有节状条纹，无足，近似蛹，四周填云雷纹；也有长形的蝉纹，有足，也以云雷纹作地纹。可能意味着蝉纹和饮食及盥洗有一定联系，其取义大约是象征饮食清洁的意思。蝉纹还有象征死而转生之意。

■秦代马具

位于马口两侧的链条上连接着银表和铜衔，位于喉革部分的链条上悬挂着铜丝扭结成的璎珞。左骖马和右骖马的勒除连接着银铆、铜衔外，还有铜橛以及连接衔、橛的圆片形铜构件。

秦代镏金马镫

勒是套在马匹头部，用来控制马匹的核心部件。俗称马笼头，古代又名羁，亦称络头。《淮南子·原道训》："络马之口，穿牛之鼻者，人也。"古代马勒多以革带制作。革带相交处，常见以底部带有钮鼻的铜环或铜泡连接，称为节约。

秦陵铜车中的马勒则是用金银子母节连接成的条带构成，条带的交叉处用底部有钮鼻、表面铸花纹的金泡和银泡连接并装饰。

络有衔者谓勒，铜车马之衔由两节两端有环的铜棒相连而成，中间的小环相互穿接，两端的大环用于贯镳。镳为银质，呈弧形扁棒状，每副勒上两根，与勒系连为一体，分别位于马嘴两侧。

铜衔横穿马口，通过两端的衔环贯连银镳，使镳形成夹持马嘴之态势。《说文·金部》："衔，马勒口中也，从金从行。衔者，所以行马者也。"

关于镳，《释名·释车》："镳，苞也，在旁包其口也。"因镳与衔相连，故误释镳为衔；认为镳在马口旁是对的，又误说作用是包敛马口。

镏金马镳

流光溢彩的金属宝器

镳的形状以弯月形居多，有的呈上尖下粗的牛角形，有的呈拉伸的"S"形。其质地有角、木、铜、银、玉、象牙等，铜镳占多数。

镳除实用功能之外，还以其质地和纹饰的不同表示尊卑，是马具中表示车主的身份的部件之一，很受人们重视。《后汉书·舆服志》记载，皇帝的乘舆"象镳镂钖"，王公、列侯的车"朱镳朱鹿"。

秦陵铜车中的8匹马皆银镳、金银勒，尽显高贵之气。马勒套络于马匹头部，勒上系着辔绳，御者手握辔绳控驭马匹。御者根据需要做出不同的牵拉操作，辔绳另一端的衔、镳就会对马的口部施加不同的压迫，受过训练的马匹自然会遵从御者的指挥行动。

假如需要马匹停步或慢行，御者在发出口令后，只需同时牵拉双侧的辔绳，受到双侧辔绳共同作用的铜衔，就会向后勒挤马口。在铜衔的勒挤下，马匹便会做出扬头顿蹄的动作，随之停止或放慢脚步。

假如需要指挥马匹转向，御者在发出口令后，只需牵拉朝向一侧的那根辔绳，受其作用，马口中的铜衔便会被拉向该侧；此时，铜衔另一侧穿插的镳就开始发挥作用，既阻止铜衔抽脱马口，又逼迫马头向牵拉一侧转动。在辔绳、铜衔的带动和镳的迫使下，马匹必然按照御者的要求转向。

通过马勒在控制马匹中所起的作用，特别是衔、镳的功能和用法，便清楚地展现了衔镳相连、随辔而动的场景，还可以生动地诠释"分道扬镳"这个成语的原始含义。两人分别，各自牵动马辔，勒上之镳随之扬起，车骑转头绝尘而去。

一号铜车的车舆呈横长方形，前面的左右两角成弧形钝角，后面的两角为直角。横宽

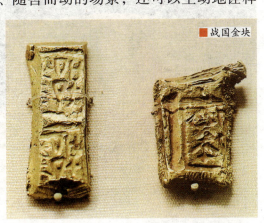

■ 战国金块

秦代金饼

74厘米，纵长48.5厘米。舆的四面装有轮。前有轼，后面为敞口车门。前侧车转上端与轼之间以弧面形的掩板相连，使舆的前部形成半封闭的空间。

前轮的上部偏左装有银弩輒两个，承托着铜弩的弓背，弩臂置于轼和掩板上。形状和大小相同，长12.3厘米，輒的后部呈长方筒形，前部有一含口，含口的上唇短，末端向下微勾呈鸟状，下唇长而斜向上方弯曲，末端呈鸭首形向前平伸，整个下唇的形状犹如鸭举颈昂首。其上侧及左右两个侧面铸有浅浮雕状的流云纹。

輒的作用有二：一用以承弓，二用以张弩。

鸳鸯莲瓣纹金碗

此外，秦俑坑的5个探方内也发现有金节约、金泡等。陕西省兴平发现的秦代金银错云纹犀尊也是那时的珍品，通高34.1厘米。造型雄奇浑厚，壮健有力。两眼前视，双角上竖。犀身整体以金银错云纹为饰，云纹细如游丝，运线流利生动。表现了秦代工艺匠师的高度技艺。

除陕西省以外，在山东省淄博窝托村西汉齐王刘襄陪葬器物中，还发现了银器130余件，其中，有一件公元前214年制造的镏金刻花银盘，制作精细，装饰讲究。

镏金刻花银盘高5.5厘米，口径37厘米，重1705克，直口，平折沿，折腹，地微内凹。口沿及内外腹壁錾刻三组龙凤纹，每组布局疏密适宜，采用二方连续的环状图案，龙凤纹为"S"形结构，宛如流动的几何图形。三组龙凤纹上下相互叠压交错，龙首张口回顾，凤首卷曲，颈饰凤羽。

盘内底中心錾刻3条盘龙纹。龙首张口，额顶有角，躯下有足，龙尾弯曲与另一条龙相衔接。构图于规整中寓变化，线条古朴、抽象，而又流畅、华美，呈现出自由奔放、活泼秀丽的神秘感。

器身内外装饰纹样采用满地装，龙飞凤舞，布满全身，显得繁缛华丽。银盘制作工艺精湛，錾刻娴熟精致，纹饰处全部镏金，银色的质地，金色的纹饰，交相辉映。

盘口沿底面和外底刻有铭文47字，外底所刻"御羞"，即"御馐"。御馐归属少府，管理帝王膳馐原料，也提供给帝王美食，因此，这件银盘系专供帝王美食之用。

这一件银盘刻花镏金，纹饰錾刻得极为

■ 秦代镏金项链

精致，可以看出秦代艺人娴熟的技巧。而且，所呈现的花纹规整、细腻，有很强的韵律感，应该说是在当时已有相当水平的工匠和很像样的作坊了。

在刘襄墓中还发现了两件略小的银盘，饰波折纹、花叶纹和云龙纹等，纹饰上全部镏金。

根据对这些金银配件的研究已能证明，秦朝的金银器制作已综合使用了铸造、焊接、掐丝、嵌铸法、错磨、抛光、多种机械连接及黏结等工艺技术，而且达到了很高的水平。

流光溢彩的金属宝器

阅读链接

秦代金银器虽然发现得并不多，但从文献记载分析，秦代的金银器数量应是相当大的。因秦陵地宫至今尚未发掘，真实情况还不得而知。

秦陵铜车的马勒上各有一件叶形的金饰件，勒套装于马头后，叶形金饰位于马额中央。饰件的正面以浅浮雕形式塑出二者交合为一的两条蟠虺纹；背面有四钮鼻，用以穿连勒带，同时起着节约的作用。《秦始皇陵铜车马发掘报告》及诸多介绍文章，均将此饰件定名为当卢，但实际此物的本名应是钖或镂，当卢是其俗称，出现较晚。

使用镂钖的车马，一般级别规格较高，当卢即当颅也，名称与佩戴的位置有关，是后世的俗称。以当卢注镂钖，正说明当卢名称较晚，世俗皆知。当卢一般无雕饰，无级别限制，使用比较广泛。

秦陵铜车是皇帝乘舆车队中的马车，级别高贵，马额中间的叶形金饰雕刻花纹，是古代镂钖的典型形象，称为当卢不够精确。

富丽堂皇的汉代金银器

汉王朝是充满蓬勃朝气的大一统封建帝国，国力十分强盛。在汉代墓葬中出土的金银器，无论是数量，还是品种，抑或是制作工艺，都远远超过了先秦时代。

汉代金银器工艺在前代的基础上，又获进一步的发展。为满足需要，所制器物极为精致、豪华。

如在河北省满城西汉中山靖王刘胜夫妇墓中发现的单镏银盒，湖南省长沙五里牌和五一街东汉墓中发现的银碗、银调羹等。

除餐具外，更多的是各种金银装饰品。如在江苏省邗江甘泉山汉墓中发现大批黄金首饰，其中的对金胜由两个相对的三角形

镶绿松石镏金带钩

绿松石 因形似松球且颜色近似松绿而得名。是中国"四大名玉"之一。自新石器时代以后历代文物中均有不少绿松石制品，是有着悠久历史和丰富资源的传统玉石。古人称为"碧甸子""青琅玕"等。据推论，中国历史上著名的和氏璧即是绿松石所制。

和圆形组成，圆形凸起如球面，用绿松石掐丝镶嵌圆心，外有小金球组成一圈连珠纹，制作甚为精美。

汉代有的金银器除镶嵌绿松石等材料外，还饰以人物、动物等，如在河北省定县汉墓中发现的金银错狩猎纹铜车饰，呈竹管状，表面有凸起的轮节。

将车饰分为4段，用金银错装饰以狩猎为主题的花纹，并嵌有圆形和菱形的绿松石，其间饰有人物及象、青龙、鹿、熊、马、兔、狼、猴、羊、牛、猪、狐狸、獐、鹰、鹤、孔雀等动物形象，并穿插以菱形纹、波纹、锯齿纹。

整个车饰构图饱满，气魄宏大，风格瑰丽，反映了作者丰富的想象力和卓越的技巧。

金质的动物如在江苏省盱眙县发现的西汉金兽，通高10.2厘米，身长16厘米，身宽17.8厘米，重9100克。空腹、厚壁，浇铸成型。

■ 汉代金兽

金兽下盖着一个精美奇特的铜壶，壶内装满了金器，其中，9块半金饼重达2864克，15块马蹄金、麟趾金重达4845克，11块金版"郢爰"重达3260克。黄金总重量超过20千克。

金兽呈蜷伏状，头枕伏于前腿上，屈腰团身，首靠前膝，耳贴脑门两侧，头大、尾长、身短而粗壮，似虎更类豹。附耳瞪目，张口露齿，神态警觉，颈部戴三轮项圈，头顶有一环钮。

金兽通体斑纹是在兽体铸成后再捶击上去的，大小相当，呈不规则的圆形，十分精美。底座空凹，内壁刻有小篆"黄六"两字，为秦汉文字。"黄"指质地为黄金，"六"为序数。

金银错技艺在春秋中晚期开始兴起，到汉代，这种技艺已经成为中国传统金银工艺的主流，并且达到了相当高的水准。

如中山靖王刘胜王后的陪葬品中发现了一些金银错器物，一件"朱雀衔环杯"上复杂多变的花纹都是用金线错出来的。

■ 西汉朱雀衔环杯

朱雀衔环杯通高11.2厘米，宽9.5厘米。以衔环朱雀脚踩一四足双耳兽为主体造型。杯内外饰金错柿蒂纹，座饰金错卷云纹。

朱雀衔环蠹立于两高足杯之间的兽背上，通体金错。朱雀展翅翘尾，双翅羽毛向上卷扬，呈展翅欲飞状，轻轻盈盈地凌空取势，神采飞扬，喙部衔一能自由转动的白玉环。

朱雀所踏四足双耳兽匍匐，四足分踏在两高足杯底座上。在这里，兽的突然介入，不仅调节了朱雀双腿之间的跨度，也从意象上渲染了神雀凌驾万物之上的傲然风度。

朱雀衔环杯通体镏金，其间还点缀有30颗翠绿色的松石，松石分为圆形和心形两种，其中，颈和腹部

朱雀 亦称"朱鸟"，古代神话中的南方之神。又可说是凤凰或玄鸟。朱为赤色，像火，南方属火，故名凤凰。它也有从火里重生的特性，和西方的不死鸟一样，故又叫火凤凰。天界四大圣兽之一。

汉代镏金动物一组

嵌4颗，杯外每一个杯分别嵌13颗，共26颗。

朱雀，是中国古代神话中一种寓意吉祥的神鸟。因其神态昂然，气度非凡，极具唯我独尊的风范，所以，古代王室及贵族之家所用器物上多饰以朱雀形象。

除此之外，墓葬中最炫目的宝物是一盏长信宫灯。宫灯通体镏金，光彩熠灼。作为灯体的宫女显得金光闪闪，但它并不是纯金制品，而是用镏金的技艺制作的。

进入东汉以后，鲜卑、乌桓、柔然、敕勒等民族在草原上逐渐强盛，尤以鲜卑的金银器最具特征，从时代上分为3个阶段。

东汉时期以装饰品为大宗，以狼、野猪、鹿、驼、马、羊、神兽等动物造型为主。其表现形式，有以写实为基调的单体动物，也有将动物重叠、排列，图案规范整齐的同种动物的重复组合。

总体上说，金银器中最为常见的仍是饰品，金银器皿不多，金质容器更少见，可能因为这个时期镏金的做法盛行，遂以镏金器充代之故。汉代由于社会长期相对稳定，统治阶级拥有大量黄金，甚至铸造金饼、马蹄金投入流通领域。

中国自商周以来加工黄金所用的制箔、拔丝、铸造等技法，这时仍继续沿用。金箔除裁成条状用于缠裹刃器的环首等处外，还剪成花样以贴饰漆器。

如在湖南省长沙与广西合浦的西汉墓中，都发现过金平脱漆器，或从这类漆器上脱下的人物、禽兽形金箔片。金丝多用于编缀玉衣，在各地出玉衣的大墓中曾大量发现。

至于铸造的金带钩、金印等物，在汉代更不乏其例。比如内蒙古自治区准格尔旗西沟畔的匈奴墓西汉包金花草纹带饰，长9厘米。包金卧羊带饰，长11.7厘米。

就制作技术而论，汉代黄金细工最重要的成就是发明了金粒焊缀工艺，即将细如粟米的金粒和金丝焊在金器表面构成纹饰。

在河北省定州八角廊的西汉墓中发现的镶有琉璃面的马蹄金和麟趾状金饰，在器壁上部焊有用小金粒组成的连珠纹带。

在河北省定州北陵头村东汉墓中所发现的金龙头，不仅其金粒和金丝的组织更加精巧，连龙角上都缠以纤细的金丝，其上还镶嵌有绿松石和红宝石。

在乐浪古墓与新疆博格达沁古城址中所发现的金质龙纹带扣，式样相仿，上面均有一条大龙和6条小龙出没于缭绕的云气之中。其构图之生动，工艺之精细，已臻汉代金银器之极致。

江苏省邗江甘泉镇汉墓出土的王冠形金饰直径1.5厘米，重2克，金饰上之重环纹是用细如苋籽的小金粒焊成的。同时发现的一件龙形

汉镏金团兽形节约

玺 中国印章最早的名称。秦以前，无论官、私印都称"玺"。自秦代以后专指帝王的印。秦统一六国后，制定一系列等级制度，当时规定"朕"仅为皇帝专用，皇帝印章独称"玺"，其材料用玉，臣民只称"印"，且不能用玉。汉代基本沿袭秦制，但制度已略放宽，也有诸侯王、王太后称为"玺"的。

饰物，残长4.6厘米，重2克，在豆粒大小的龙头上竟能以细小的金粒、金丝构成眼、鼻、牙、角、须等器官，历历可辨。

这一汉墓中有盾形金饰、品形金饰各一件，盾形饰高1.5厘米，宽1厘米，厚0.5厘米，重2.3克，品形金饰高2.1厘米，宽1.5厘米，厚0.6厘米，重4.7克。

此外，在邗江甘泉东汉墓中还发现有空心金珠，是用两件较大的和12件较小的金圈拼焊成24面空心球体，再在各金圈相连接处，以4枚小金粒堆焊出24个尖角。在该墓中还发现有"广陵王玺"金印，通高2.1厘米，边长2.3厘米，重123克。西汉时国力超前强盛，四方番国齐来朝见，因此朝廷也以贵重的金印来赐给地方番王，除上述"广陵王"金印外，最著名的是古南越王金印和滇王金印。

西汉南越王墓位于中国广东省广州象岗山上，是西汉初年南越王国第二代王赵眜的陵墓。在秦末楚汉相争之际，时任南海郡尉的赵佗吞并桂林、象郡，于公元前203年建立南越国，定都番禺。南越国疆域基本就是秦朝岭南三郡的范围，东抵福建西部，北至南岭，西达广西西部，南濒南海。

■ 西汉时期镏金嵌玉饰品

从赵佗最初称王以后，南越国共传5代王，历时93年。开国之君赵佗僭称南越武帝，第二代王赵眜为赵佗

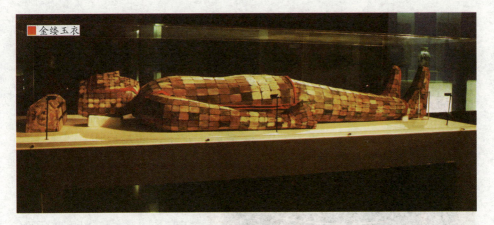

金缕玉衣

次孙，公元前137—前122年在位，在《史记》中被称为赵胡，僭称文帝，第三代王赵婴齐为赵眜之子，死后称明王，皆筑有陵墓。

赵眜的南越王墓劈山为陵，墓室仿照生前宅居筑成，后部主室居中，为墓主棺库主室，墓主身穿丝缕玉衣，随身印章9枚，最大一枚为"文帝行玺"龙钮金印，此外，还有螭虎钮"帝印"。龟钮"泰子"金印以及墓主"赵眜"玉印等。

南越王墓中金印是在国内首次发现的汉代帝王金印，被称为"镇墓之宝"的是那枚"文帝行玺"金印，在传世或发现的秦汉印章中，未见一枚皇帝印玺，只有文献记载。

据文献所载，帝印都是白玉质印、螭虎钮印，印文是"皇帝行玺"或"天子行玺"；而南越国赵眜这枚帝印却是金质印、蟠龙钮印，印文是"文帝行玺"。这是金印的独特之处，是南越国自铸、生前实用之印。

这枚"文帝行玺"金印是正方形，印台长3.1厘米、宽3厘米、高0.6厘米、通钮高0.6厘米，重148.5克，含金量非常高。印面呈田字格状，阴刻"文帝行玺"4个小篆体的字，书体工整，刀法刚健有力。

蟠龙钮是一条龙蜷曲的样子，龙的首尾和两足分置在4个角上，似腾飞疾走，印面槽沟和印台四周壁面都有碰撞和划伤的痕迹，而且还遗留着一些暗红色的印泥。印台背上的龙，有些部位磨得十分光滑，

■ 西汉镏金彩绘铜卮

说明这枚金印是墓主人生前日常行使王权的大印。

南越王墓"太子"金印和"右夫人玺"金印都不是龙钮，而是龟钮。"太子"金印也是首次被发现，在传世印玺中未曾见过。其中"右夫人玺"金印通高1.6厘米，边长2.2厘米；"太子"金印通高1.5厘米，长2.6厘米，宽2.4厘米。

按秦汉礼制规定，只有皇帝、皇后的印才能称"玺"，其他臣属的印是不能称"玺"的。皇帝用玺并非只有一种，而是有多种。例如用于赐诸侯王的"皇帝之玺"、用于封国的"皇帝行玺"、用于发兵的"皇帝信玺"、用于册封外国的"天子之玺"等。

"皇帝玺"被视为"传国玺"，历代统治者视为保国镇疆之宝，正所谓"得宝者得天下，失宝者失天下"。而赵昧的"文帝行玺"是个人专用，不往下传，因此死后用于陪葬。

历史上发现的印不少，但大多是铜质、玉质或水晶质的，很少发现有金印，只有12枚，12枚金印中属东汉的有8枚，属西汉的有4枚，仅南越国便占了3枚。

南越王墓的金器除金印外，还有金带钩、金花泡和杏形金叶，均是饰物。而金花泡普遍被认为是海外输入的"洋货"。

镏金 是一种金属加工工艺，亦称"涂金""镀金""流金"，是把金和水银合成的金汞剂，涂在铜器表层，加热使水银蒸发，使金牢固地附在铜器表面不脱落的技术。是中国古代劳动人民在生产劳动中总结创造出来的工艺，始于战国时期。

南越王墓中有一件白色的银盒特别引人注目，那闪闪发光的花瓣显得尤为突出。这个呈扁球形的银盒，通高12厘米，腹径14.9厘米，重572.6克。在主棺室，盒内有10盒药丸。

从造型、纹饰和口沿的镏金圈套等工艺特点来看，银盒与中国传统的器具风格迥异，但与古波斯帝国时期遗物相似。经化学分析、鉴定，认为是波斯产品，银盒里的药丸很可能是阿拉伯药。因此，银盒并非南越国制造，而是海外舶来品，具有重要的历史价值。

南越王墓的银器除了银盒外，还有银洗、银卮和银带钩，都是越王室的专用器具。7件银带钩工艺十分精美，有5种式样，钩首有雁头形、龟头形、龙头形和蛇头形等。

特别是主棺室中的那件银带钩，通长18.4厘米，呈弓状，镶嵌宝石并饰以凸浮雕。龙头形的钩首饰以卷云纹和腾跃的飞虎。

复杂的纹饰，发光的宝石，通体镏金，显得高贵华丽，是很好的工艺精品，反映了主人高超的制作工艺和审美观点，从中也可看出当时人们的生活风尚。带钩的用途，主要用于扣接束腰的皮带，还可以用于佩剑和钩挂刀剑、钱袋、印章、镜囊及各种饰品。

在西汉南越王墓中，还发现了中国唯一的金错铭文铜虎节，堪称孤品。它高11.6厘米，长19厘米，厚1.2厘米，造型生动有趣，铜虎为一扁平板虎，昂首挺胸，呈蹲踞之势；它露齿张口，弓腰瞪眼，威风凛凛，十分气派；其尾巴卷曲呈"八"字形状，前后足下有浅槽，头和足的

汉代镏金龙头

■ 南越王赵眜的金印

流光溢彩的金属宝器

掐丝 古代金工传统工艺之一，是将金银或其他金属细丝，按照墨样花纹的弯曲转折，掐成图案，粘焊在器物上，称为掐丝。是景泰蓝制作中最关键的装饰工序。掐丝技术起源很早，可能与金工艺的包镶技术有联系。掐丝珐琅约在蒙元时期由伊朗传至中国。

转折处及脸部的皱纹均以短线勾勒出来，十分清晰；铜虎全身黑色，但身上的斑纹颜色艳丽，是用贴着金箔片的弯叶形浅凹槽表示的，极富立体感。

"节"，在中国古代是一种信物，是使者持有的一种凭证。这件金错铭文铜虎节的正面有金错铭文"王命命车徒"5个字，说明这是一件调动车兵的信符，它应该是南越文王赵眜生前调兵遣将的令符。

发现于云南省三晋宁石寨山古滇王族墓葬群的滇王金印，是公元前109年汉武帝赐予滇国国王的一枚金印，是古滇王国存在的证据。

距今2000多年前的公元前5世纪中叶至公元1世纪初，滇池沿岸曾经有过一个被称为"滇"的古代王国。据说是战国后期秦楚交战时，楚国将领庄蹻率军误入了滇地，被秦军断绝了归路而留在当地建立滇国。长期以来，由于缺少文献记载，滇国的情况十分模糊。

《史记》记载，公元前109年，汉武帝为打通由四川经昆明通往西域的蜀身毒道，兵临滇国，滇国国王举国投降，归顺中央王朝，于是，汉武帝赐予他滇王之印，复长其民，同时在此设置益州郡，将其纳入版图。这枚发现于墓漆棺底部的滇王金印通体完好如新。印作蟠蛇钮，栩栩如生地雕刻了一只身体蜷在一起的蛇，蛇背有鳞纹，蛇首抬起伸向右上方。

印面每边长2.4厘米，印身厚0.7厘米，通钮高1.8厘米，重89.5克。钮和印身是分别铸成后焊接起来的。文乃凿成，笔画两边的凿痕犹可辨识，篆书，白文4字，曰"滇王之印"。

中国云南自古便被称为"动物王国"。在潮湿多雨的森林里，就常有毒蛇出现。而且，蛇的前进速度很快，不好射杀，非常令当地人恐惧。慢慢地，滇人对蛇的恐惧又转化为一种崇拜，蛇的形象也成了象征平安的图腾，常常被装饰在青铜器当中。滇王之印的存在，把一个虚无缥缈的滇王国真实地呈现在人们眼前。

到了汉代，银器的使用范围已较广，制作工艺有锤、錾刻、镶嵌、焊接、模压、浮雕、包金、掐丝等多种技法。容器如银、银盒、银盘、银碗等均曾发现过。小件服御器如银带钩、银指环、银钏、银铺首、银车马具等，数量更多。

其中，造型最新颖的是上面所说齐王墓陪葬坑中发现的一件带盖的银豆，盖与腹均饰以花瓣形凸泡。同型之器在云南晋宁滇国墓与广

南越王墓金印

州象岗南越王墓中也发现过。

这种由凸泡组成的花纹在中国非常罕见，然而在古波斯阿契美尼德王朝的金银器上却是常用的装饰手法。故上述银器或曾受到西方的影响。

齐王墓陪葬坑中还发现了两件西汉银盘，器腹均饰以镏金花纹。而金花银盘即所谓"镂银盘"在唐代曾成为金银器中最主要的品种。齐王墓陪葬坑之例说明，这种技法在汉代已出现。

西汉时期，北方匈奴民族吸收汉文化的因素，出现了银匙、银箸等饮食器，用途扩大。造型和装饰艺术在继承战国遗风的基础上又有了创新，出现了动物与自然环境的图案。匈奴民族的金银器，造型独特、工艺精美，达到了北方草原地区金银器发展的第一次高峰。

中原和南方地区的金银器，大体看来，与北方匈奴少数民族地区金银器的形制风格截然不同，多为器皿、带钩等，或是与铜、铁、漆、玉等相结合的制品，其制作技法仍大多来自青铜工艺。

此外，包金青铜器和以金、银镶错的技艺也十分兴盛行，并有很多杰出的创造。

阅读链接

"金银错"工艺到了战国时期已经发展得十分成熟，不仅容器、带钩、兵器等使用"金银错"，在车器、符节、铜镜和漆器的铜口、铜耳等处，也大量使用精细的"金银错"纹饰。

因为这种工艺制作复杂，材质昂贵，所以当时也只有贵族才能使用。而东汉以后，盛极一时的"金银错"工艺逐渐被当时的战乱淹没了。

传统金银技艺始终没有脱离青铜工艺的传统技术，直到汉代以后，中国金银器才开始走向独立发展的道路。

异域风情的魏晋金银器

一方面，三国魏晋南北朝时期，朝代更替频繁；另一方面，各民族在长期共存的生活中，逐渐相互融合，对外交流进一步扩大，加之佛教及其艺术的传播，使这个时期的文化艺术空前发展。这些在金银器的形制纹样发展中，都曾打上了明显的烙印。

三国魏晋时，文化艺术空前发展，金银器物、金银装饰流行成为风气。当时，中原战乱频繁，南方社会经济却有较大发展。

因此，南方金银饰物较多。在湖北省鄂城西山铁矿工地吴墓中，

魏晋时期鎏金狮子

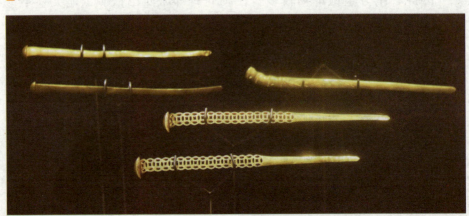

明器 指专门为随葬而制作的器物。又称冥器。一般用陶瓷木石制作，也有金属或纸质的。除日用器物的仿制品外，还有人物、畜禽的偶像及车船、建筑物、工具、兵器、家具的模型。在中国，从新石器时代起即随葬明器。明器是考察古代生活和雕塑艺术的有价值的考古实物。

流光溢彩的金属宝器

曾发现了金银镯、金银钗、金珠、金瓣、金鸳鸯、金银戒指、银项链、银唾盂等47件。

在广东省广州市姑岗晋墓中，也发现了金小狗、金银镯、金银戒指、银钗、银耳挖、银顶针等23件。

在江西省南昌于公元263年的东吴墓中发现有"花形金饰"，上面雕有"大吉"文字。

江苏省南京江宁区汤山街道上峰社区周良村发现了一座前后一线排列的三室西晋朝墓葬，墓中的一具木棺中，藏着数量惊人的随葬明器文物，其中还包括10多件极为罕见的金器。有金簪、金冠饰、步摇金饰等，金饰精致细密，亮丽如新，虽经过1700多年，依然能够放射出金色光芒。

其中一套4枚金质冠饰保持得极为完好。尤其是一枚"蝉形金珰冠饰"，据史料记载，能够使用金珰冠饰的人地位不低，至少是侍中以上的官员或者宫中的高级别女官。

江苏省镇江高淳及江西新干酒厂西晋墓，也都发现了银镯、银环、银发簪等首饰。

北方的金银器，属于曹魏时期的仅在安阳大司空

■金头钗

一座砖室墓中，发现了银镯、银丝指环。在北京市顺义大营村西晋墓中，发现有金银手镯、金银戒指、银臂钏、银指环、银发钗等14件，这是在北方西晋墓中发现金银饰物最多的墓葬。

鎏金银冠

西晋王朝国力不足，对众多游牧民族采用分封的怀柔政策。在内蒙古自治区乌兰察布市凉城县小坝子滩沙虎子沟的窖藏金银器中，先后发现"晋鲜卑归义侯"和"晋鲜卑率善中郎将"等金印。印中的"归义""率善"等字样都反映了这一史实。

晋鲜卑归义侯金印，由纯金制成，高2.8厘米，边长2.2厘米，重88.4克，方形，印上方为蹲踞式骆驼钮。这枚金印是西晋王朝赐给鲜卑族首领的印信。

同时发现的晋乌丸归义侯金印，长2.25厘米，宽2.3厘米，是西晋王朝赐给乌桓族首领的印信；晋鲜卑率善中郎将银印，长2.15厘米，宽2.15厘米。这两方印也均为驼钮。

墓内还发现多件具有拓跋鲜卑特点的金牌饰，内中有长9.5厘米的兽形金牌饰，高4.1厘米的镶嵌杂宝石兽形金饰件，长9厘米的兽形金饰件，高3厘米的兽形饰金戒指，还有金耳坠。

在一件长10厘米的四兽形金饰牌的背面，錾刻有"猗笡金"3字，猗即拓跋鲜卑三部之一猗部，可见这是该部首领的遗物。

锤揲的金牌饰，显示了拓跋鲜卑与匈奴文化的联系。以狼、狐和马纹为主要题材的牌饰，反映了鲜卑的民族特色。

东晋时期的金银器，在江苏省南京象山359年王丹虎墓中发现金

■ 虎形金饰牌

钗、金簪、金环25件，王廙墓中发现了金刚石戒指、金铃、金环、金银钗、金银簪等饰物。

发现最多的是南京郭家山一座东晋早期墓，除金钗、虎形金饰外，共有129件金饰件，其中有束腰、葫芦、圆片、鸡心等形状金片及饰件，还有金花、金珠、银铺首、银柿蒂、银兽蹄、小银环等。

在南京曹后村东晋墓中也曾发现金花、鸡心形金片、银铺首、银栌背、银环、银镯、银钗。宜兴的周鲂、周处、周玘等6座墓及丹阳被认为是齐景帝萧道生的陵墓，都发现了不少金银饰物和金质小动物。这些金花饰物在已发现的东晋金银器中最具特色。

北魏时期的金银器，内蒙古自治区呼和浩特市美岱村的发现较重要，在美岱村宝贝梁北魏墓中发现了兽形饰金戒指，戒面有小动物，用细小金粒镶出花纹，并嵌绿松石。同时还有菱形金片，各式金花、金钗。

在内蒙古自治区科尔沁左翼中旗希伯花鲜卑墓中发现的北魏金瑞兽，长9厘米，高7.7厘米，形似一奔

瑞兽 是原始人群体的亲属、祖先、保护神的一种图腾崇拜，是人类历史上最早的一种文化现象，并从远古时代一直沿存至今。中国古代有大瑞兽，分别是东方青龙、南方朱雀、西方白虎、北方玄武，另外麒麟也是中国古代的一种瑞兽。

走的瑞兽。造型奇特，具有浓郁的鲜卑民族特色。

在河北省定州城东北角佛寺塔址下，481年的石函中，也发现了金银器多件。宁夏回族自治区固原雷祖庙北魏夫妇墓，发现了金耳环一对、银耳杯一件，耳杯形似羽觞，圈足有连珠，可看出北魏金银器制作中的外来影响。

河北省赞皇南邢郭村东魏司空李希宗夫妇墓，发现有金戒指一枚，镶嵌蓝灰色轻精石，中心以连珠围绕一鹿纹。还有银杯一件，敞口、浅腹、圈足。杯壁装饰面划有"S"瓣，口沿饰连珠一周。杯底焊有六瓣莲花装饰圆片，有很高的工艺水平。

在河北省吴桥县东魏墓中发现有金簪、银钗、金箍形器。在山西省太原北齐娄叡墓中发现金饰一件，镂空，嵌有珍珠、玛瑙、蓝宝石、绿松石、玻璃等，组成华美的图案，颇为罕见。

此外，在宁夏回族自治区固原北周李贤夫妇墓中共发现了10件金银器，其中镶嵌青灰色轻精石的环状金戒指，与李希宗之金戒指颇为相似。另外还有银提梁壶、银熨斗、银剪刀、银镊子、银钵、银勺、银筷子等。这是北朝金银器皿发现最多的一座墓葬。

其中最值得注意的是一件镏金刻花银壶，长颈，鸭嘴状流，上腹细长，下腹圆鼓，单把，高圈足，把顶铸一深目高鼻胡人，壶颈、足等处有三周连珠纹饰。

壶身有人物图像，6人3组，第一组为战士出征前夜闺房情恋场面，第二组为次晨明誓告别场面，第三组为女子向战士祝福的场面，纹饰、图像有着浓郁的罗马风格。

魏晋时期金币

镏金双鱼银碗

从西方输入的类似金银器，最早发现于山西省大同北魏窖藏中，其中海兽纹曲沿银洗、镏金刻花银碗的造型和植物花纹、人物装饰等，都有西亚特色，为中西交通史增添了新资料。

同时，随着佛教及其艺术的传播，两晋南北朝时期金银器的制作和功能亦颇受影响。在江苏省镇江东晋墓中发现一件金佛像牌，呈长方形，正面线刻有裸体全身佛像，头顶灵光，面带稚气，应为释迦出世童像。这种用于佛教奉献的金银制品在唐宋以后极为常见。

还有北魏青铜镀金释迦牟尼佛坐像，高40.3厘米，重3954克。释迦牟尼佛结跏趺坐于双层台座之上，右手做无畏印，左手握衣角，身着袒右肩式僧祇支，外披大衣，双肩衣纹如火焰般外扬，面部神情庄严，气势雄伟。

背光内圈的四佛和头光中的三佛共同形成七佛，背光外圈U形火焰纹熊熊围绕，和主尊气势相映，增益雄浑气势，体积虽小，和北魏帝室营造的云冈第二十窟主尊风格相近，是北魏太和时期金铜造像的新样式。

尊像和台座合铸而成，背光另铸。青铜胎质致密，镀金厚且与胎连接紧密，金色黄带赤，做工精良。双层台座，上层为须弥座，仰覆莲瓣，台侧饰以唐草文，座前两立雕狮子，

北魏镏金释迦牟尼坐像

回首转身，姿态威武。下层方形座，开波浪状门，两侧均雕供养人，上排唐草文连环成排，台座雕刻精致。

背光后面布局错落有序，雕刻精巧，共分3层。上层中央一塔，释迦和多宝佛并坐其间，塔外左右两侧文殊持如意与手握尘尾的维摩诘相对而谈，表现《维摩诘经·文殊问疾品》的场面。

中层中央为释迦牟尼佛在鹿野苑初转法轮，两侧各两比丘跪坐、菩萨胁侍。下层中央诞生佛一手指天一手指地。左侧摩耶夫人攀树而立，太子自右胁诞生；右侧龙王浴佛，帝释天和梵天跪坐两旁。

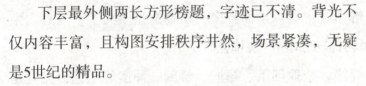

■ 古代佛教金器

下层最外侧两长方形榜题，字迹已不清。背光不仅内容丰富，且构图安排秩序井然，场景紧凑，无疑是5世纪的精品。

该尊造像保存完整，台座背光均存，雕刻精湛，纪年清晰，内容深刻，兼具艺术性、历史性与宗教性，是世界上现存重要的金铜佛教造像。

鲜卑族起源于东北，是中国古代历史上第一个在中原建立王朝的北方少数民族，是唯一经历了从森林走向草原，进而入主中原的北方民族。在漫长的迁徙过程中，历尽艰难，可谓"山高谷深，九难八阻"。

两晋十六国时期，北方鲜卑拓跋部的金银器造型

如意 又称"握君""执友"或"谈柄"，由古代的笏和痒痒挠演变而来，多呈S形，类似于北斗七星的形状。明清两代，如意发展到鼎盛时期，因其珍贵的材质和精巧的工艺而广为流行，以灵芝造型为主的如意更被赋予了吉祥驱邪的含义，成为承载祈福禳安等美好愿望的贵重礼品。

北魏镶松石金耳环

仍以动物为主，分单体、群体和动物咬斗三种类型，多为虎、熊等一类凶猛的食肉动物。单体动物采用铸造、圆雕、镶嵌工艺，表现兽的全身和兽面。群体以同种动物两两相对或相背排列，构成整体图案。动物咬斗表现凶猛动物对温驯动物的撕咬场面。

动物纹的写实性艺术较强，有的造型融写实与抽象为一体，多采用模铸，结合平面浮雕、透雕、圆雕的工艺，间有圆雕与镶嵌结合的手法，增加了动物造型的立体效果和直观艺术。

而慕容部金银器的纹饰则为花树、云朵、龙凤、鹿、羊、佛像、粟粒等，从总体上看，具有草原特征的动物纹不再占有主要地位，退居次位的动物纹采取图案化处理，外来文化纹饰种类的比例增多。

北魏时期，鲜卑金银器以素面较多，动物造型多为羊、马首、牛首、龙，出现了具有波斯风格的装饰艺术。

采用模铸、焊接、金珠细工、镶嵌、錾刻、冲凿等工艺，尤其是金珠细工和镶嵌的结合，成为这一时期金银器工艺的一个显著特征，此为北方草原地区金银器制作发展时期。

从发现的器物情况来看，这个时期的金银器数量较多，金银器的社会功能进一步扩大，制作技术更加娴熟，器型、图案也不断创新，较为常见的金银器仍为饰品。

在中国古代，鲜卑或匈奴都是马上的剽悍民族，他们身披斗篷，手握缰绳，看远处一片排山倒海之势，就是奔跑的马群扬起了一片沸腾的黄沙。

流光溢彩的金属宝器

他们也有悠闲的时刻，一对热恋中的情侣，骑着马儿，徜徉在蓝天、白云、青草和羊群之中，马鬃随风飘起，马的躯体伴着马头琴的悠扬曲调而轻轻颤动，就如受到音乐感染的听众一样兴奋不已。

游牧民族离不开马，游牧民族的工艺品中也离不了马和其他草原动物的题材。如发现于内蒙古自治区科尔沁左翼中旗希伯花鲜卑人墓中的一件金奔马，就是一匹以简约手法创作出来的深具异域风情的金器。此金奔马高5厘米，长8厘米，链长13.5厘米。其用途很显然是项饰，因为马颈部和臀部各铸一环以穿链。

与金奔马同一墓中还发现了一件颇具鲜卑装饰特色、造型极为新奇的金瑞兽，可惜原镶嵌物已经失落。

步摇冠起源于西方，约公元前后正式形成。然后向东传播，横越欧亚大陆，经中国传入日本，流行时间长达600余年。在中国兴起于汉代，晋以后盛行。

比如在内蒙古达茂旗西河子村窖藏中发现的两件北朝金步摇冠，冠分两种形状：

第一件头部轮廓似牛首，高19.5厘米，宽14.5厘米，重92克。头部边缘饰鱼子纹，内作连弧纹装饰。在牛首之面部及双耳镶嵌红、白石料，耳作桂叶形，角似盘曲多枝的连理扶桑树，又像变形的鹿角，每

鎏金动物

扶桑 是古代神话中海外的一种大树，据说太阳从这里升起。扶桑在上古时代，成为中华文化的一个重要特征。扶桑代表了中国先民的宇宙观。扶桑与太阳的联系是观测太阳时建立起来的。"九日居下枝，一日居上枝。"是说"十日"依次经过，与羲和生十日相合。

个枝梢上环穿桃形金叶1片，共14片。

第二件则具有马头特征，高18.5厘米，宽12厘米，重70克。头额部原镶嵌料石，现已脱落，眉梢上端另加一对圆圈纹，所有花纹和脸框周围饰鱼子纹。面部嵌白、淡蓝色料石。

竖耳，耳朵作尖桃形，内嵌白色料石。角作三枝并列向上，分叉处嵌桃形白、绿色料石。枝梢环穿桃形叶片。

这两件金步摇冠工艺精湛，外观华丽，是鲜卑贵妇所特有的头上装饰，当步行时头部摇动，叶片随之颤动，所以谓之"步摇"。这一时期的步摇金饰非常多见，如在辽宁省北票市北燕冯素弗墓中也有重要发现。

冯素弗为十六国时期北燕天王冯跋之弟，是北燕的缔造者之一，死于415年。冯素弗墓中有各类遗物500多件，除鸭形玻璃注外，"范阳公章"龟钮金印、"大司马章"镏金铜印、带有锤揲佛像的金冠饰

■ 晋代金步摇冠

及两只镏金木马镫都是罕见的珍品。

其中，龟钮金质"范阳公章"与镏金铜质"大司马章"，说明北燕的官制和印制皆用汉制。龟钮金印、金冠饰、人物纹山形金饰、镂空山形金饰片等，这些金银器既有汉族传统文化的特色，又有北方游牧民族的风格特点。

冯素弗墓步摇金冠的形制下为十字形的梁架，上为穿缀活动金叶的顶花，其冠前饰片有的锤揲佛像，说明早期佛教的东传和在北燕的发展。

镏金錾花马镫

而冯素弗墓中的两只马镫以桑木为心揉作圆三角形，上出长系，外包钉镏金铜片，是早期马镫中有确切年代的一副，是研究马具的发展和断代的重要资料。

当时属于东胡的鲜卑族慕容部崛起于辽西，建立后燕，而汉人冯跋在其基础上又建立了北燕。几进几出中原的史实，使这几个墓中的物品既有表明汉制贵族身份的特征，又有鲜卑族游牧生活的反映，这件金饰本身就集中表现了以上两种文化互相影响、互相融合的风格。

另外，在辽宁省北票市房身村石棺墓内，除了发现金质的指环、镯、钗、铃、珠和一些透雕或月牙状的金饰外，还有两件金花冠饰。

其中大冠通体都用黄金做成，高28厘米，从根基部凸起一脊，两边镂空为云纹，周边还布满着针孔。上面是短而粗的树干，分成3个主柱，又分出16个分枝。枝是用金丝做成的，边前伸边间断地缠绕成若干个圆环。

这些圆环中，有的穿上一枚金叶，有的就空着，散散落落、疏密相间，陡添了几分自然的韵味。而且，风吹枝颤，金叶抖动，定会一

东晋镂雕金佛

阵铮铮作响。加上人行头摆，更增加一种通过韵律所表现出来的动感。

同一县内接连发现多件相当同一时期的随葬物，而且这一件与冯素弗墓中的金冠非常相似，从这里看到了公元3世纪时鲜卑人与汉人的空前大融合。这时的银制品仍然非常少见，在辽宁省义县保安寺村石椁墓内，发现了一件圆银箍上伸出两只向上反卷银钩的银头饰。

另外，在一长方形金牌饰上，锤揲出3只回首站立的鹿纹，形象与内蒙古自治区乌兰察布市二兰虎沟发现的相似，反映了鲜卑慕容与拓跋两族之间的联系。

流光溢彩的金属宝器

阅读链接

魏晋南北朝时期金银器的特点是，金银器以饰物为主，容器少见；从中亚、西亚输入的金银器及装饰物数量颇丰；西方的形制或制作工艺在这一时期的饰物与容器上都有反映，对隋唐时期金银器的风格也有较强的影响。

但是，这个时期的金银器皿仍不多见，且所见大都带有外来色彩。如山西省大同小站村封和突墓中发现的镏金银盘、银高足杯和银耳杯等，除耳杯外，镏金银盘和银高足杯均为波斯萨珊朝制品。

隋统一全国后大量使用金银作为饰物，因此促进了隋唐金银器手工业的发展。

唐代在金银器制作工艺方面，既善于总结和继承前人的成就，又思路开阔，吸收消化外来文化中的丰富营养，创造出一种五彩斑斓、璀璨夺目的崭新文化。造型精美、结构巧妙、装饰典丽的金银器比比皆是。

五代十国时期，中国经历了分裂割据的半个世纪，但是江南保持了相对的稳定，手工业得到继续发展。特别是吴越、后蜀等小国在金银制造方面还取得了相当大的成就，江苏、浙江等地成为主要生产地。五代时期的金银工艺基本继承了唐代晚期的风格但又有所发展。

隋唐五代金银器

金碧辉煌

五彩斑斓的隋唐金银器

从3世纪汉代结束至6世纪隋朝建立，随着商贸交流的日益兴旺，文化交流也逐步扩大和深入，各个民族相互融合，丝绸之路还带来了西方工匠的工艺和作品。

隋统一全国，高度繁荣的社会经济，大量使用金银作为饰物，因此促进了隋唐金银器手工业的发展。中国古代的金银器制作因此迎来了一个新的时代，而这些金银器有比较明显的外来文化的痕迹。

唐镏金双狮纹银碗

隋朝历史较短，因此，金银器也较少，最具代表性的是陕西省西安李静训墓中的金银器，其中，以嵌玛瑙蓝晶金项链最为精致。

根据墓志和有关文献得知，李静训家世显赫，她的曾祖父李贤是北周骠骑大将军、河西郡公；祖父李崇是一代名将，年轻时随周武帝平齐，以后又与隋文帝杨坚一起打天下，官至上柱国。583年，在抗拒突厥侵犯的战争中，以身殉国，年仅48岁，追赠豫、息、申、永、浍、亳六州诸军事、豫州刺史。

■银碟子

李崇之子李敏，就是李静训的父亲。隋文帝杨坚念李崇为国捐躯的赫赫战功，对李敏也倍加恩宠，自幼养于宫中，李敏多才多艺，《隋书》中说他"美姿仪，善骑射，歌舞管弦，无不通解"。

开皇初，周宣帝宇文赟与隋文帝杨坚的长女皇后杨丽华的独女宇文娥英亲自选婿，数百人中就选中了李敏，并封为上柱国，后官至光禄大夫。

据墓志记载，李静训自幼深受外祖母周皇太后的溺爱，一直在宫中抚养，"训承长乐，独见慈抚之恩，教习深宫，弥遵柔顺之德"。

然而"繁霜昼下，英苔春落，未登弄玉之台，便悲泽兰之天"。608年，李静训殁于宫中，年方9岁。皇太后杨丽华十分悲痛，厚礼葬之。

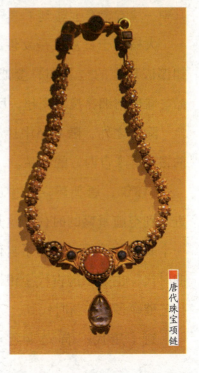

■唐代珠宝项链

李静训墓中最著名的随葬品是一件通体华光闪烁、异彩纷呈的嵌玛瑙蓝晶金项链。这条价值不菲的项链戴在小女孩儿颈上，可见是她生前常佩戴的一件心爱饰物。

该项链由28个镶嵌珍珠的金球穿缀而成，每个金球上嵌入10枚珍珠，金珠分左右两组，每组14个，其间用多股金丝链索相连。上端为金扣环，双钩双环，嵌刻鹿纹及方形、圆形青金石，下端为圆形和方形金饰。

项链的最中间有一颗艳红的鸡血石，鸡血石下挂着一块水滴形的蓝水晶坠饰，晶莹透明。项链的接口处由3件镶嵌青金石的金饰组成，其中一块青金石上雕刻了一只雄鹿。

大概由于墓主人是女性的缘故，该墓中有大量贵重精美的首饰，如镶嵌珠宝的金手镯、金戒指、衣饰上的金花、银指甲套等金银饰品。雕琢精细，技艺高超，反映了隋代金银细工制作的高水平。

除此之外，随葬品中还有波斯风格的高足金银杯和波斯萨珊王朝的银币等来自西方的物品。

618年，唐朝建立，中国进入到空前繁盛的时代，这是一个兼容并蓄而又充满了自信的时代，也是中国古代金银器技艺璀璨多姿的新时代。

到了唐代，首先宫廷对

流光溢彩的金属宝器

金银器皿的需求数量就相当惊人。诗人王建在《宫词》中写道，"一样金盘五千面，红酥点出牡丹花"，虽不乏夸张，但也反映了唐宫廷大量使用金银器的事实。

唐代金银器的制作中心在都城长安，这里设有官办的"金银作坊院"，是专门为宫廷打造金银器的手工业作坊。到唐宣宗大中年间，又成立了专给皇室打造金银器物的"文思院"，可能是因为"金银作坊院"的产品已难以满足皇室的需求。

唐代金银细工的工艺技巧，已颇为复杂精细，使用了钣金、浇铸、焊接、切削、抛光、铆镀、锤打、刻凿等技术。为取得最佳效果，多数产品在制作过程中都综合运用几项不同的工艺技术。

唐代在金银器制作工艺方面，因善于总结和继承前人的成就，而创造出一种五彩斑斓、璀璨夺目的崭新文化，因此造型精美、结构巧妙、装饰典丽的金银器比比皆是。其中，以陕西省西安南郊何家村窖藏最为抢眼，共有金银器270件，器物有碗、杯、壶、盒、熏球、钗、龙等。

这些金银器不仅造型优美，而且纹饰生动、活泼，把动物形象、花草以及人物等有机地结合在一起，空间施以鱼子纹，使金银器更加灿烂夺目。

■ 镏金熊纹六曲银盘

鱼子纹 指瓷器开片中由于纹路交错，形成许多细眼者。因其状如鱼子，故名。宋代的汝、官、哥窑都有这种产品。以宋代哥窑产品最为著名。开片又称冰裂纹，按颜色分有鳝血、金丝铁线、浅黄鱼子纹，按形状分有网形纹、梅花纹、细碎纹等。

唐玄宗（685—762），李隆基，世称唐明皇，他就任以后，在皇宫里设教坊，"梨园"就是专门培养演员的地方。唐明皇极有音乐天分，乐感也很灵敏，经常亲自坐镇，在梨园弟子们合奏的时候，稍微有人出一点点儿错，他都可以立即觉察，并给予纠正。

一些造型特殊的作品，如镏金舞马衔杯仿皮囊银壶等，其形象生动，富丽华美，体现了匠师非常丰富的想象力。

何家村舞马衔杯仿皮囊式银壶，仿游牧民族的皮囊式水壶造型，通高18.5厘米，口径2.2厘米，底径8.9厘米至9.2厘米，重547克。

壶的造型采用的是中国北方游牧民族皮囊的形状，壶身为扁圆形，一端开有竖筒状的小口，上面置有覆莲瓣式的壶盖，壶顶有银链和弓形的壶柄相连，这种形制，既便于外出骑猎携带，又便于日常生活使用，表现了唐代工匠在设计上的独具匠心。

银壶的两侧采用凸纹工艺各塑造出一匹奋首鼓尾、跃然起舞的骏马。壶上的骏马就是唐代有名的舞马形象。

《明皇杂录》记载，唐玄宗曾在宫中驯养舞马400匹，每年农历八月初玄宗生日时，则给这些舞马披上锦绣衣服，踏着"倾杯乐"的节拍，跳舞祝寿。

高潮时，舞马跃上3层高的板床旋转如飞，有时还让壮士把床举起，让马在床上表演，而少年乐工则站在周围为马伴奏。

也有诗描写舞马完成表演后的神态："更有衔杯终宴曲，垂头棹尾醉如泥。"此壶的舞马形象正好与书中记载相互印证，

■ 银饼

是十分难得的文物珍品。

唐朝初期政权统一，很多少数民族移居中原，其中包括很多契丹族人。而这件文物恰是少数民族文化与中原文化交流和融合的产物。

此壶的制作工艺非常独特。壶盖帽为锤揲成型的覆式莲瓣，顶中心铆有一个银环，环内套接了一条长14厘米的银链与提梁相连，壶肩部焊接着一端有3朵花瓣的像弓箭形状的提梁。

■ 唐舞马衔杯纹银壶

壶身是先将一整块银板锤打出壶的大致形状，再以模压的方法在壶腹两面压出两匹相互对应奋首鼓尾、衔杯匍拜的舞马形象，然后再将两端黏结，反复打磨至平，几乎看不出焊接的痕迹。

最令人称奇的是在壶身中央、壶腹两个侧面用模具冲压的奇异的舞马图，这匹马身躯健硕，长鬃披颈，前肢绷直，后肢弯曲下蹲，口中叼着一只酒杯，其上扬的马尾和颈部飘动的绶带显示出十足的动感。

据考证，这是一匹正在舞蹈的马。绶与"寿"谐音，再现了为唐玄宗祝寿时的壮观场面。

唐代许多文人曾写下很多关于舞马的诗句，如"屈膝衔杯赴节，倾心献寿无疆，更有衔杯终宴曲，垂头掉尾醉如泥"就是形容舞马衔杯祝寿这一独特的宫廷娱乐活动的。

在何家村发现的金银器皿，展现了盛唐年间的金

舞马 指马中能舞者。舞马，堪称马中的艺术家，它们高大，擅长表演，有极好的音乐感受能力。舞马是马匹在社会生活应用中最有特色的一种。舞马主要来自出产良马的亚欧草原地区，马舞艺术也伴随舞马传播进来，并在中原地区发扬光大。到唐代时，朝廷时舞马的训练和管理形成了一套比较完善的制度，而舞马艺术也达到灿烂的鼎盛时代。

鎏金五足朵带银熏炉

银器风采。这一时期的金银器皿仍然受到外来文化的影响。

像高足杯、折棱碗和器身凸凹变化的器物很流行，而这些大多是从中亚一带流传过来的器型。纹饰风格也同样明显带有异域文化的色彩。在一只银盘的盘底中央，用浅雕手法装饰了一只纯金的熊，憨态可掬。

类似的还有在内蒙古自治区喀喇沁旗哈达门沟发现的唐狮纹银盘，高6.7厘米，口径40厘米，盘作六曲葵花形，敞口，圆唇，浅腹，宽折沿，下有三足，呈卷叶形。

盘心锤揲行狮，狮回首怒吼，颈披长鬃，尾部上翘，腿有肘毛。折沿亦饰锤揲花卉，共6组，纹样皆鎏金。

雄狮形象逼真，肌肉饱满，孔武有力，姿态威猛雄沉，极好地表现了百兽之王不可一世的气派。

盘心仅饰一狮，主题突出，仅在细部加以錾刻，分量极少，盘内除主纹外不再加饰其他纹样，这是初、盛唐时期银器装饰的重要方法之一。而中唐以后，錾刻的地位逐渐变得十分重要，纹样也更加满密，表现风格注重于体现线条的韵味，而不是以体面转折的体积感为追求。

狮原不产于中国，西汉时始由西域贡入。唐代狮纹比较写实，与后代程式化的狮纹有所不同。此盘造型、纹样风格以及制作工艺均具有明显的盛唐特征，是唐代前期同类器物中的代表作。

在域外金银器工艺的启示下，工匠逐渐创制出具有中国风格的精美作品。从唐代金银器来看，其在艺术造型方面颇具特色，一般的盘、杯、

流光溢彩的金属宝器

盒、壶等器皿，都很注意外形轮廓的变化。如大型金花银盘，盘口的外轮廓都呈菱花形或葵花形，线条弧曲流畅，规律匀称而有变化，给人以丰润华美之感。

造型最为精巧的是熏球，即香炉，如陕西省西安市南郊唐窖藏镂空錾花银熏球，径4.5厘米，链长7.5厘米，在上下两半球上透雕精美纹饰，以便香气向外散发。

金花银盘内部设有两个同心圆机环，机环有轴以承托香盂，无论球体怎样转动，香盂都仍可保持平衡，这充分显示了唐代金银匠师的高超技艺。

再如三层五足银熏炉，高3.5厘米，腰围38.5厘米，银熏炉由盖子、笼子和炉子身3部分组成，壁上有5个环状钮，各系吊环，既可放置又可悬挂。

唐代金银器不仅种类繁多，而且纹饰极为丰富。其特点是，初唐时期，无论器型还是纹饰，都具有明显的波斯萨珊朝风格，纹饰以凸棱、连珠纹及单点动物纹为常见。

另外，以纤细的缠枝忍冬、四瓣或八瓣花及线条简略的折枝花为主，花与人物相衬时结构松散。如八棱带柄杯、花银高足细柄杯、胡人像银扁壶及凸雕虎纹银壶，即是典型之器。

陕西省西安市南郊唐窖藏歌舞伎八棱金杯，高6.5厘米，口径7厘米，足径4.3厘米。金杯腹以棱面为

狮纹 一种具有宗教意味的传统陶瓷装饰纹样，包含以狮为主的组合纹饰，单独构成画面或与人、物配合构成画面，如狮子与绣球、狮子与人物等。狮子于西汉时自西域传入，被视为祥瑞之兽。《汉书·西域传》记载：世传狮子为百兽之王，每一振发，虎豹慑服，故谓瑞兽。

■ 狮子纹银盘

仰莲唐代银碗

单位，各做一高浮雕男子，或歌舞，或捧物，神态自然。人物四周环以金珠，杯把做连珠圈状，指垫两侧各做高浮雕的老人头像，深鼻高目，长髯下垂，具有波斯特色。

还有唐舞伎连珠柄八棱金杯，高6厘米，口径6厘米，金质。口沿外侈呈八角形，腹内收，为八棱，连珠环把，上有圆蔽遮。八棱圈足，足沿外撇。内壁素面，外壁口沿下和底沿上各饰一周连珠纹，杯身每棱饰一条连珠纹，将杯身分成8个长方形，每个长方形中有一舞伎，姿态各异。

唐歌舞狩猎纹八瓣银杯高5.1厘米，口径9.1厘米，足径3.8厘米，银杯为波斯流行样式。杯腹部分为八面，每面在鱼子地上分刻仕女游乐和男子狩猎纹，下腹莲瓣内各饰宝相花，圈足外壁刻六般覆莲。杯内在水波纹地中刻一象头，间以游鱼和莲叶，指垫上刻一大头鹿。

中唐时期，随着经济的发展，贵族官僚追求享乐日盛，金银器制品增多，波斯萨珊朝风格的造型已不能满足需要，转为兼收中国传统的铜器、陶器、漆器的器型。花鸟纹盛行，缠枝花、绶带纹丰满流畅，已具有团花的格局。

另外，人们把传统的龙、凤、虎、龟、人物和新出现的宝相花、折枝花、缠枝花、鸾鸟、鹦鹉等纹

高足银杯

流光溢彩的金属宝器

样巧妙地穿插组合，用忍冬纹作边饰图案，形成活泼清新、鸟语花香的唐代新风格。

这种类型的金银器仍然以陕西省西安南郊何家村窖藏最为典型。如刻花赤金碗，高5.5厘米，口径13.7厘米，足径6.7厘米。

碗壁锤出双层莲瓣，上层莲瓣内阴刻折枝花和鸳鸯、鹦鹉、鹿、狐狸等珍禽异兽，下层刻宝相花，其余部分刻飞鸟流云、花卉等，皆以鱼子纹为地。此碗制作精细，纹饰富丽，为稀世珍品。

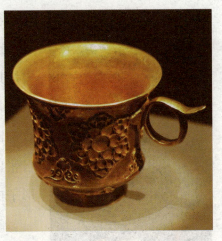

■ 唐代掐丝团花纹金杯

何家村唐掐丝团花金杯设计精巧，纹饰典雅。该杯高5.9厘米，口径6.8厘米，足径3.5厘米，圆形，侈口，束腰，圈足，有把。

杯内壁为素面，外壁饰大型六角掐丝团花5朵；团花之间空白处饰对称如意云头纹。把为环形，带翘尾，着杯时，食指插入圆形把内，拇指压住把尾。

何家村唐赤金龙精美、异常而生动自然，高2厘米至2.8厘米，长4厘米，金龙呈奔走状。用纤细的阴线刻出眉毛、眼睛和颈部的毛发，通体錾刻细密的鳞纹。

在陕西省西安韩森寨纬十街也发现有唐蔓草花鸟纹八棱银杯，高5.3厘米，口径5.4厘米至6.9厘米，足径3.1厘米，镀金。八曲侈口，腹和足均作八棱形，腰略束。

腹壁棱间饰以缠枝蔓草和花鸟相间的图案各4组，圈足面饰缠枝蔓草纹，环柄上有半圆形护手，护手上饰一展翅飞翔的鸿雁，下以萱草相称。地纹皆饰

忍冬 古代寓意纹样。忍冬为一种蔓生植物，俗呼"金银花""金银藤"，通称卷草，凌冬不凋，故有忍冬之称。《本草纲目》云：忍冬"久服轻身，长年益寿"。忍冬图案多作为佛教装饰，可能取其"益寿"的吉祥含义。

唐代镏金银香熏

流光溢彩的金属宝器

鱼子纹，刻工精细，富有生机，颇具匠心。

还有在陕西省扶风县法门寺唐真身舍利宝塔地宫中发现的镏金龟形银盒，通高13厘米，长28厘米，宽15厘米，分体焊接成型，纹饰镏金，整个造型作龟状，引颈昂首，瞠目张口，四足外露，以背壳做盖，内焊椭圆形子口架。

龟首及四足中空，龟首与腹部先套合后焊接，尾与腹亦焊接。背部饰龟背纹，外围鳞纹一周，首与四腿饰斜方格纹，内填篦纹，下颈，胸部饰双弦纹数道，以锥点纹作衬托，腹部满饰花蕊纹。造型手法写实，纹样逼真，给人以真实的艺术魅力。

此外，晚唐时长江下游的一些地区，金银器皿的制作也达到相当高的水平，足可以与都城的产品媲美。晚唐时期，器型继承前期：团花纹饰已从原来的陪衬地位一跃而成为主题纹饰，这也是团花纹饰的黄金时期；缠枝花则渐趋呆板被绶带纹取代。

在江苏省丹徒县，运河上有一座古老的桥梁，传说是在古代的一个丁卯日修建的，因此就叫丁卯桥。丁卯桥只是运河上的一座普通桥梁，在丁卯桥附近发现了一些藏着金银珠宝的坛子。

如果单以数量计算，那么，江苏省镇江丁卯桥银器窖藏算得上是唐代金银器最大的发现，共有各种银器950多件。

丁卯桥的银器中有大量的银首饰，包括手镯、钗

舍利 原指佛教祖师释迦牟尼佛圆寂火化后留下的遗骨和珠状宝石样生成物。后泛指僧人圆寂经过火葬后所留下的结晶体。舍利子的形状千变万化，有的呈圆形、椭圆形，有的呈莲花形，还有的呈佛或菩萨状；它的颜色有白、黑、绿、红，还有其他颜色；舍利子有的像珍珠；有的像玛瑙、水晶；有的透明，有的光明照人，就像钻石一般。

和戒指等。此外，还有140多件器物都是和饮酒有关的器物，包括烹调器、盛器、食器、饮器、令筹等成套的酒具。丁卯桥的银器体现了唐朝中晚期金银器制作的最高水平，和盛唐时代的何家村金银器相比，制作技艺更加

唐代镏金团花纹银盒

成熟，在艺术风格上也基本完成了本土化的转型，外来文化已经基本融入中国文化，不分彼此。

如丹徒镏金银质龟负"论语玉烛"酒筹筒，通高34.2厘米，筒深22厘米，龟长24.6厘米；银镏金鹦鹉纹盒通高8.5厘米，腹径11厘米，足径9.2厘米，盖面锤出一对鹦鹉和缠枝，四周围以花瓣纹，盖及盒侧面刻菱形纹。银镏金人物小瓶高7厘米，口径3.8厘米，腹径6.6厘米。

唐代银酒筹筒

其中以罕见的金花银龟负"论语玉烛"酒筹筒最有特色，从器物造型到装饰纹样完全是成熟而典型的中国民族特色。

玉烛由一圆筒和龟座组成，圆筒顶盖为卷边荷叶状，盖钮做成荷花的花蕾形。筒身上阴刻缠枝卷草纹和龙凤纹样，并以细密的龟子纹作地。龙凤间有一圆筒，内刻"论语玉烛"4字。

圆筒下为昂首曲尾、四足内缩的龟形底座，龟背上有双层仰

莲，上承圆筒。它竟然用了儒家经典"论语"来命名。"玉烛"两字，始见于《尔雅·释王》，四时和气，温润明照，称为"玉烛"。

龟背上负一圆筒，圆筒内盛放50枚镏金银酒令筹，每枚酒令筹均刻有镏金楷书

令辞，上半段采用孔子《论语》的语句，下半段是酒令的具体内容。

其中，有一枚令筹上刻有"闻一知十，劝玉烛录事五分"，竟为酒宴中服务的执事，饮酒五分。

丁卯桥的银器并不是贵族的家藏品，很有可能属于当地某个富裕家庭。唐朝时的江南并没有被大规模开发，社会经济的发展水平低于中原地区，但是，却在一个侧面反映了当时江南一带的富庶。

还有陕西省耀县背阴村唐窖藏刻花"宣徽酒坊"银碗，高5.8厘米，口径15厘米，足径7.8厘米，银碗腹部装饰3层十瓣仰莲，外底刻出"宣徽酒坊宇字号"7字，表明此碗为内府产品。

此外，在浙江省长兴发现了100余件金银器，它们代表了中晚唐时期南方金银器的风格，器物有杯、羽觞、汤勺、钏、钗、盒、瓶、花栉、玉烛等。

这批金银器的特点是既无波斯器物，也无仿制波斯萨珊朝金银器风格的制品，从器物造型到装饰纹样已完全是成熟而典型的中国民族特色，而又极具浓郁的

江南风格。如器物造型花口器较多，碗或盒等多做成六曲、八曲的莲花瓣、桃形等，装饰图案以花鸟鱼虫为主，不见狮、象、鹿等西域游牧文化风格的图案。

中国的饮茶历史可以溯源到公元前1000多年，但直至唐朝开元，即713年以后，饮茶之风才普遍流行开来，并形成了茶道。

唐代盛行煎茶法、点茶法，茶饼被奉为上品。平时，茶饼要悬挂在高处，保持干燥。因此，茶笼应运而生，最初使用竹篾编成的笼子，在陆羽《茶经》中称之为"莒"，也由底和盖组成。但在皇家贵族则是由银或铜制作，因用这些材质制作的茶具，华丽又不会影响茶的真味。

唐代佛教盛行，较大的寺院将法堂西北角的鼓，称为"茶鼓"。僧人在坐禅的间隙中，行茶四五匝，有助于提神修行，饮茶慢慢地成了僧徒生活的主要内容。一些僧徒还把饮茶提高到"茶佛一味""茶禅一味"的高度。于是形成了一整套饮茶礼仪，在佛教重大节庆时，往往举行盛大的茶仪。

陆羽在《茶经》中特别强调要"制其器，定其法"，因此，在唐代逐渐将饮茶演绎成为一种闲情的艺术，一种文化的礼仪，一种人生的境界，使得饮茶器具也越来越讲究精巧。

如在陕西扶风县法门寺发现的唐

陆羽（733—804），号竟陵子、桑苎翁、东冈子，又号"茶山御史"。一生嗜茶，精于茶道，以著世界第一部茶叶专著《茶经》闻名于世，对中国茶业和世界茶业发展做出了卓越贡献，被誉为"茶仙"，尊为"茶圣"，祀为"茶神"。他也很善于写诗，但其诗作目前世上存留的并不多。

■唐镏金银质香囊

■ 法门寺一重宝函

镏金镂空鸿雁球路纹银茶笼，高18.5厘米，口径15厘米，重654克，笼盖圆隆，直口，直腹，平底，有4足。

笼盖和笼身做成子母口，笼盖顶上有个圆环扣，原本通过一个个相连的一串圆环，将笼盖与笼身连在一起，现在仍能看到盖顶有两个残存的圆环，笼身两侧各有一个焊接的圆钮，连着一个圆环以连接环串与棱形的提梁。

整个笼盖、笼身、笼底通体镂空球路纹网格花纹，内外层都镏了银，使笼子非常通透明艳。同时，球路纹盖面上錾饰15只浮雕状飞鸿，球路纹笼体外壁也錾饰24只飞鸿，均作两两相对，并列飞翔。

对沿边、四足与鸿雁都镏了金，在银链与提梁相连的口沿上缘还饰有一周莲瓣纹，下缘饰一周上下铸对的半体海棠纹与鱼子地纹，四足与笼底边沿铆接，由3个花瓣呈倒品字形组成。装饰繁缛，技艺精湛。

所谓球路纹，是一种游戏类球形的纹饰。唐代沈佺期《幸梨园亭下见打球应制》有"宛转萦香骑，飘遥拂画球"，这是有图饰的彩球。这种用球形作的纹饰，称为"球路"。

这只法门寺银笼是与茶具放在一起的。从其留在器物上的文字知是唐僖宗在登基前所供奉的皇家之物，故笼子不是一般的竹编，而是用银来制作的。因

佛教 是世界三大宗教之一，距今3000多年，在东汉明帝时经丝绸之路正式传入中国，佛教历史悠久、影响也比较大。佛教虽然来自印度，但其成熟和发展是在中国完成的，它既吸收了中国传统文化，又丰富了中国传统文化，具有博大精深的文化内涵。

此，法门寺的银胎笼客观反映了持有者的身份地位的差异。

法门寺最早建于5世纪的北魏时代，东面是著名的古都西安。西安在唐代成为世界最大和最富庶的城市，而法门寺也在唐代成为规模宏大的皇家寺院，史书中曾记载法门寺塔下有地宫，地宫中埋藏着释迦牟尼的一节指骨舍利和无数珍宝。

二重宝函

法门寺地宫中珍藏着金光闪闪的宝函。宝函一层套着一层，最外面套的是檀香木，但已经朽烂，接下来是金、银、玉、珍珠镶嵌的各种宝函，一共套了8层。这八重宝函的精致足以让人们欣喜，其中，有6件是金银制品。

第一重为宝珠顶单檐四门纯金塔。金塔高105毫米，塔顶为金质莲花朵捧托金珠顶，四面檐角翘起，阁额及檐下均饰菱纹。

塔身四壁刻满纹饰，并且有4扇小金门，门的周围布满鱼子纹，门下部有象征性飞梯至塔座，小巧玲珑，金碧辉煌，盘为细颈鼓腰状，喇叭口径处雕12朵如意云头，鼓腰上两平行线连为4组三钴纹杆状十字团花，衬以珍珠纹腰底为莲瓣形，银柱托底也呈八瓣莲花状。

间以三钴纹，柱底还有一墨书小字"南"，塔座为纯金方台，中立一小银柱，用以套置佛指舍利，仅11毫米高。

第二重为金筐宝钿珍珠装武夫石宝函，以珍珠装武夫石磨制而成，周

三重宝函

蔓草纹 蔓草即蔓生的草。蔓即蔓生植物的枝茎，由于它滋长延伸、蔓蔓不断，因此人们寄予它茂盛、长久的吉祥寓意。蔓草形象很美，随时代发展富有众多变化，蔓草纹在隋唐时期最为流行，形象更显丰美，成为一种富有特色的装饰纹样，后人称它为"唐草"。

身以雕花金带为边，镶嵌珠宝花鸟，通体以珍珠、宝石嵌饰，并雕上花瓣图案，极其华丽精美。

第三重为金筐宝钿珍珠装纯金宝函，由纯金雕铸，函身镶满红宝钿、绿宝钿、翡翠、玛瑙、绿松石等各色宝石，并镶嵌宝石花朵，函盖顶面和侧面红、绿二色宝石镶嵌成大大小小的莲花，通体以珍珠、宝石嵌饰，并雕上花瓣图案，极其华丽。

第四重为六臂观音纯金盝顶宝函，宝函重1512克。函盖雕有双凤及莲蓬，盖侧有瑞鸟4只绕着中心追逐，正面为六臂如意轮观音图，左侧为药师如来图，右侧为阿弥陀佛图，背面为大日如来图，外壁凿有如来及观音画像，或饰以双凤翔，配以蔓草纹，或刻上金刚沙弥合什礼佛的图景，造型逼真而细腻。

第五重为镏金如来说法盝顶银宝函，钣金成型，纹饰镏金。函件正面有如来，四周有两菩萨、四弟子、两金刚力士、两供奉童子，外壁凿有如来及观音画像，或饰以双凤翔，配以蔓草纹，或刻上金刚沙弥合什礼佛的图景，造型逼真而细腻，场景丰富生动，人物众多，工艺精湛。

第六重为素面盝顶银宝函，通体光素无纹，素净，不加丝毫雕刻绘描而浑然生辉，有绛黄色绫带封系。盖与函体在背后以铰链相接，是8个宝函中最特别的一个。

■ 镏金四天王银宝函

第七重为镏金四天王盝顶银宝函，函体以平雕刀法刻画"护世四大天王"像，正面有一金锁扣和金匙，"盝顶"是中国传统建筑形式之一，呈四面坡，中为4条平脊相围的平顶。以银铸成，四壁以平雕刀法刻有"护世四大天王"像，顶面有行龙两条，为流云所围。宝函上四天王形象栩栩如生，持弓执箭，各有神将、夜叉多人侍立，极其威严，使人肃然起敬。

■ 镏金银茶罗

第八重为银棱盝顶檀香木宝函，函内是一个略小的镏金盝顶四天王宝函，用一条约50毫米宽的绛黄色绸带十字交叉紧紧捆扎。顶面錾两条行龙，首尾相对，四周衬以流云纹；每侧斜面均錾双龙戏珠，底饰卷草；四侧立沿各錾两只迦陵频伽鸟，身侧饰以海石榴花和蔓草。

函的四侧面分别刻着四大天王图像。正面是北方大圣毗沙门天王，左面是东方提头赖咤天王，右面是西方毗卢勒叉天王，后边是南方毗娄博叉天王。

最外层是一个长、宽、高各30厘米的银棱盝顶黑漆宝函。所谓盝顶，就是函盖上棱成斜面的函。它是用极珍贵的檀香木制成，用雕花银条棱边。

八重宝函的价值不仅在平雕刀法、宝钿珍珠装及盝顶这些古代工艺，还在于刻凿在四周壁面上的文殊、如来造型，正是佛教密宗内蕴的深刻表现，是密宗文化艺术史的一幅剪影。

流光溢彩的金属宝器

■唐代镏金银笼子

第一重塔状金宝函小巧玲珑，金碧辉煌。这个纯金塔的盖子揭开以后，在塔座的银柱上赫然套着一个白色的管子。这就是佛指舍利的影骨，是仿造真身舍利的一件玉器。

而真正的佛指舍利被秘密地放在地宫的一个密龛里。锈迹斑斑的铁函里套着一重宝函，这是一个镏金的银宝函。宝函造型方厚，四壁和顶上雕刻着45尊形态各异的菩萨像。这些神异的菩萨像，按照某种秩序排列。

在梵语中，这种奇妙的形式叫作曼荼罗。简单地说，曼荼罗就是凝结佛教精华的坛场，用佛教的话说，就是汇聚精华，辐射光芒。显然，这样的宝函装饰是有着深刻含义的。

在银函里面，有一重檀香木函和一个水晶棺椁，最里面是洁白的小玉棺，一枚佛指静静地躺在玉棺里面。这枚骨质的舍利就是佛祖释迦牟尼的真身指骨。

为了供奉这尊世间仅有的佛指舍利，唐代皇家专门制造了一批金银法器。

如有一根长196厘米、重2.39千克的双环12轮镏金银锡杖，杖身中饰柿蒂状忍冬花结座，上托流云仰莲，5钴杆及智慧珠。锡杖尊体由复莲八瓣组成，锡杖下端有三栏团花纹饰，栏之间以珠纹为界，极为精细。杖身中空，通体衬以缠枝蔓草，上面錾刻圆觉12

云纹 中国古代青铜器上一种典型的纹饰。云纹的基本特征是以连续的"回"字形线条所构成，作为圆形的连续构图，单称为"云纹"，与雷纹常作为青铜器上纹饰的地纹，用以烘托主题纹饰。也有单独出现在器物颈部或足部的。

僧，手持法铃立于莲花台之上，个个憨态可掬，神情动人，锡杖下端缀饰蔓草、云气和团花。

杖首用银丝盘曲成双桃形两轮，轮顶有仰莲流云束腰座，上托智慧珠一枚。

其中4个大环象征四谛：苦谛、集谛、灭谛、道谛；12小环则代表12部经。杖头为双轮4股12环，4股以银条盘曲而成，每股套装雕花金环3枚，股侧铭刻：

文思院准咸通十四年三月二十三日敕令造迎真身银金花十二环锡杖一枚，并金共重六十两，内金重二两，五十八两银，打造匠臣安淑郎，判官赐紫金鱼袋臣王全护，副使小供奉官臣虔诣，使左监门卫将军弘悫。

这枚锡杖是佛教世界的权威，属佛祖释迦牟尼，是世界锡杖之王。《锡杖经》记载佛告诸比丘："持此杖即持佛身，万行尽在其中。"为佛门法器中的至

093

金碧辉煌

隋唐五代金银器

■ 佛教锡杖

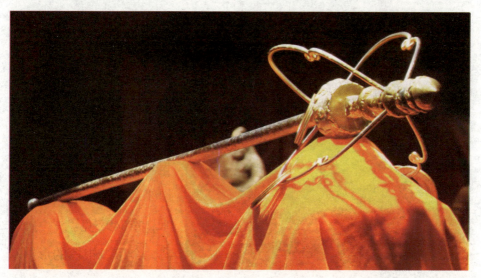

宝，堪称世界"锡杖之王"。

还有一尊通体挂满珍珠璎珞的镏金菩萨，是唐懿宗在39岁生日时，为供养佛指舍利而敬造的。她手捧象征纯洁的荷叶，荷叶上托着刻有祈愿文字的银匾。在铭文中她被称为捧真身菩萨。

菩萨主体是银质的，采用了錾刻、钣金、镏金、铆接等多种工艺方法，是唐代同类金银器中最宏大的一个。皇室甚至还为这位菩萨专门准备了衣服。

奇特的是，法门寺的大部分丝织品都已经碳化，只有这5件蹙金绣被完整地保留了下来。

这些金线其实是用黄金拉成的，平均直径只有0.1毫米，最细的地方仅有0.06毫米，比头发丝还要细。正是这些镶嵌在织物中的金线阻挡了时光的侵蚀，在1000多年后还能一睹唐代丝绸的真容。

这件微型蹙金绣衣有着短短的袖子，下摆的长度刚刚到达胸部，这是典型的中国唐代侍女短袖上衣。

与佛教相关的还有甘肃省靖川县大云寺舍利石函中的金棺银椁，金棺高3.1厘米至4.6厘米，宽2.3厘米至3.5厘米，盖长7.5厘米，棺座长7.1厘米，宽4.6厘米至5.4厘米，重108克；银椁高5.4厘米至7.1厘米，宽4.9厘米至6厘米，盖长10.7厘米，椁座长10.5厘米，宽6.7厘米至8.4厘米，重349.5克。

金棺、银椁的形制基

■ 唐摩羯纹金长杯

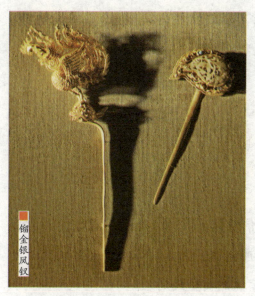

镏金银凤钗

本相同，满饰花纹，并粘贴释迦牟尼十大弟子像和珍珠、宝石、水晶等，整个棺具玲珑别致，工艺绝伦。

此外，内蒙古自治区喀喇沁旗唐金花银盘也反映了佛教题材。盘心为两条兽首卷鼻的摩羯鱼绕一宝珠洄游。"摩羯"为佛教中的一种神鱼，龙首鱼身，类似中国的河神。大藏经《一切经音义》卷四十记载："摩羯者，梵语也。海中大鱼，吞噬一切。"

唐代时，河南省洛阳成为另一重要都城，因此在这一地区也发现了大量的金银器。包括钱币、佛像、首饰等。

如镏金"开元通宝"，直径2.5厘米，重4.32克。"元"字第二笔左挑，背带月牙纹，通体镏金。

镏金"封泉宝"，直径2.5厘米，重4.08克。隶书钱文，"乾"字作"乹"，钱背与钱面4字对应出位4朵阴刻变体莲瓣纹，通体镏金。

镏金婆难陀蛇龙王铜像，高7.6厘米。面目清秀、长发披肩、袒胸露腹，双手持带弄蛇，下着宽松软裤，赤足站立于莲花宝座上。

镏金银凤钗，通长23.3厘米，重7.5克。银质，正面镏金，钗尾饰凤鸟，山岳图案。

镏金银钗，高29.5厘米，重9.4克。银质，正面局部镏金，饰鸿雁、卷云及蔓草纹。

镏金开元通宝

在河南省登封市王河村发现了一件奇特的长方形黄金简，长36.2厘米，宽8厘米，重223.5克，厚0.1厘米，正面镌刻双钩楷书铭文3行63字：

大周国主武曌好乐真道，长生神仙，谨诣中岳嵩高山门，投金简一通，乞三官九府除武罪名。太岁庚子七月甲申朔七日甲寅，小使臣胡超稽首再拜谨奏。

意思是说，大周国皇帝武曌信奉道教真神，在中岳嵩山向天地诸神递上这枚金简报到，请求诸位神仙除去武在人间的罪过，这上面自称武的人竟然是中国历史上赫赫有名的女皇武则天。

唐代金银器往往还要刻上官衔姓名，如在西安北郊发现的唐代双凤纹银盘背面錾刻有"浙东都团练观察处置等使大中大夫守越东刺史御史大夫上柱国赐紫金鱼袋臣裴肃进"字样，以后陆续还发现錾有李勉、刘赞、敬晦、田嗣莒、李杆等结衔勒名的金银器，均属向皇帝进奉之物。

阅读链接

从唐代开始，中国古代金银器的制作技艺进入一个崭新的时期，唐代金银器经历了一个由简单转向复杂的过程，从唐初的波斯萨珊朝风格转向中国传统风格。

前代盛行的金银错和镏金技术虽然还在使用，但不再是主体，真正意义上的金银器皿成为时代的主角。更加璀璨的金银器还将出现在人们的视野中。

虽然法门寺地宫的金银器中有相当多的宗教用品，但实际上到了晚唐时期，金银器已经深入社会，遍及日常生活的各个层面，有食器、饮器、容器、药具、日用杂器和装饰品。

承前启后的五代十国金银器

907年，朱全忠代唐即皇帝位，国号为梁，史称后梁，结束了李唐统治，拉开了五代十国的序幕。五代十国不过54年，在中原及其临近地区先后建立了15个"王朝"。

五代十国各有自己的金银作坊，生产了一批金银器，但能够代表工艺水平的，也就是吴越、南唐和前蜀的金银器而已。

这三国的主要地盘是江苏、浙江和四川等经济、文化相对发达的地区，发现了少量的首饰、器皿及其他多种用途的附件。

从这些零星的金银器中，可以看到具有唐代金银之遗风者和略有新意的两种过渡型的制品，它们为北宋金银器

五代十国时期的金书铁券

流光溢彩的金属宝器

艺术风格的诞生提供了物质的、工艺的条件。

吴越国是五代十国时期的一个小国，由浙江临安人钱镠创建。在五代十国时期，南北分裂，北方中原地区兵革重兴，对佛教限制严格。

955年，周世宗灭佛，废除未经国家颁额的寺院，并将民间保存的铜佛像全部没收。这样，原来仅仅得以维持的北方佛教更为凋零。

此时南方相对安定，一些国家的统治者热心于佛教，尤以吴越国为甚。历代吴越国王保境安民，奉中原各朝正朔，在这种环境下，吴越国境内佛教大盛。

吴越国末代国王钱俶，更是广种佛田，建造佛塔无数。《佛祖统纪》记载：

> 吴越王钱俶，天性敬佛，慕阿育王造塔之事，用金铜精钢造八万四千塔，中藏《宝箧印心咒经》，布散部内，凡十年而讫功。

钱俶崇佛最著名的事例就是效仿印度阿育王建造了8.4万座宝塔。这些宝塔大多为金属小塔，用来藏经卷或瘗舍利之用。以铜塔为多，铁塔略少，塔上均铸有铭文。

钱塘江边上有六和塔，传说是钱俶为了镇住肆虐一时的钱塘江大潮而建。温州白象塔是漆阿育王塔，是仅见的一

■ 镏金银阿育王塔

■ 五代十国时期镏金天策府宝

座漆塔，也就是延寿造夹纻育王塔。建造雷峰塔，则是为了奉安"佛螺髻发"。

但是，雷峰塔地宫中内放金棺的银镏金阿育王塔和天宫中内置金瓶的银阿育王塔，是仅见的两座银塔，就是钱俶专门为雷峰塔特制，模拟唐代以金棺银椁的最高规格瘗埋佛祖舍利。

雷峰塔地宫发现的用金棺盛装"佛螺髻发"舍利的纯银阿育王塔，是当年吴越国王钱俶建造皇妃塔，后称雷峰塔的核心所在，也是他毕生崇佛的体现。纯银阿育王塔直接仿自延寿造夹纻育王塔，间接仿自鄮县阿育王塔。

这座阿育王塔通体呈纯银质地，外表局部被镶嵌上镏金，虽经历了千年的洗礼，但依然完好无损，熠熠生辉。

在外形上，阿育王塔是单层束腰状，自下而上由基座、塔身、塔顶三部分组成，塔顶盖四角各耸立一朵蕉叶状山花，塔顶正中立着塔刹、相轮。

阿育王塔通体高35.6厘米，最宽部位为12.6厘

相轮 塔刹的主要部分。从上到下依次是宝珠、龙车、水烟、九轮、受花、伏钵和露盘。贯通中间的棒叫作"擦"，也称为刹管。宝珠是最重要的部分，装有佛舍利。龙车的意思是高贵者的乘坐。水烟意味着避免火灾。九轮也称为宝轮，代表五智如来和四菩萨。受花是用于装饰的基台。露盘是伏钵的土台。

米，重1272克。底板、基座、塔身、顶盖、山花蕉叶、塔刹、相轮、金棺等部件，均锤鍱成型后整体接合、安置。

底座为方形基座，宽12.5厘米，高4.2厘米，下有一片银板封护，每个侧面有5棵菩提树与4尊禅定佛像，互相间隔排列，表现了释迦牟尼树下成佛的景象。

方形塔身的立面呈倒梯形，宽9.5厘米至12.6厘米，高9厘米，四面的圆拱形龛内镂刻佛本生故事画面，每面一幅，一图一景，上面四角各立着一只大鹏金翅鸟。金翅鸟用梵语叫"迦楼罗"，为护法的"天龙八部"之一。

在塔身四面的佛本生故事中，正面雕刻着"萨埵太子舍身饲虎"，以此面作为观察者视线的前面，则右面为"快目王舍眼"，左面为"月光王施首"，后面为"尸毗王割肉贸鸽"本生。

塔身的最上层图案，两边为忍冬纹，正中以兽面作装饰。佛本生故事讲述了释迦牟尼前生的累世修行，意在宣扬佛的善行。

塔顶盖四角的山花蕉叶，每个角的向外部分都垂直折成两个面，每个面各分上下两层，上面锤鍱，镂刻佛传故事画面共16幅。

每个角的向内部分，则锤鍱佛坐像、立

像和舍利瓶，舍利瓶象征着释迦牟尼的涅槃。

金棺银塔其意义等同于金棺银椁，是瘗埋佛舍利的最高规格。

雷峰塔的天宫也发现有银质阿育王塔，但塔的顶部夹杂在一堆砖头里，边上还散着很多铜钱，这座阿育王塔已被挤压得严重变形，塔里放着的舍利金瓶也被压扁，不过金瓶里的舍利还是完整的。

天宫、地宫两座银质阿育王塔的形制、装饰题材、质地均相同，不同之处是地宫的阿育王塔内有金质容器，即"金棺"，存放当年钱俶供奉的"佛螺髻发"舍利；而天宫的阿育王塔内悬挂4厘米高的葫芦状金瓶，内装舍利。

此外，在浙江省临安县板桥的五代早期墓葬中，墓主人应该是吴越国的王室成员。这里共有银器17件，总重6500克，器型有盂、盘、壶、碗、盒、匙、筷等，器物或素面，或錾刻花卉、花鸟纹样，银器在造型和装饰图案上，多沿袭唐代的特点和风格。

南唐是五代十国时期的一个小国，定都金陵，即南京，历时39年。南唐一朝，最盛时幅员35州，大约地跨江西全省及安徽、江苏、福建和湖北、湖南等省的一部分。

南唐三世，经济发达，文化繁荣，使得江淮地区在五代乱世中"比

涅槃 就是死了的意思，但它和一般人所说的死又不一样。涅槃是佛教的最高境界，是修行圆满。从生老病死以及各种欲望忧虑的苦海中解脱出来，进入"不生不死"、尽善至美的理想境地。这也是众生皈依佛法后所追求的最高理想。因此，涅槃图画给人的感觉是肃穆宁静的气氛，而没有惊恐慌乱的情景。

■ 十国时期银质文告

年丰稔，兵食有余"，为中国南方的经济开发做出了重大贡献，南唐也因此成为中国历史上重要的政权之一。

南唐时，扬州、润州的金银器和铜器制造堪称典范，据传李煜特命工匠打造高达6尺的金莲，宫女宵娘立于莲上，缠足翩翩起舞。

戚氏《续志》中说："金陵坊银行街，物货所集。……"这些坊均为手工业作坊集中地，所谓银行，就是金银器加工场。

如在安徽省合肥市南唐汤氏墓中发现的四蝶银步摇，通高19厘米，宽9厘米，用金丝盘成4只飞舞的蝴蝶，两翅满镶黄色琥珀，下垂珠玉串饰，制作极精致。

■ 南唐四蝶银步摇

步摇是一种头上的饰品，多插在各种形状的高髻之上。其名称意喻随步而摇动，可以以细丝连接几个部分，又可以形成下垂的珠链式。稍有震动，便晃动摇摆。自古以来，无数文人墨客在描绘美女风姿时，常在步摇上斟酌佳句。

如白居易在《长恨歌》中吟"云鬓花颜金步摇"，用来勾画杨贵妃的倾城之貌。另有"丽人绮阁情飘飖，头上鸳钗双翠翘""灯前再览青铜

■ 五代吴越银盖托

镜，枉插金钗十二行"和"步摇金翠玉搔头"等都如实记录下当时的金、银、玉、翠等步摇的装饰趣味。

　　这支南唐四蝶银步摇代表了五代艺术的秀气玲珑风格。它主体是以银片和银丝做成4只蝴蝶戏花形，然后再以银簧与钗颈相连。这样的步摇戴在头上，随莲步微挪而轻轻颤动，宛如彩蝶飞舞于花丛之中，它一方面说明了唐至五代人们酷爱花鸟题材，另一方面还隐喻着对美好爱情的向往与追求。

　　同处发现的还有南唐金镶玉步摇，通高21厘米，宽14厘米，上端像双翅展开，镶着精琢玉片花饰，其下分垂珠玉串饰。

　　另外还发现有南唐时银质钵，高2.5厘米，径口7.6厘米，重56.7克，圆形，包浆古旧，形体自然、流畅，钵体厚实，制作精美，线条流畅，品相完好，当为五代南唐皇室或上层贵族所用。

　　前蜀是五代时十国之一，由高祖王建所建，都

■吴越国金龙

白居易 （772—846），字乐天，晚号香山居士、醉吟先生。祖籍山西太原，胡人后裔，生于唐代时河南新郑。中唐最具代表性的诗人之一。作品平易近人，乃至于有"老妪能解"的说法。其作品在世时就已广为流传于社会各地各阶层，乃至外国，如新罗、日本等地，产生很大的影响。著名诗歌有《长恨歌》和《琵琶行》等。

城在成都。盛时疆域约为四川大部、甘肃东南部、陕西南部、湖北西部。历二主，共18年。王建的陵墓坐落于成都市中区，在墓中发现了极为豪华的金银平脱器朱漆册匣等，嵌孔雀、狮、凤、武士等花纹，较之唐代制品毫不逊色，说明五代工匠还能熟练制造平脱器。

在该墓中发现有银、铜、漆、玉、石、陶质随葬品30余件。棺内有玉銙、铊尾和银扣保存完好的大带。银盒、银钵、银兽、银颐托、金银胎漆碟、银平脱朱漆镜奁，装饰繁缛精美，是当时的工艺佳作。

金银平脱漆器自唐代开始成为皇家御用和馈赠的高档礼品，唐代的金银平脱器的制作已经有了明确的分工，即平脱花片由金工镂刻，然后再由漆工镶嵌在漆器上。

阅读链接

江苏省苏州瑞光塔又称"瑞光寺塔"或"瑞光院塔"。瑞光寺，初名"普济禅院"。247年，孙权为了报答母恩，在瑞光寺中建造了十三级舍利塔。五代后晋时重修，并赐一枚铜牌置于塔顶。

在塔的一、二层之间，发现有一石函，石函内放漆器和五代嵌螺钿藏经箱，上面写有"辛酉岁建隆二年十二月十七日丙午入宝塔"，箱内放有已经碳化作黑色的磁青纸经7卷，各卷外面用绢质物包裹以及锦包竹帘一块、长方形象牙牌一块和破残经帙。

嵌螺钿藏经箱长35厘米，宽12厘米，高12.5厘米，木胎，用合题法镶榫制作。长方形，箱盖盝顶，台座略宽与箱身连接。表面黑漆，经箱上的花纹图案都是用螺钿装饰。

经箱的台座用须弥座形式，设壸门，壸门内贴嫩芽形图案的木片，上面贴金箔，间以花瓣形贝片图案。盖、身、台座缘镶嵌由花苞形、四瓣花形、鸡心形组成的带条，这些装饰既显示镶嵌制作的细谨，又衬托出整体图案的绚丽多姿。

宋元明清金银器

宋元金银器以器型设计构思巧妙、富有灵活性与创造性的多种加工技法为特征，以其小巧玲珑的形制显示出造型工艺技巧的高超。同一种金银器皿的造型还往往具有多种不同的形制。

明清两代金银器越来越趋于华丽、浓艳，宫廷气息越来越浓厚。器型的雍容华贵，宝石镶嵌的色彩斑斓，特别是那满目皆是的龙凤图案，象征着不可企及的高贵与权势，这一切都和明清两代整个宫廷装饰艺术的总体风格和谐一致。

清新素雅的宋代金银器

两宋时期，金银器的制造业更为商品化。皇亲贵戚、王公大臣、富商巨贾，都享有着大量的金银器，上层庶民和酒肆的饰品及饮食器皿也都使用金银器。

随着金银器的社会化，宋代金银器无论在造型上还是纹饰上一反唐代的富丽之风，而变得素雅和富有生活气息。

时代风气的变化对金银器的制作产生了深远影响。宋代金银器的造型极富变化，盏、杯、碟、盘、瓶、盒等常用器物都各有不同的样式；不少器皿直接模仿自然界中花、果、草、木的形态，清新素雅、匠心独运。

金头钗

■ 莲瓣纹银碗

宋代金银器以器型设计构思巧妙、富有灵活性与创造性的多种加工技法为特征。

如在江苏省南京幕府山宋墓中发现的鸡心形、蝌蚪形金饰，龙凤、团龙、如意金簪和金丝梳背，都以其小巧玲珑的形制显示出造型工艺技巧的高超。

这时，同一种金银器皿的造型还往往具有多种不同的形制，如杯、盏就有五曲梅花形、六曲秋葵形、八曲方口四瓣花形、十二曲六角栀子花形、八角形及荷叶形、蕉叶形、重瓣菊花形、桃形、柿形、瓜棱形与柳斗形等。

如在江苏省溧阳平桥发现的宋代镏金覆瓣莲花式银盏，即分作单瓣、重瓣和复瓣型3种。该盏通高5.3厘米，口径9厘米，重6.5克，镏金。

直口平唇，弧圆腹，喇叭形圈足。口沿外錾刻一周花蕊纹，盏体锤揲出外突的覆莲瓣，圈足錾刻重瓣覆莲及连珠纹。盏内底心锤出隐起莲蓬，含莲子13

团龙 龙纹的一种表现形式，以龙纹设于圆内，构成圆形的适合纹样，称为"团龙"。团龙适用性强，又保持了龙的完整性，装饰味也很浓，运用十分广泛。团龙图案表现形式多样，有"坐龙团""升龙团""降龙团"等，是权势、高贵、尊荣的象征，又有禳除灾难，带来吉祥的寓意。

■北宋银盒

流光溢彩的金属宝器

枚，周刻花蕊纹两周。整盏纹饰犹如一朵怒放的莲花，具有古朴清雅的风格。

盘除圆形外，还有海棠形、五瓣梅花形、六瓣菱花形、重瓣菊花形及八角形和四角如意云头形。盒也有圆形、八瓣花形、八棱菱花形、十二曲花瓣形与三十二曲花瓣形等多种。

宋代有大量仿古青铜礼器形制的银器，如在江苏省溧阳平桥发现的双兽首耳乳钉纹镏金夹层银盏和江西省乐安窖藏的乳钉纹凸花银杯等，为使其外观具有铜器的浑厚凝重感，而采用了前所未见的夹层合成法制作，表现出灵活多变的加工技巧。

双兽首耳乳钉纹镏金夹层银盏口径8.7厘米，底径5厘米，通高7.1厘米，重178克。直颈，侈口，圆鼓腹，圈足，双兽首耳，风格浑厚凝重，盏内外壁为夹层，盏内素面，颈外饰两周雷纹，腹部为雷纹地斜方格乳钉纹，兽首耳正面作雷纹地乳钉纹，圈足下部有一道雷纹。

宋代金银器的装饰工艺继承和发扬了唐代的传统。装饰花纹多按照器物造型构图，并采用新兴的立体装饰、浮雕形凸花工艺和镂雕为主的装饰技法，将器型与纹饰结合成完美和谐的整体，使器物具有鲜明的立体感和真实感。

乳钉纹 古代常用纹饰之一。是青铜器上最简单的纹饰。纹形为凸起的乳突排成单行或方阵。另有一种，乳钉各置于斜方格中，以雷纹作地纹，称为"斜方格乳钉纹""乳钉雷纹""百乳雷纹"。盛行于商周时期，殷周之际，乳钉凸出较高，周初有呈柱状的。

如在河北省定州塔基发现的宋代缠龙银瓶和银塔，龙的形象栩栩如生。

江苏省溧阳平桥窖藏的宋代蟠桃镏金银盏采用立体装饰，于半桃体形的盏口沿上焊接出形态逼真的枝叶，既为装饰又是把手，还在盏内底压印有"寿比蟠桃"4字，将器型、纹饰、实用及寓意融为一体。

五曲梅花镏金银盏，是1981年在此出土的。其口径9.4厘米，底径4.4厘米，高4.8厘米，重61.5克。银盏敞口，呈五曲梅花形，深腹；五曲花口圈足，外侈。盏内壁每一花瓣区间刻有形态各异的折枝梅，底心凸饰梅花一朵；圈足边饰几何纹带；凡文饰处均镏金。

银盏为酒具。使用贵重的银质酒器，在宋代官府及民间上层社会中十分流行。宴席上摆上一套银餐具，其豪华气派更能增添宴会气氛。这件五曲梅花镏金银盏造型别致，文饰精美，造型和装饰图案融为一体，恰似一朵盛开的梅花。

一同在此出土的还有六曲秋葵花镏金银盏、八曲菱花镏金银盏和十二曲六角栀子花镏金银盏。银盏制作工艺采取了锤击、錾刻、焊接等方法，表现了宋代工匠的高超技艺。

六曲秋葵花镏金银盏，口径9.8厘米，底径4.2

109

金银满堂

宋元明清金银器

■ 花鸟人物纹银盏托

厘米，高5厘米，重62.5克。银盏敞口，深腹，设圈足，腹壁作6片花瓣依次叠边，圈足亦呈六曲花口，外侈。内壁花瓣区间皆刻测视的秋葵一枝，底心凸刻俯视的秋葵花一

朵。圈足边饰几何形纹。文饰处镏金。

此盏造型、图案皆以秋葵为题材，形神兼备，仪态万方，刀法细腻，堪称宋代银器的代表作品。

八曲菱花镏金银盏，口径10.2厘米，底径4.5厘米，高4.6厘米，重61.6克。银盏敞口，口作八曲四瓣花形，深腹，圈足亦作八曲方口四瓣形。盏内菱花壁每曲花瓣上皆刻一株菱花，底心凸刻一朵菱花，圈足边刻几何形纹带。文饰处均镏金。此盏造型，图案皆以菱花为题材，制作精细，构思奇巧。

十二曲六角栀子花镏金银盏，口径10厘米，底径4.4厘米，高4.8厘米，重60.9克。银盏敞口，口呈十二曲栀子花形，深腹，圈足亦作十二曲六角栀子花形。盏内壁每曲花瓣内各刻一枚栀子花，底心凸刻一朵栀子花，圈足边刻几何形纹带。文饰处均镏金。

产生于唐代的浮雕形凸花工艺在宋元金银器中已普遍用于器物的主体纹饰，并发展出新的浅、中、高三种凸花形式，多与模压、錾刻、焊接、圆雕等工艺相

流光溢彩的金属宝器

配合。如在安徽省六安县嵩寮岩发现的宋代银质镏金童子花卉托杯，江苏省溧阳平桥窖藏的宋代凸花狮子戏球图及瑞果图等镏金银盘等，就是同时采用三种凸花工艺与其他技法配合而成的代表作品。镂雕工艺多用作金银饰件和某些器盖或熏炉、盒等的花纹装饰。

在宋代金细工艺中常用龙作为装饰的题材，龙是古代人们想象中的神物，是传统的吉祥象征，常常装饰在人们的日用物品上。

在安徽省发现的宋双龙金香囊，长7.8厘米，宽6.5厘米。香囊为鸡心形，佩挂于腰间，用于辟邪除灾。系用两片金叶捶压合成，中心微鼓，边缘较薄，边缘镌刻连珠纹和草叶纹，两面纹饰一样，均镂刻首尾相对的双龙纹，中空处应是填香料的地方，顶端有一穿孔，用以穿系佩挂。

该香囊在制作工艺上采用锤、刻和压模等工艺制成，既是实用的装饰品，又是精致的工艺品。

江苏省南京幕府山宋墓的鸡心形金饰件，高8.5厘米，宽5.7厘米，以透雕和凸花工艺相结合的装饰技法，刻画出一对金凤翱翔在花丛之中的生动形象。

四川省彭州市西大街窖藏是最大规模的宋代金银器窖藏，共发现各式器物350件，集中展现了宋代金银器的整体风貌。

■ 宋代镏金经塔

圆雕 又称立体雕，可以多方位、多角度欣赏的三维立体雕塑。圆雕是艺术在雕件上的整体表现，观赏者可以从不同角度看到物体的各个侧面。它要求雕刻者从前、后、左、右、上、中、下全方位进行雕刻。圆雕作为雕塑的造型手法之一，应用范围极广，也是老百姓最常见的一种雕塑形式。

宋代镶珠镏金冠顶饰

在江苏省南京长干寺遗址地宫发现宋代金器、银器、镏金器20余件，以阿育王塔为其代表，反映了宋代银作工艺的最高水平，器物外覆镏金银板，银板采用锤撲工艺等制作佛像和题记。如长干寺舍利银椁，盖长11.5厘米，底头宽4.3厘米，尾宽3厘米，头高4.9厘米，尾高3.9厘米，重223克。

银椁和头部錾刻乳钉、栅栏，每门3排12枚，门两边刻草纹，门上刻流云一道，在中间拥托慧日智珠一颗，椁后头刻缠枝花叶，作如意状，椁两旁各刻高髻，双首鸟身迦陵频迦，四翅，一手托花盘，一手作张开状，飞行在缠枝花叶之中。

椁盖顶刻飞天两个，高髻，裸上身，下着长裙，首戴璎珞，左手张开高举，右手持花盘，作翻身回顾之状，后者双手持果盘，作行进之状，绶带飘逸，前端有如意宝珠，四周刻流云和圈点纹。

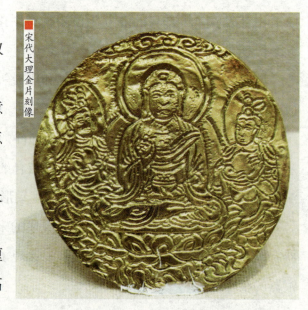

宋代大理金片刻像

长干寺舍利金棺盖长6.4厘米，底长5.1厘米，头宽1.9厘米，尾宽1.6厘米，头高2.8厘米，尾高

流光溢彩的金属宝器

2.1厘米，重96克。

金棺除棺底外，遍体浅刻精细花纹，都以珠纹作地，棺头下刻乳钉各3排9枚，中部刻窗棂，顶部刻卷云如意纹，棺后刻如意状花叶5朵，顶托慧目。

两侧各刻飞天2人，前者两臂伸张，后者双手捧果盘，四周布满卷云如意纹图案，棺盖刻3只仙鹤翱翔于如意云纹之中，刻纹雕镂精细，活泼流畅，在唐代金银器中实属罕见。

长干寺舍利小金棺盖长2.9厘米，底长2厘米，底宽0.7厘米，头高1.1厘米，重5克。遍体素面无纹饰，藏于长干寺舍利金棺内，棺内盛有阿育王舍利11粒，外裹墨书签字纸条。

另外，在河南省邓州福胜寺塔中也发现有珍贵的宋代金棺银椁。福胜寺梵塔建于北宋时期，其中有金棺一件。金板制成。

置于银椁内前部，头西尾东。作前高后低的长方形，长19厘米，前宽11厘米，后宽9厘米，前高13厘米，后高7厘米，重620克。

金棺底板四周向外呈斜面，其上錾有麻点纹组成的壶门10个，两侧6个，前后4个，前后左右对称。

金棺前挡上方高出两侧棺板有一三面形结构，正面上部

压印出四阿式屋顶，脊兽、瓦当俱全，从正脊两端的吻兽处用金丝连接在前挡上方。

南宋双葫芦印金铤

檐下前挡上錾一方框，框内錾刻护法神像两尊。左像面目狰狞，尖下颏，短须，头后有火焰纹头光一周，身着长袍，腰束带，赤足站立，左手握剑，右手抚须。

右像面部丰满，怒目平视，短须，头戴冠，冠带向外飘曳，头后亦有火焰纹头光，身着宽袖长袍，赤足站立，左手抚须，右手握剑。

后挡与前挡相同，上边高出两侧棺板，表面錾刻铭文6行："维摩院僧赵过，观音院僧惠应，龙山院僧仪朋、张谷，打造人赵素。"

右侧棺板前高后低，板面錾刻文殊菩萨坐于狮背的莲台上。狮子张口昂首，挺胸前进。狮前有光头狮童回首牵引。狮后随3人，第一

南宋刻字银铤

人为长须老翁，戴平顶高帽，身着长衣；后两人为高髻少女，身穿曳地长裙，双手举幡旗。

狮子头前的上方还刻有花束一支，狮子的前后用麻点纹组成的卷草纹5组填补空白。棺板前端的边沿处有麻点纹组成的卷草纹边框。后端边沿处刻"未年三月造"5字题铭。

左侧棺板与右侧相同。表面錾刻方框，框内刻涅槃图。下部刻一虎足

流光溢彩的金属宝器

床，床上方设帐。释迦牟尼侧卧于帐内床上，面部丰满，身着掩足长衣，头枕左上肢。床周围有佛徒6人，做仰面痛哭状。

棺板前方刻有麻点纹组成的卷草纹。棺盖为八棱形，盖顶刻凤鸟一对，头向内，喙向前，高冠，各衔牡丹花一枝，颈部弯曲，作展翅飞翔状。线条流畅，形态生动。双凤的周围以麻点纹组成11组卷草纹填补空白。

棺盖的前端为欢门式的装饰，周边勾出轮廓，内錾麻点纹，上沿翻卷，扣在棺盖的前方，并用金丝穿结。棺盖的后尾将金板的六棱剪开，向下收缩曲卷。金棺两侧棺板、前挡、后挡及棺底的周边均錾凿圆孔，再用金丝穿结为一体，然后扣合棺盖。

金棺内前部放置"佛骨"一件；后部放置一件圆形银盒，盒内有"佛牙"一颗。而另一件银椁置石函内，头西尾东，外用带花的丝绸方巾包裹，方巾在椁顶打结，坐于长方形须弥座状的铜椁床上围栏内，长方形，前宽后窄，前高后低。长40厘米，宽20厘米，前端残高34厘米，后端残高24.6厘米，椁板厚0.2厘米。

银椁前挡和后挡边缘包在两侧椁板上，以圆形铆钉铆合。前挡的上部为五边形，高出两侧椁板，并向外倾斜，与椁床上门楼相接。下方线刻门框、门楣和门砧，并刻出两扇门扉，上有圆形门钉7排，每排8个。

门框的上方压印凸出的双凤纹，双凤间饰变形卷草纹花结，底面

南宋"苏宅韩五郎"金锭

用乳钉纹补空。后挡的上部与前挡相同，但稍低于前挡。表面线刻仿木结构的四阿顶式建筑，脊兽、瓦垅俱全。檐下有仿斗拱结构的饰件。其下刻出门框和两扇门扉，门扉上有圆形门钉7排，每排6个。

银椁两侧椁板前高后低，表面压印凸起的僧院名称和施主姓名。左侧椁板有龙兴寺僧惠谈、惠宣、永宁等12人和开元寺僧守文、可惠、德崇等13人的法号；右侧椁板有"施主助教元吉"等28人的姓名和女弟子皇甫氏、李氏、黄氏、杨氏等。

椁盖为七面形，压印古钱形纹饰。前端有欢门式装饰，外边翻卷扣合在椁板前端，用圆形铆钉穿铆，两侧透雕对称的双凤戏牡丹纹。

银椁内前部放置金棺，后部放置玻璃舍利瓶。

宋元金银器的花纹装饰题材广泛，可大致分为花卉瓜果、鸟兽鱼虫、人物故事、亭台楼阁及錾刻诗词5类。

花卉瓜果类纹饰多象征幸福美好、繁荣昌盛，有牡丹、莲花、梅花、石榴、山茶、菊花、桂花、葵花、仙桃、佛手、香橼、灵芝、芙蓉、莲子、秋葵、荔枝、海棠、绣球等多种。

鸟兽鱼虫类用于隐喻健康、长寿和富有，如狮子、仙鹤、龟、鱼、蝴蝶、蝙蝠之类。

亭台楼阁类常与其他纹饰配合，用作人物故事或以錾刻诗词为题材的画面装饰，如江苏金坛窖藏的元代凸花人物故事银盘，即用人物、亭阁构图表现出唐明皇游月宫的故事情节。

而在福建省邵武县发现的宋代镏金八角夹层银杯，杯心錾刻《踏莎行》词一首，杯身外壁八面分别用凸花人物、亭阁、花卉组成连环画面，表现词中描绘的新科状元骑马游街，志得意满的形象，整个器物的花纹图案装饰充满诗情画意。

辽代镏金鹿纹银鸡冠壶

宋代金银器的款识除少数刻有年款或标记器物自身重量及寓意的杂款外，为数众多的是打印金银匠户商号名记的款识，如"周家造""孝泉周家打造""张四郎""李四郎""闻宣造""丁吉父记"等。如江苏省溧阳县平桥乡发现的乳丁纹镏金夹层银盏，口径8厘米至9.6厘米，底径3.7厘米至5.7厘米，高4.6厘米，重94克。直口，斜弧腹，圈足，整体平面呈四曲海棠形。

内、外壁为夹层，在口沿处由内壁向外翻卷与外壁压合。口沿内

辽代银囊盒

辽代公主金花银靴

流光溢彩的金属宝器

饰一周卷草纹带，底部錾刻狮子滚绣球图案，细致精美，外腹4曲间均为细云纹地，中凸5颗乳钉，底部为一周覆莲纹，圈足饰一周4瓣花组成的两方连续图案。外底心錾刻"李四郎"款式。

这些带有广告性质的款识表明了宋代金银器制作的商品化，这正是创造出各式新颖别致、奇巧俊美金银器制品的一个重要基础。

与两宋同时存在的辽、金、大理等国，也发现有精美的金银器皿。辽代金银器多为契丹贵族使用的冠带佩饰、马具、饮食器皿、首饰、符牌及葬具之类。大都为辽代宫廷与地方的手工业制品。

内蒙古自治区奈曼旗出土了辽开泰七年，也就是1018年的金银器皿，其中以陈国公主驸马合葬墓者最为精致丰富，有由金面具、镏金银冠、银丝网络、金蹀躞带、金花银靴等组成的殡葬服饰及錾花金戒指、缠枝花纹金镯、镂雕金荷包、金花银枕、錾花金针筒、金饰球、金花银钵、金花银盒、银长盘、银唾盂、银盏托、银壶、银罐、银粉盒、玉柄银刀、玉柄银锥、镏金银勺与马具等。

此外，在内蒙古自治区赤峰市洞后村窖藏中发现的辽镏金银鸡冠壶，高26厘米，底长22厘米，宽16厘米。壶把为鸡冠形状，壶盖与壶身以银链相连，盖面錾刻对称的四瓣花纹，外沿錾刻8个四瓣花朵。

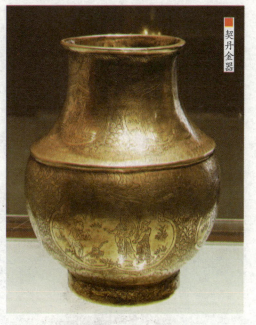

契丹金器

壶颈较高，四周錾有牡丹纹。壶身鼓起，两面錾刻精巧，均在菱形图案中錾刻一只花鹿，鹿前后各錾刻山石、灵芝、海水，犹如仙境。

壶身前面呈三角形，三条边做成仿皮绳纹装饰。而在内蒙古自治区赤峰市大营子辽驸马墓中发现的鱼鳞纹银壶，通高10.2厘米，口径7.6厘米，底径6.7厘米，链长41厘米，银壶表面锤有密集的鱼鳞状纹饰，细腻逼真。

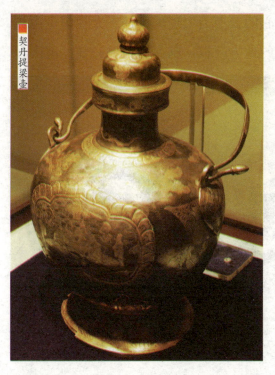

契丹提梁壶

壶的造型为契丹民族所特有。同时墓中还有镏金银鞍饰，长38厘米，宽20厘米。

内蒙古自治区巴林右旗辽窑藏八棱斩花银执壶，通高25厘米，腹径15厘米，每个棱面的开光内，錾刻折枝花和变形缠枝花等。

面具也称覆面，俗称盖脸，是契丹贵族的葬具，意在保护死者的面容，在死者脸上罩金属覆面是契丹族颇为独特

大鹏金翅鸟

的一种葬俗。

据史籍记载，契丹贵族有"用金银做面具，铜丝络其手足"的葬俗。

覆面有金、银之分，用以区分死者的身份、年龄和性别。此器保存完整，面部轮廓清晰，头发后梳，眉骨凸出，双目闭合，双唇紧闭，神态安详。耳下及鬓两侧有孔，可系结。在北京市房山区发现有辽镏金银覆面，通高31厘米，最宽22.2厘米。与此相类似的覆面在内蒙古、辽宁的辽代墓葬中均有发现。

五代至南宋，以洱海为中心的云南为大理国所辖。大理国是白族先民的白族贵族段思平所建立的地方政权，辖有8府4郡37部，范围包括云南和四川省西南部等地区。

在崇圣寺三塔主塔千寻塔的塔顶四角，原来铸有4只巨大的金翅鸟。"金翅鸟"又名"大鹏金翅鸟"，亦名妙翅鸟，梵名"迦楼罗"，原是古印度传说中的大鸟，因这种鸟翅

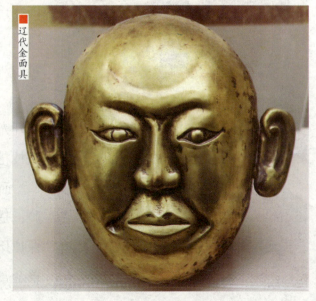

辽代金面具

流光溢彩的金属宝器

翙金色而得此名，为佛教护法神中的"天龙八部"之一，传说能日食龙3000，能镇水患。据李元阳《云南通志》记载，世传龙性敬塔而畏鹏，故以金翅鸟装饰塔顶四角，其作用是镇压洱海的龙妖水怪。

大理地处高原，平坝易发水灾，当地人认为是龙在作怪，于是佛教中的金翅鸟被请出，尊为大理国的保护神，可慑服诸龙，消除水患，用以祈求农业丰收，国泰民安。

在主塔塔顶一木制经幢内，发现了一件制作精美的大理银镏金嵌珠"金翅鸟"立像，通高18.5厘米，重125克，金翅鸟头部形似鹰首，喙爪锋利，瞠目怒视，头顶饰有羽冠，颈部及尾部屈起，展翅欲飞，双足栖息于一莲座上，尾羽作火焰状，上嵌5粒水晶珠，颈下和鸟身相接处原镶有3粒水晶珠，已脱落。

此金翅鸟形象凶猛，造型雄健有力，其制作分别采用铸造、錾刻、焊接、镏金、镶嵌等多种工艺。

首先是铸出头、翼、身、尾、足等各个部件，经细部錾刻出羽毛纹饰和尾羽上做成对称的镂空装饰，再焊接成型，并通体镏金，然后在尾羽、颈下及双翅两侧镶嵌水晶珠，制作颇为繁杂精致。

■ 宋代大理大鹏金翅鸟

辽代银菩提树

此外，在崇圣寺塔主塔塔顶还发现有大理时五色塔模型舍利盒，通高19厘米，底径12.3厘米，塔模通高17厘米。

金代金银器较少，陕西省临潼金代窖藏有金步摇、金耳饰、金片饰、银钗、银项圈、银镯，反映了金与汉族在文化上的融合。

另外，在黑龙江省绥滨中兴金墓中也发现有金耳坠、银钗、银钏、银簪、银耳坠、金指环、金花饰、银鞍饰、银碗等金银器。

在绥滨奥里米金墓中发现金耳坠、银钏、银钗、银片和带有忍冬图案的金饰件。这些金银器的式样，有的与中原地区的相同，有的则具有地方特色。在黑龙江省阿城发现的银镯上也打印有"上京翟家"的戳记，据考证，这可能是一家由汉族人经营或有汉人参加的设在金代上京的手工业金银店铺。

流光溢彩的金属宝器

阅读链接

宋代金银器的工艺继承了唐代的传统并加以改进。锤揲技法获得了更为巧妙的利用，出现了许多具有高浮雕效果的器物；夹层工艺在宋代广为应用，解决了胎体轻薄与形态优美之间的矛盾。

宋代金银器中并非没有繁复华丽的器物，但总体呈现出简约平易的特征，许多器物素面无纹，金银成色也略逊一筹。唐代雍容华贵的艺术风格逐渐演化为宋代世俗化的面貌；外来文明的特征渐趋淡化，中国传统文化的韵味日益浓厚。

朴素实用的元代金银器

元代沿袭唐宋以来的官府手工业机构，设有金银器盒提举司，专职掌管皇室及贵族用金银器的制作与供给。

元代银器的制作中心在浙江和江苏。元陶宗仪《辍耕录》记载：

> 浙西银工之精于手艺，表表有色者，有嘉兴朱碧山、平江谢君余、谢君和、松江唐俊卿等。

这些大师名匠的作品，传世极为罕见，仅见元代最负盛名的朱碧山大师的名器银槎。槎，是木筏的别称。古代神话传说中往来于天上的木筏称为星槎。元明以

元代朱碧山银槎

来，酒杯做成槎形，深得文人士大夫的欣赏。

该银槎形为破土蟠蜿的老根，丫杈之上瘿结错落，枝杈纵横。一仙风道骨的老者倚槎而坐，右手执卷，专心研读。槎杯是用白银铸成以后再施雕刻的，道人的头、手及云头履等皆铸后焊接而成，浑然一体，毫无痕迹。

正面槎尾上刻有"龙槎"两字，杯口下刻有"贮玉液而自畅，泛银汉以凌虚，杜题"行楷14字，槎下腹部刻有"百杯狂李白，一醉老刘伶，知得酒中趣，方留世上名"楷书20字。尾上刻"朱碧山"款识。

这件银槎杯造型独特新颖，意韵恬静超脱，极具文人性情，工艺也达到了炉火纯青的程度，是一件稀世艺术珍品。

元代以苏州地区为中心的金银器制作业十分发达，在苏州吴门桥元末张士诚之母曹氏墓中发现的一批金银器，反映了元朝金银器制作的高超水平。其中，盛放整套银质梳妆用品的银奁和银质镜架，既完整又完美。

此银奁呈葵花状六瓣形，通高24.3厘米，共有上下3层，各层之间以子母口套合，上面有器物盖，下有银托盘。

银奁上层盛放银刷两把，银镜、银剪和银刮片各一件。中层内置银圆盒4件，小银罐一件及

■ 筒状刻花卉银套

大小银碟各一件，应该是化妆盒，分别盛有粉、胭脂、黄绸粉扑；下层有银质梳、篦、脚刀、小剪刀、小盂各一件。奁内用具品种齐全，小巧玲珑，制作精细。

银奁的表面和奁内的小圆盒、银篦、银梳、把以及托盘盘心都饰有四季花卉组成的团花，有牡丹、芍药、海棠、荷花、梅花、灵芝等，这些传统花卉图案象征着富贵、长寿、喜庆、吉祥。

众多的随葬器皿最精美独特的是银镜架。镜架呈折合式，整体由前后两个支架构成。后支架为主体，架身通高32.8厘米，宽17.8厘米，由两根竖杆、3根横杆构成，可分为上、中、下三部分。

中部竖向分为三组：中心一组，上段如木方形，錾饰连续卷草纹；下段为浮雕团龙纹；左右两组，仿佛窗式，装饰各自对称，上下开雕柿蒂形状的框栏，中段镂雕缠枝牡丹。

乘驿银牌

上部做如意式样的框架，栏内雕镂"凤穿牡丹"，顶端联络有流云纹衬托的葵花。有荣华富贵、丹凤朝阳之意。下部分为支架，底部横档安置活络底板，一饰凸起的六瓣葵形边框，中间浮雕鸟雀花草。

前支架为副架，造型与主架下半部完全相同，套入主架以销钉相结合，可开可合。副架上部横杆安置活络面板，一端以双钩斜向连接于主架中部的圆眼，成一斜面以置银镜。

面板饰六瓣葵瓣边栏，内饰浮雕太阳和寓意月亮的月兔。日月象征君后，比喻圣贤，这日月图像构思在置镜的面板，别有妙处。主副

支架栏杆出头部分均做如意头，象征吉祥。

银镜架设计构思新奇，仿木质框架式结构，折合式支架，开合自如。造型豪华端庄，雕镂的装饰玲珑剔透，虚实相宜，体现了设计者的匠心。

这些纹饰，装饰繁缛，工艺极其精湛，全是用锤子功夫，一凿又一凿精心锤敲出来的。镜架上的纹饰犹如浮雕，凹凸得宜，层次分明，凿子如刻刀，凿凿清晰，点点均衡，敲击之后，龙腾四海，凤舞九天。

在江苏省金坛洮溪发现有元代银盘，口径16.5厘米，板沿浅腹平底，在底部刻有阿拉伯文的回历纪年铭文，经译为回历"714年1月"，即1314年。这为探讨窖藏的时间提供了一定的依据。

在洮溪还发现了一件元梵文盘，其口径14.8厘米，板沿浅腹平底，盘口沿刻一周回纹，盘底上压印梵文，周围一圈为韦驮之降魔杵，梵文经鉴定为六字箴真言的首字"唵"。

元代金银器在宋代的基础上，其形制、品种都有进一步的发展，并形成了比较明显的时代风格。元代由于

六字箴言 唵、嘛、呢、叭、咪、吽，又名六字真言或六字大明咒，是佛教最常见的真言，是观世音菩萨愿力与加持的结晶，故又称为观世音的心咒，除了刻在石上，亦多刻在转经筒上。

■ 元代锦地纹银盘

历史较短，金银器为数不多。然而从文献材料上看，当时的金银器饰品并不稀见。

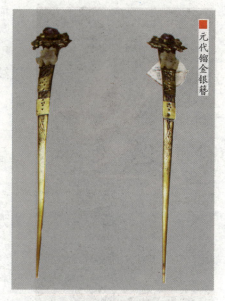

总体上看，元代金银器与宋代金银器相近似，其中，银器数量多。金银器品种除日用器皿和饰品外，陈设品增多，如瓶、盒、樽、奁、架等。

元代大多数金银器均刻有铭款，这对研究元代金银器的发展具有重要价值。

如洮溪元代窖藏蟠螭银盏，口径6.8厘米，通高3.9厘米。直口圆腹圈足，有一螭虎龙攀缠外壁，头部伸出盏口，螭虎龙的造型生动活泼，栩栩如生。盏内壁刻云螭纹，盏口外沿印有"范婆桥西徐二郎花银"的戳记。

在湖南省津市一处元代金银器窖藏中，发现有金器六件，银锭两件，其中两件八棱龙凤纹双耳金套杯和花果金簪最为精致。

八棱龙凤纹双耳金套杯共两件。其中，一件通高6.3厘米，口径7.8厘米，底径4.3厘米，重95克。金器以黄金制成，敞口呈八棱形，内外两杯相套。内杯口沿外卷，圆底，高3.2厘米。杯内有墨书痕迹，字迹模糊不清。

外杯平沿，口沿下累刻一圈回纹，上腹呈八棱形，饰对称双耳，下腹内折，底腹圆，焊接喇

叭形圈足。纹饰以模印为主，局部錾刻。

八棱之间凸起框内分别模印花卉、龙凤纹。龙作盘曲状，毛发向上飘拂，口皆张，龙鼻上卷，背錾刻点状纹。凤作飞舞状，嘴如鹰钩，翎毛飘扬，凤翅舒展，凤尾舞动，仿佛在凌空旋转翱翔，栩栩如生。该器物纹饰华丽，造型高贵典雅，应为元代达官显贵使用之物。

另一件通高6.7厘米，口径7.8厘米，底径4厘米，重96.7克。器型、工艺与前件同，纹饰略异。金杯口沿下錾刻一圈棱形纹，两耳饰龙纹，两眼圆睁，鼻硕大，面目狰狞，下面錾刻卷草纹。

凸起框中龙生双翼，作口吐宝珠状；龙头略圆，鼻上卷；龙身錾刻脊线。凤颈翎毛向上飞舞，钩如鹰嘴，给人以凶猛之感，似乎在表现蒙古人粗犷剽悍的游牧性格。

花果金簪通长15.8厘米，最宽1.1厘米，重9.7克，柳叶形，顶端叉开，两端向下卷成小圆圈，两组花果并联焊接于簪上，花果皆为空心，由一根卷曲细金丝穿起。主要纹饰为藤穿花卉、棱形瓜果、石榴等，簪体錾刻细点线卷草纹。

该簪制作精湛，纹饰华丽雅致，为不可多得的元代金器制品。另外还有3件金器为金插花、金凤簪和叉形金簪。

金插花通高2.5厘米，宽10厘米，重7.8克，呈扇

■ 金凤簪

卷草纹 中国传统图案之一。多取忍冬、荷花、兰花、牡丹等花草，经处理后作"S"形波状曲线排列，构成二方连续图案，花草造型多曲卷圆润，通称卷草纹。因盛行于唐代，故名唐草纹。

形，外缘饰5行凸起的联珠纹，内缘镂空，两端饰以梅花，加以蔓草、流云纹烘托出中间一吉祥图案，构图巧妙，工艺精细。

金凤簪长9.4厘米，凤首宽3厘米，高1.6厘米，重8.6克，圆锥形，端饰凤首，凤颈翎毛迎风飘忽，簪体錾刻细线纹和卷草纹。

叉形金簪长13厘米，重4克，圆柄，上端叉开，其中一支残，西凤上饰几何纹形，顶端嵌7根圆弧状金丝。

银锭两件，长8.7厘米，首宽5.6厘米，腰宽2.7厘米，腰厚1厘米，一件重295克，另一件重288克。束腰式，表面微凸，其中一件表面有"王信"戳记，底及侧面有许多气孔。

根据器型和纹饰分析，这批金银器应是元代的遗物，银锭形制及戳有银铺记号的特点，与在江苏省吴县吕师孟墓中发现的银锭相同。

龙凤是中国历代工艺品中常见的纹样，而元代的龙凤纹有很强的时代特征，往往是装饰成为足踏卷云，颈毛飘拂，作飞舞姿态，显得很有生气。元代的

■ 元代银锭

龙凤纹也反映民族特征，威猛的雄姿、叱咤风云的气质，是蒙古族个性最好的写照。从造型纹饰看，元代金银器讲究造型，素面者较多，纹饰大多比较洗练，或只于局部点缀装饰。

然而，元代某些金银器亦表现出一种纹饰华丽繁复的趋向。这种趋向对明以后金银器风格的转变，有着重要的影响。如在江苏省吴县吕师孟墓中发现的如意纹金盘，高1.3厘米，宽16厘米，盘以4个如意云纹组成，线条为锤撰而成的突起阳文，两下相互重叠，盘心又锤出4个小如意云纹，形似花朵，其余部位满饰錾刻缠枝花卉纹。盘底刻有"闻宣造"3字铭文。

该盘造型新巧，别具一格，如意云纹既是纹样，又是构成器型的一个组成部分，使装饰与造型完美地结合在一起。如意云头尖角向外，呈放射状伸展，为盘形奠定了方形的四角。

4个如意云头的8个卷涡纹以虚线相连，形成外缘圆而内缘方的图形，而盘心的小如意云头则以同样的十字交叉形式组成外方内圆的形状，使该盘的方圆组合达到圆融无碍的境界。

两对如意云纹采取相叠的方式是颇有创意的，由于相叠，产生了平面装饰允许范围内的纵深感、层次感，使金盘在单纯中蕴含了更丰富的美感；同样由于相叠，使如意云头原本完全相等的两个卷涡形产生了一隐一显、一藏一露、一整一破、一大一小的巧妙变化，同时两者相连又产生了一个新的图形，使观赏效果又多了一个层次。

元代大镏金曰如来像

金盘口沿的处理使器物更显厚重，使空间层次感得到充分的渲染。该盘的空间处理除上述之外，精细的线刻牡丹纹构成了又一层次，牡丹花头外圈呈圆形，内圈则为方形，又暗合了金盘方圆交互的审美意蕴。

牡丹花头的细微变化也暗含玄机，上面一对如意云头中两朵主要的牡丹花心有特殊的变异，一朵加刻荷花，另一朵处理成石榴，这样就更强调了上面一对如意云头的突出感，符合全盘重视空间变化的整体构思。此件金盘无论造型之精巧，纹饰之细腻，工艺之纯熟，在元代金银器中均不愧为代表之作，极为珍贵。

在同墓中还发现有缠枝花果方形金饰件，长8.5厘米，宽7.9厘米，为腰带饰件，表面高浮雕缠枝花卉。

内蒙古自治区锡林郭勒的乌兰沟中有一座墓葬，在墓中发现了蒙古汗国时期的金器和随葬品。在众多宝物中，最为珍贵的要数一套极为罕见的包金马鞍饰。

这套黄金马鞍饰，继承了中国北方草原民族的传统工艺，木质鞍体，鞍体外面包镶黄金饰片。马鞍饰全部用金片模压锤揲而成。

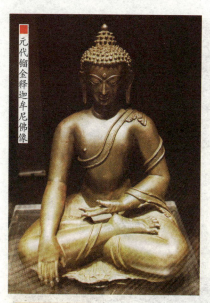

元代镏金释迦牟尼佛像

图案都是浮雕式，中心是四曲海棠形开光，一只瑞鹿静卧于花草之中，四周装饰花草纹。鞍马饰就是由它上面的纹饰而得名，叫作"卧鹿缠枝牡丹纹金马鞍饰"。黄金马鞍上锤揲出精巧的纹饰，甚至在马鞍上镶嵌宝石，在爱马的同时也显示了马主人的高贵。

相传忽必烈时期，一位嫁到汪古部的美丽公主武功非常高强，经常在广阔的锡林郭勒草原上纵横驰骋，她就是海都王的女儿明月公主。

忽必烈（1215—1294），即元世祖，他建立了幅员辽阔的统一多民族国家元朝。他在位期间，加强中央集权，使得社会经济逐渐恢复和发展。他是蒙古民族光辉历史的缔造者，是蒙古族卓越的政治家、军事家。

明月公主经常随父亲海都王南征北战，还主动接受蒙古族传统武士的训练。明月公主从17岁起就只用一件卧鹿缠枝牡丹纹金马鞍装配自己的坐骑，而且从未间断过。

明月公主17岁的时候，参加忽必烈举办的那达慕大会，武功高强的明月公主大获全胜，引起了忽必烈的注意，没想到汗国之内，还有这样的奇女子，忽必烈赐给明月公主九九八十一件赏物，其中，就有一副黄金马鞍。

然而忽必烈原先准备的作为奖品的黄金马鞍并不适合身材娇小的明月公主。于是忽必烈命令汗国里最有名的工匠重新打造了一具适合公主身材的黄金马鞍。

而看到面前的明月公主宛如

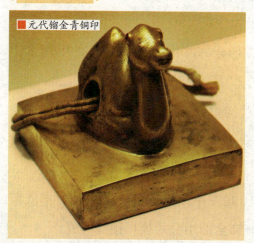

元代镏金青铜印

充满灵性的神鹿时，忽必烈便特命工匠在金马鞍饰上锤揲一只瑞鹿，既喻吉祥也象征公主的美丽与灵性。

铜镀金马鞍

明月公主非常珍爱这件由自己最崇拜的人赐予的黄金马鞍，几乎与它形影不离。忽必烈很欣赏聪明美丽勇敢的明月公主，将她许配给汪古部里最英勇的王子。

然而，明月公主出嫁后的第二年，她的父亲海都王与忽必烈发生争执，就在两军即将开战的时候，明月公主骑着配以黄金马鞍的战马来到两军阵前，请求停止作战。突然，明月公主拔出宝剑在两军阵前自刎。所有的人都震惊了，就停止了战争。

失去了明月公主，忽必烈和海都王都陷入了悲伤，在美丽的锡林郭勒草原上厚葬了公主，并把她生前喜爱的卧鹿缠枝牡丹纹金马鞍饰作为陪葬伴随公主。这件卧鹿缠枝牡丹纹金马鞍饰的发现，证实了那位美丽公主的存在，也让人们仿佛看到了那位勇敢善良的明月公主的英姿。

阅读链接

元朝统治者以游牧民族入主中原，其生活起居、器用服饰不可避免地会带有北方少数民族的特色，喜用金银等贵重金属制作器物就是其中之一。

13世纪时，意大利人马可·波罗曾到过元大都，在他的《马可·波罗游记》中详细描述了忽必烈大宴群臣的场面，对满席陈列的金银器具之奢侈华美尤为惊叹，艳羡之情溢于言表。

生动而古朴的明代金银器

明代统治者用金银珠宝制作装饰品和生活用具，数量大得惊人，工艺技巧高超，制作精细入微，集传统花丝、镂雕、錾刻、镶嵌技术之大成。

豪华精美品种繁多，如金丝织成金冠、凤冠，嵌玉金花，仅定陵就有数百个。

万历皇帝金冠

江西省南昌的"益庄王金丝冠""金丝楼阁编花头饰"，是以金丝编成6.7厘米见方，上面又编出树木、楼阁、仙鹿、白鹤等物，奇巧细致至极。

明代的金银器制造工艺高超，造型庄重，装饰华丽，雕镂精细。器物用打胎法制成胎型，主体纹样采用锤成凸纹法，细部采用錾刻法，结合花丝工艺，组成精美图案，有的器物镶嵌珍珠宝石，五光十色。金银上凿刻压印"官作"或"行作"或工匠名及成色。

北京是明朝的都城，尤其是皇帝的陵墓就在北京，因此在"明十三陵"的定陵中，发现了皇帝、皇后所用的贵重的金银器，代表了皇家气派。其中，以金冠、金壶等为代表作。

定陵万历皇帝金冠重826克，由518根直径0.2厘米的金丝编织而成，孔眼匀称，外表光亮，没有任何接头痕迹。冠上镶嵌二龙戏珠，姿态生动，龙身细鳞也是金丝掐成，是花丝镶嵌的经典之作。

■ 明代孝靖太后凤冠

金冠形制由前屋、后山和金折角三部分组成，前屋部分是用极细的金丝编成"灯笼空儿"花纹，空当均匀，疏密一致，无接头，无断丝。

后山部分是采用累丝錾金工艺制成的二龙戏珠图案，龙的造型雄猛威严，具有强烈的艺术装饰效果。翼善冠用极其纤细的金丝编结，采用传统的掐丝、累丝、码丝、焊接等方法，工艺技巧登峰造极，充分反映了明代金钿工艺的高超水平。

明代金器在工艺上保持着较高水准，并有自身特点，如较多地使用宝石镶嵌手段等。该冠是最能代表明代金器发展水平的金器之一，具备造型大方、纹饰繁缛、用金厚重、装饰堆砌的明代金器独特风格。

凤冠是皇后的礼冠，在受册、谒庙或者朝会时戴

明十三陵 中国明朝皇帝的墓葬群，坐落在北京西北郊昌平区境内的燕山山麓的天寿山。这里自1409年5月始作长陵，到明朝最后一帝崇祯葬入思陵止，其间230多年，先后修建了13座皇帝陵墓、7座妃子墓、1座太监墓。共埋葬了13位皇帝、23位皇后、2位太子、30余位妃嫔、1位太监。

■ 明代镏金乌纱翼
善冠

流光溢彩的金属宝器

用。古代皇后的服装是非常讲究的，常有"凤冠霞帔"的说法，实际上，凤冠霞帔是所有后、妃、命妇用于朝见等礼仪场合的礼服统称，细分起来等级差别相当严格。

在《明会典》和《明史·舆服志》中有详细记载，仅一凤冠上的动、植物形象、种类、数量就有明显的区别，质料、颜色、形状更不能相同，否则下级就有犯上的大罪。

在定陵发现的凤冠共4件，三龙二凤冠、九龙九凤冠、十二龙九凤冠和六龙三凤冠各一顶，孝端、孝靖两位皇后各两顶。

冠上饰件均以龙凤为主，龙用金丝堆累工艺焊接，呈镂空状，富有立体感；凤用翠鸟毛粘贴，色彩异常艳丽。

凤冠造型庄重，制作精美，其工艺有花丝、镶嵌、錾雕、点翠、穿系等项。冠上嵌饰龙、凤、珠宝花、翠云、翠叶及博鬓，这些部件都是先单独做成，然后插嵌在冠上的插管内，组合成一顶凤冠。

点翠面积大，4顶凤冠上有翠凤23只，翠云翠叶翠花多达数百片，宝石镶嵌达400余颗，大小珠花及珠宝串饰的制作也不少。

最后的组装更是一项非常复杂的工序，各饰件的放置，几千颗珍珠的穿系，几百颗宝石的镶嵌，诸多饰物于一冠，安排合理。凤口衔珠宝串饰，金龙、翠

《明史》二十四史最后一部，它是一部纪传体断代史，记载了自朱元璋洪武元年至朱由检崇祯十七年200多年的历史。其卷数在二十四史中仅次于《宋史》，但其修纂时间之久，用力之勤却大大超过了以前诸史。

凤、珠光宝气交相辉映，富丽堂皇，非一般工匠所能达到。

凤冠上金龙升腾奔跃在翠云之上，翠凤展翅飞翔在珠宝花叶之中。

定陵万历孝靖皇后的九龙九凤冠，高27厘米，口径23.7厘米，重2300克，九龙九凤冠有珍珠3500余颗，各色宝石150余块，冠的内胎用漆木丝扎制，通体簇上各色珠宝。前部接近顶端有9条金龙，每条龙的口中衔着"珠滴"，可以在走动的时候，像步摇那样随步摇晃。

下面为点翠八凤，另有一凤在最后，当取九鼎之意，象征着九州之最高统治者的夫人。冠后底部左右悬挂着翠扇式翅叶，点翠地，嵌金龙，再加上各色的珠宝花饰，集中显示了明代镶嵌金银细工的发达。

明代镏金将军盔

最引人之处是在金碧辉煌之中突出了天然宝石的美质，各色的宝石都没有磨制成统一的形状，而是在大小基本相同的情况下，以金丝围绕，仍保留着宝石原有的不规则形，使装饰繁多的凤冠免除了各图案单位造型雷同的弱点，从而丰富、自然、富丽堂皇，令人充分感受到人工和天然的完美结合。

明代金锭

六龙三凤冠，通高35.5厘

米，冠底直径约20厘米。龙全系金质，凤系点翠工艺制成。其中，冠顶饰有3龙：正中一龙口衔珠宝滴，面向前；两侧龙向外，作飞腾状，其下有花丝工艺制作的如意云头，龙头则口衔长长的珠宝串饰。

明代八角金杯

三龙之前，中层为3只翠凤。凤形均作展翅飞翔之状，口中所衔珠宝滴稍短。其余3龙则装饰在冠后中层位置，均作飞腾姿态。

冠的下层装饰大小珠花，在珠花的中间镶嵌有红蓝色宝石，周围衬以翠云、翠叶。冠的背后有左右方向的博鬓，左右各为3扇。每扇除各饰一金龙外，也分别饰有翠云、翠叶和珠花，并在周围缀左右相连的珠串。

整个凤冠，共嵌宝石128块，其中红宝石71块、蓝宝石57块，装饰珍珠5449颗，冠总重2905克。由于龙凤珠花及博鬓均左右对称而设，而龙凤又姿态生动，珠宝金翠，色泽艳丽，光彩照人，使得凤冠给人端庄而不板滞，绚丽而又和谐的艺术感受，皇后母仪天下的高贵身份因此得到了最佳的体现，为定陵中凤冠之首。

三龙二凤冠为孝端皇太后凤冠，高26.5厘米，口径23厘米，凤冠共用红、蓝宝石100余块，大小珍珠5000余颗，色泽鲜艳，富丽堂皇，堪称珍宝之冠。

定陵博物馆收藏的明代金碗

十二龙九凤冠，冠上饰12龙凤，正面顶部饰1龙，中层7龙，下部5凤；背面上部1龙，下部3龙；两侧上下各1凤。

龙或昂首升腾，或四足直立，或行走，或奔驰，姿态各异。龙下部是展翅飞翔的翠凤。龙凤均口衔珠宝串饰，龙凤下部饰珠花，每朵中心嵌宝石1块或6、7、9块不等，每块宝石周围绕珠串一圈或两圈。

另外，在龙凤之间饰翠云90片，翠叶74片。冠口金口圈之上饰珠宝带饰一周，边缘镶以金条，中间嵌宝石12块。每块宝石周围饰珍珠6颗，宝石之间又以珠花相间隔。博鬓6扇，每扇饰金龙一条，珠宝花两个，珠花3个，边垂珠串饰。

全冠共有宝石121块，珍珠3588颗。凤眼共嵌小红宝石18块。

定陵金壶，通高21.8厘米，足径5.9厘米，托盘直径8.3厘米。此件金壶属皇帝所有，规格极高。此金壶直口，短颈，腹部呈方形突出，其下为圆柱形，平底，腹部安有曲状壶嘴和把手，上有金链与盖钮相连，盖钮为宝珠形，玉质。

金壶盖部及颈部均錾刻不同形式的云纹，肩部镶嵌各色宝石，腹部镶嵌白玉团龙，四角配以海浪、卷云纹样，圆柱部分锤揲二龙戏珠；托盘圆唇，直壁，平

二龙戏珠 龙分雌雄，这是二龙戏珠的图案比较多的原因。如果珠作卵解，就是父母双方共同呵护、爱抚他们的子女；如果珠作太阳解，就是雌雄二龙共迎旭日东升，让灿烂的阳光普照大地。再者，二龙对称，龙体弯长，珠形滚圆，在构图上也具有一种美感。

■ 明代金盖

明代錾花金盘

底，外壁錾刻折枝牡丹纹一周。金壶满饰纹样，繁缛精致，更镶嵌以玉石珠宝，装饰效果华丽富贵，体现出皇家用器的非凡气派。

北京除了皇帝陵，还有万贵墓、万通墓和董四墓中也都有重要发现。万贵《明史》有传，生于1392年，卒于1475年，为宪宗万贵妃之父。万通则为万贵之子。董四是一名姓董行四的太监。

如在北京市右安门外万贵墓中发现的錾花人物楼阁图八方盘，高0.9厘米，径16.2厘米，边长6.6厘米，盘八方形，先以范铸成型，而后錾刻花纹图案。盘沿为一二方连续几何图案，盘心主题纹饰为一组人物故事图。

图案内容极为丰富，描绘了人物、楼阁、树木、水波、桥梁、马匹、山石等，以人物、楼阁为主体，共刻画人物21位，或骑马，或携琴，或交谈，或对饮。

人物錾刻随意、洒脱、自如，似信笔而为，却又极富神采，笔笔到位。重檐楼阁用笔却极严谨，似界画，一丝不苟，整体画面动中有静，静中寓动，是中国传统绘画以錾刻手法在金器中的再现。

万贵墓海水江崖瑞兽纹金盏托，高1.2厘米，径18.2厘米，盘圆形，唇边以范铸与錾花手法制成，

明代桃形金杯

流光溢彩的金属宝器

盘沿为二方连续回纹一周，盘心为一双钩篆书"寿"字。

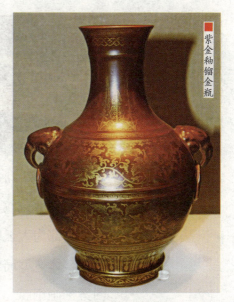

盘心与盘沿间为半浮雕式海水江崖瑞兽纹，水中有若隐若现的马、龙、狮、象、鱼等瑞兽。该盘在制作上突出整体的效果，不拘泥于细部的刻画，呈现出浑厚、古朴的风格。

在万贵墓中还发现有錾花金什件，通长52厘米，什件由荷叶形牌饰与下缀7物组成，牌饰上部为相对的两只鸳鸯立于荷叶上，荷叶下有7环，连缀7条金链，每链下各缀一物，分别是剪、袋、剑、罐、盒、瓶、觽。每件小缀物都极精巧，尤其是罐、瓶、袋、盒通体錾刻精美纹饰，极富装饰性。

万贵墓嵌宝石桃形金杯，高4.4厘米，长6.8厘米，宽5.2厘米，杯体为剖开的半个桃子形，杯柄为桃枝与桃叶，杯中与柄部镶嵌红、蓝宝石。此杯集范铸、焊接、镶嵌等工艺于一体，制作考究，造型构思巧妙，以现实的桃为原型，并加以提炼与升华，红宝石的鲜红、蓝宝石的深蓝与黄金本身的金黄三者合于一体，使本来因缺少纹样装饰而显得单调的器物增添了富丽的效果。

万通墓中最珍贵的是嵌宝石龙纹带盖金执壶，高19.4厘米，口径4.4厘米，底径5.3厘米，撇口，束颈，鼓腹，圈足，流、柄附于壶身两侧，盖以链与柄相系。

壶盖、壶颈及近底部錾刻蕉叶纹、卷草纹、如意云头纹、莲瓣纹；腹部两侧火焰形开光内刻四爪翼龙两条。盖顶、流、柄上镶嵌红蓝宝石共27颗。

在北京市海淀区董四墓中发现了明宣德云凤纹金瓶，高13厘米，

■ 明代龙首金带钩

口径4.7厘米，底径8.9厘米，侈口，长颈，鼓腹，平底，通体錾刻纹饰，口沿部为卷草纹，颈部为小云凤纹，腹部为大云凤纹。

整体造型简洁，线条收放自如，纹饰布局丰满，图案刻画细腻。外底有"随驾银作局宣德玖年玖月内造捌成伍色金拾伍两重外焊伍厘"款。

除北京之外，南京也是大明王朝的发祥之地，在南京所在的江苏地区，也有非常贵重而精美的明代金银发现。

在苏州五峰山博士坞的明代弘治年间进士张安晚家族墓中，发现了一件金蝉玉叶，位于墓主人的头部，同时还有银笄两件、金银嵌宝玉插花4件，证明这件物品是贵族女子头上的发簪。

一只形神毕肖、金光闪耀的蝉，栖憩在玉叶上。它侧身翘足，双翼略张，嘴巴微开，好似在奏鸣，透明的玉叶托着它。

金蝉蝉翼左右各二：外翼长1.7厘米，宽约0.8厘米，厚仅0.2毫米，表现了蝉翼轻而薄的特点，蝉足简化为3对，一对前足翘起，一对后足微微抬起。整个蝉体形象逼真，栩栩如生。

玉叶则长5.2厘米，宽约3.2厘米，系用新疆和田

羊脂白玉 是和田玉中的宝石级材料，是白玉中质纯色白的极品，具备最佳光泽和质地，主要表现为：温润坚密、莹透纯净、洁白无瑕、如同凝脂，故名。它的颜色洁白，质地细腻，结构致密，坚而不脆。中国民间认为佩戴玉器既起到装饰作用又能达到健身效果，还有"如意、长寿、平安、吉祥"之寓意。

所产羊脂白玉精工琢磨而成，晶莹润泽、温柔细腻。叶片打磨细薄呈凹弧状，仅厚约0.2厘米，分为8瓣。

有主脉一根，两边各有支脉4根，叶片正面的叶脉琢成弧曲的凹槽，背面的叶脉相应搓成凸棱，使叶片极具真实感，整片叶子的边缘磋磨得圆润光滑。

金蝉玉叶的制作技术十分复杂。金蝉采用了压模铸范、薄叶延展、錾刻、焊接等工艺。玉叶汲取传统的阳线、阴线、平凸等多种琢玉工艺，抛光细腻，薄胎圆润，琢工精致，达到炉火纯青的艺术境界。整个画面构思奇巧，动静结合，妙趣横生，具有极高的鉴赏价值。

牛首山弘觉寺塔的塔底层中央有一圆洞，洞内发现了一座明代镏金佛塔，塔高35厘米，塔置须弥宝座上，座高16厘米。座正面刻有二力士像，右刻双狮戏球，左刻双鹿斗角，后刻云龙。

塔座下枋刻有题记："金陵牛首山弘觉禅寺永充供养"，背面则是"佛弟子御用监太监李福善奉施"。

镏金佛塔有4个壶门，内有释迦、韦驮佛像，上施有相轮、十三天、宝盖、宝珠等。

塔内须弥座上布置有一组佛像，须弥座内藏有珍珠、宝石、水晶、玛瑙、玉石、骨灰等物。

整个镏金塔安放在一个红色砂岩

■ 明代镏金佛塔

蝉 只饮露水和树汁，加上其出淤泥而不染，象征着圣洁、纯真和清高。蝉的鸣叫声余音绕梁，所以蝉又有着一鸣惊人之意。蝉是周而复始，延绵不断的生物，寓意子孙万代、生生不息。蝉谐音于"缠"，在腰间佩戴翡翠蝉寓意腰缠万贯。在中国古代，蝉还代表第一，象征位居榜首、永夺第一。

■ 明代嵌宝石金簪

雕成的须弥山形基座上，正面凹下部位放银棺金棺，内有一躯铜铸镀金释迦涅槃像，方形石座的四角各放一个青瓷罐，其中一个青瓷罐内放有一颗老年人牙齿以及骨灰等物。实际上是由镏金塔和砂石岩塔基及4个瓷罐合成一个"金刚宝座塔"。

朱棣的孙子，朱元璋的重孙明梁庄王朱瞻自，是仁宗昭皇帝朱高炽十子中的第九子，1424年被册封为梁王，1441年"以疾薨"，享年30岁，"葬封内瑜坪山之原"。

梁庄王墓中最珍贵的金银器，莫过于一件金累丝镶玉嵌宝牡丹鸾鸟纹分心。挑心之下、髻前后口沿各簪一支者，名作分心。若再细分，则前者名前分心，后者名后分心。

分心的造型通常为十几厘米长的一道弯弧，正面上缘一溜尖拱，中心高，两边依次低下来，适如菩萨冠或仙冠的当心部分。背面或从垂直方向接一柄扁平的簪脚，或做出几个扁管用以贯穿两端系带子的银条。

就装饰题材而言，以王母、观音等仙佛作为主题纹样，其流行大约始于明中期，此前则以牡丹凤凰等花鸟题材为多。

梁庄王墓的分心只有一件，从同出其他首饰的组合情况来看，以将它认作前分心为宜。它用金累丝做成卷草纹的底衬，正面做出嵌玉的边框和抱爪。边框周围是金累丝的花叶和18个石碗，内嵌红、蓝宝石和绿松石。

边框里嵌一枚玲珑玉——白玉碾作一幅牡丹鸾鸟图，一枝牡丹花开中间，鸾鸟一双回环左右，一只俯身昂首，一只转颈顾盼。长尾与花枝交相缠绕把空间填满。

分心之背以一根窄金条横贯为撑，中央垂直焊接一柄簪脚。与分心合作一副的还有题材与制作工艺均相一致的一对掩鬓，造型为左右对称的云朵，中心边框内各嵌玲珑玉，不过是把分心的牡丹鸾鸟图一分为二做成适形图案。

阅读链接

金或镏金与珠宝和玉的结合，其流行始于明，并且在明代走向成熟。

金与玉的镂空作，明人喜欢称它为"玲珑"。以金累丝的玲珑衬托白玉、青玉的玲珑，金色变得内敛，玉色变得明润。红、蓝宝石营造出沉甸甸的华贵，使它依然有着时尚中的富丽和美艳。

细腻而华丽的清代金银器

　　明清两代金银器越来越趋于华丽、浓艳，宫廷气息越来越浓厚，象征着不可企及的高贵与权势。

　　然而，明清两代的金银器，其发展轨迹明晰可见，但其分野之界亦是如此鲜明。大体上说，明代金银器仍未脱尽生动古朴，而清代金银器却极为工整华丽。在工艺技巧上，清代金银器那种细腻精工，也是明代所不可企及的。

　　北京是明清两代皇帝居住的地方，也是一座举世闻名的古代艺术殿堂和宝库，其中有一件乾隆时期的稀世珍宝，名为"金嵌珍珠天球仪"。

　　天球仪，又名浑天仪、天体仪，是古代用于观测天体运行的仪器。中国古人很早就会制造这种仪器，用它可以直观、形

清天球仪

象地了解日、月、星辰的相互位置以及运动规律。

这件金嵌珍珠天球仪是乾隆皇帝命令清宫造办处用纯金打造而成的，通高82厘米，工艺精湛，极具奢华。天球仪的球径约30厘米，由金叶锤打的两个半圆合为一体，接缝处为赤道，球的两端中心为南北极。

北极有时辰盘，距赤道23°左右。赤道与黄道相交，相交点为春分、秋分。球外正立的圈为子午圈，球体上饰列星辰，位置分布得十分科学。

据乾隆年间的《仪象考成》记载，天球仪有三垣、二十八宿，300个星座，3242颗星。采用赤金点翠法，以大小不同的珍珠为星，镶嵌于球面之上并刻有星座的名称。比例恰当，位置准确，反映出清代高超的天文科技水平。

天球仪的支架呈高脚酒杯状，用9条不同姿态的行龙支撑球体，上为4条头上尾下的腾龙擎住球体，下为头下尾上的倒海翻江的降龙，形成支架稳固球体，中间一龙连接上下部分，呈游龙抱柱状。

9条行龙采用锤揲法，形成中空的圆雕，龙的表面则以抽丝法形成龙鳞、龙髯、龙睛的纹饰。行龙吞云吐雾，形态生动，细部錾雕精细，栩栩如生。

球仪的基座为圆形珐琅盘底座，通体以细丝盘出缠枝花纹，嵌以烧蓝和淡蓝的珐琅釉，以丰富多彩的

■ 金嵌珍珠天球仪

浑天仪 中国历史悠久，有人认为西汉落下闳、鲜于妄人、耿寿昌都造过圆仪，东汉贾逵、傅安等在圆仪上加黄道环，改称"黄道铜仪"。而最早的是东晋史官丞南阳孔挺在323年所造的两重环铜浑仪，这架仪器由六合仪和四游仪组成。633年，李淳风增加了三辰仪，把两重环改为三重仪，成为完备的浑仪，称为"浑天黄道仪"。

清代金簪子

色调改变了纯金的单调。景泰蓝座足又以4个龙首为形，采用高浮雕法，极富装饰性。底座盘上是奔腾的海水波浪，托盘中心则是指南针。

支架的9龙与底盘4龙浑然一体，顾盼有神，与底座内奔涌的海水形成群龙共舞、翻江倒海的宏伟气势，科学的严谨和工艺的浪漫和谐集于一体，珠联璧合，是一件绝无仅有的艺术珍品。

乾隆朝是清代鼎盛时期，同时期欧洲的科学技术也进入大发展阶段。乾隆也对这种新奇的西方学科产生了浓厚兴趣，而且他更热衷的是繁复华贵的钟表与灵活奇巧的机械玩具。乾隆皇帝还将科技仪器礼制化，著录在册。

这件天球仪的最大特点，一是上面的星象应该说引进了西方的星等，可以看到上面的珍珠有大有小，上面最大的珍珠象征着天上最亮的一等星，然后依次往下降，最小的是天上的六等星。从这个仪器可以看出中西方文化相互交流的特点。

二是该器外面看是一个天球仪，但是天球仪的球壳里面实际是钟

流光溢彩的金属宝器

清代金凤钗

清代金镶玉龙戏珠纹项圈

表的机心，在天球仪顶端南部有3个孔，放进钥匙之后经过旋拧，天球仪就可以慢慢地旋转。

这样就不仅可以看到天球仪是一个天文仪器，还能够形象地看到它不断旋转，演示出天球仪星象活动的景观。这也是乾隆时期做天球仪的一个新的发展。

在明代金银器的纹饰中，龙凤形象或图案占有极为重要的位置。这一变化到了清代，更加推向极致。

如清代金镶玉龙戏珠纹项圈，高2厘米，直径18厘米，全器以金为皮，以玉为骨，以金裹玉，形成黄白相间的效果。

玉骨8条，或以金嵌宝相隔，或以龙首相隔。主体纹饰龙的刻画最为生动，戏珠龙张口拱珠，双目圆睁，角、发向后；边饰层次多，构图多样、繁复。全器运用了范铸、錾花、累丝、掐丝、炸珠、焊接、镶嵌等诸多工艺，复杂而细腻。

清代金银器保留下来的极多，其大部分为传世品。器型和纹饰也变化很大，已全无古朴之意，同时反映了宫廷金银艺术品所特有的一味追求富丽华贵的倾向。

非常有代表性的再如乾隆皇帝御制国宝"金瓯永固杯"，它也是世界

清金指套

乾隆御制国宝金瓯永固杯

上金银器代表作之一，是中国极为罕见的吉祥宝物，富有巨大的历史文化研究价值，极为珍贵。

"金瓯永固杯"寓意大清的疆土、政权永固。"金瓯永固杯"是清代皇帝每年元旦举行开笔仪式时专用的酒杯。

每当元旦凌晨子时，清帝在养心殿明窗，把"金瓯永固杯"放在紫檀长案上，把屠苏酒注入杯内，亲燃蜡烛，提起毛笔，书写祈求江山社稷平安永固的吉语，所以"金瓯永固杯"被清代皇帝视为珍贵的祖传器物。

制作金瓯永固杯，是大清历史上最为重要的一次造宝计划。其制作时间之长，工序之繁，艺技之精，动用人工之广，帝王重视程度之高，在中国造宝历史上，都是空前绝后的。

乾隆四年，也就是1739年，大清内务府造办处建立，乾隆皇帝亲自挂帅，在全国3000名能工巧匠中精选80名，开始一次有史以来最隆重的大吉宝物制作工程。

九品 中国古代官吏等级，把官员分成九等，即上上、上中、上下、中上、中中、中下、下上、下中、下下。北魏时，每品各分正、从，从第四品起，正、从又分上、下阶，共30等。唐、宋时文职同北魏，从武职三品起分上、下阶。隋、元、明、清时文武均同，留正、从品，无上、下阶，共18等。

流光溢彩的金属宝器

■ 清代累丝龙纹金饰

直到乾隆五十五年，即1790年，金瓯永固杯制作成功，所有参与"造宝计划"的人封官晋爵，监制者官封六品，工人官封九品，实属罕见。

金瓯永固杯，从制作工艺、造型设计，乾隆皇帝都亲自过问，数次修改。

据清《内务府活计档》记载，乾隆皇帝前前后后下圣旨10道，比如："金杯足子做象鼻子足子，镶珠宝，金杯刻'金瓯永固乾隆年制'之款，钦此"，"耳子夔龙上各安大珠子一颗，两面每面安珠子五颗，中间一颗安大些，花头要圆的，再样呈览，准时再做，钦此"。

■ 清金嵌宝石烛台

一个造宝工程，帝王连下10道圣旨，所有人封官晋爵，这在世界造宝历史上，都是绝无仅有的。

据说当年最后一颗珍珠镶嵌完毕，出现日月同天、金木水火土五星连珠的天文现象，这种天象历来被认为大吉大利。由此，"金瓯永固杯"

一直是清代帝王镇朝传家之宝。

"金瓯永固杯"高12.5厘米，口径8厘米，足高5厘米，杯胎用八成金制成，杯的口边刻着回纹，杯前正中镌有篆书"金瓯永固"，后面镌有"乾隆年制"共8个字。

整个杯造型别致，通体錾刻着缠枝花卉，玲珑剔透，上面镶嵌着36颗大小珍珠、红宝石、蓝宝石和粉色碧玺。杯的两边是双立夔耳，夔龙头上各嵌一颗珍珠，底部是三象首为足，外形呈鼎式。

就在"金瓯永固杯"造成的清乾隆五十五年，也就是1790年，为了给弘历皇帝80岁寿辰祝寿，各省总督聚敛黄金，由宫廷匠人精心设计铸造了16只黄金编钟，算是"万寿节"的贡品，用以炫耀盛世豪富。

乾隆所铸的这套金编钟，共用了11439两黄金，打破了中国历代用铜铸造编钟的传统，而这其中最重的是"无射大金钟"，最轻的是"倍应钟"，铭文"康熙五十五年制"。将钟由低向高排列后，击之

流光溢彩的金属宝器

清代金编钟

可以演奏出美妙的音乐。

平时，这一组金钟置于太庙中，遇有朝会、宴享、祭祀大典，才拿出来配合玉磬奏乐。古代编钟、编磬用体量大小区分音律，金编钟则造型划一，用厚薄不同来分出音阶，每枚钟面铸有阳文楷书律名。钟的图饰同一，都以凸起的纹划分三段：

上段是云朵；中段较宽，铸有神态飞动的行龙，龙头一律向左；下段是对角形云纹，平均分布着8个平头乳钉，是打击点。

金编钟造型雍容华贵，显示出宫廷乐器兼礼器的非凡气派。能用黄金铸造并能打击出不同音色，因而成为精美的乐器，为世间罕有。

冠顶，又称顶子，是清代礼帽的顶饰，用以标志官员等级；分为朝冠用和吉服冠用两种。朝冠顶子共有三层：上为尖形宝石，中为球形宝珠，下为金属底座。吉服冠比较简单，分为球形宝珠和金属底座两部分。底座有用金的，也有用铜的，上面常常錾刻花纹。

如在北京石景山发现的莲瓣纹金冠顶，高9厘米，底径3.9厘米，通体以金制成，上部镶嵌宝石，中间为球形，下部为莲瓣纹底座，为朝服冠顶。

此件冠顶以范铸为主要的工艺，辅以錾刻、焊接等手法，通体共10层纹饰，以圆珠纹为间隔；纹饰凸起，呈半浮雕效果，主体纹

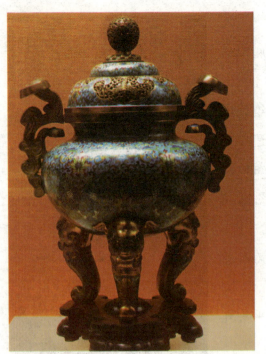

■ 清铜胎掐丝珐琅
灵芝双耳熏香炉

流光溢彩的金属宝器

珐琅 又称"佛郎""法蓝"，实称"景泰蓝"，南方俗称"烧青"，北方俗称"烧蓝"，是一外来语的音译词。珐琅一词源于隋唐时古西域地名拂菻。当时东罗马帝国和西亚地中海沿岸诸地，制造的搪瓷嵌釉工艺品称拂菻嵌或佛郎嵌、佛朗机，简化为拂菻。出现景泰蓝后转音为发蓝，后又为珐琅。

饰简括粗放，辅助纹饰精巧细腻，整体绚丽美艳，雍容华贵。

清代金银器的造型随着器物功能的多样化而更加绚丽多彩，纹饰则以繁密瑰丽为特征。或格调高雅，或富丽堂皇，再加上加工精致的各色宝石的点缀搭配，整个器物更是色彩缤纷，金碧辉煌。

清代金银器的加工特点，可以用精、细二字概括。清代的复合工艺亦很发达。金银器与珐琅、珠玉、宝石等结合，相映生辉，更增添了器物的高贵与华美。

此外，清代还出现了在金银器上点烧透明珐琅，或以金掐丝填烧珐琅，以及金胎画珐琅等新工艺。

这类作品在清宫和广东地区非常流行，造型华美，色调或浓郁，或雅丽，更增添了宫廷器物的富贵气息。

从风格上看，清代金银器既有传统风格的继承，也受其他艺术、宗教及外来文化的影响。正是在这种继承吸收古今中外多重文化营养因素的基础上，清代金银器工艺获得了空前的发展，从而展现出前所未有的洋洋大观和多姿多彩。

清代传世品中，亦保留了不少各少数民族的金银器。这些金银器反映了当时各少数民族的传统风俗与爱好，具有明显的地方色彩和浓郁的民族风格。

如北京门头沟区西峰寺清墓发现的藏文荷花金圆牌，直径7.7厘米，厚0.7厘米，圆形，边缘宽厚，中心錾刻图案，呈半浮雕效果。

圆牌一面为荷叶与荷花，荷叶满铺，盛开的荷花或正面，或侧面，间以茎秆穿插其间；构图饱满，疏密有致。运用范铸、錾刻等手法，图案造型准确生动，纹路刻画细腻顺畅，既具写实性又富装饰性。

圆牌的另一面正中为图案是汉字"寿"字，围绕"寿"字从左侧顺读为藏文六字真言"唵、嘛、呢、叭、咪、吽"，整件器物纹样寓意吉祥与美好。

1697年，清宫正式设立中正殿念经处，专管宫中藏传佛教事务，办造佛像。乾隆时期，由于乾隆对藏传佛教的浓厚兴趣，在皇室内外广建寺院、佛室，大造佛像。

当时清宫佛像制作先由中正殿画佛喇嘛按皇帝旨意画纸样，制蜡样，经皇帝审看同意后，交造办处工匠铸造，乾隆皇帝监督造像的全部过程。

从选材制蜡样直至完成画佛像，工匠需多次呈览，奉旨而行。

并且，乾隆时期，大量的藏佛精品由西藏进贡宫廷，宫廷造像也回返西藏，内地与西藏造像艺术密切交流，相互影响。

乾隆年间凭借朝廷的雄厚财力，由于

錾刻 是在设计好器型和图案后，按照一定的工艺流程，以特制的工具和特定的技法，在金属板上加工出千变万化的浮雕状图案。利用金、银、铜等金属材料的延展性兴起来的錾刻工艺，是中国传统手工艺百花园中的一枝奇葩。从出土的商周青铜器、金银器上的一些錾刻文、镶嵌和金银错等文物标本可知，这种技术至今已有数千年的发展历史。

■ 清朝镏金佛塔

深通造像技艺的大喇嘛指导和各族工匠的精工细作，使清代宫廷造像工艺水平达到18世纪藏佛艺术的最高峰。

很有代表性的一尊藏传佛教菩萨像，由纯度很高的黄金制成，通高88厘米，且佛身与莲座皆装饰华丽，嵌珍珠宝石，雍容华贵，尽显皇家气派，应是清王朝全盛时期由宫廷的能工巧匠制作而成。

这尊金菩萨盘发束髻，戴五叶冠，冠后僧带向两侧下垂，两眉之间有白毫，白毫就是眉间的痣，是智慧的标志。

■ 清代四臂观音像

菩萨赤足站立在双层莲花座上，每瓣莲上嵌水晶一颗，莲座中间镶嵌珍珠一周。

菩萨肩披一条银质仁兽，据说这种形似小山羊的动物天性非常善良，常舍己救人，人们捕捉它时，不用带什么围猎工具，只要两个人拿着刀枪到树林中，看到仁兽就在它附近假装格斗，这仁慈的小家伙以为两人真的要打起来了，就会跑上前去劝架，站在两人中间怎么也赶不走，人们趁机将它捕获。

这件藏传佛教佛像是清朝国力鼎盛时期的产物，它表明了藏传佛教对宫廷的影响。

清朝贵族崇尚藏传佛教，宫中多供养密宗法器，比如坛城。坛城即梵语中所称的曼荼罗，佛教密宗认为这是圣贤集会修行的地方。

密宗 又称为藏言宗、金刚顶宗、毗卢遮那宗、秘密乘和金刚乘。综合各国的传承，统称为"密教"。其是8世纪时印度的密教，由善无畏、金刚智、不空等祖师传入中国，从此修习传授形成密宗。此宗以密法奥秘，不经灌顶，不经传授不得任意传习及显示别人，因此称为密宗。

流光溢彩的金属宝器

《国朝宫史》载，乾隆二十六年，也就是1761年，皇太后七十大寿，于年例恭进外，每日恭进寿礼九九，第三日恭进寿礼中有一九供器，为8件银镀金八宝及一件"毗耶净域银镀金坛城一座"组成。

由此可见，在清宫，坛城可作为祝寿的恭进礼品，清宫遗留坛城颇多，金坛城却极少，如这件金坛城，城高20厘米，座高14.5厘米，直径17厘米。其制作之精工，无以复加，不仅体现了一流的工艺水平，而且具有相当高的宗教价值，实为珍贵。

金坛城为圆形，正中台基上为正方形经殿，四面有门，殿内坐大威德及众贤，殿顶为多层塔状，塔周伞幢林立。城基外侧雕錾缠枝莲花，上下饰有金珠焊缀而成的联珠纹，坛顶边缘外圈饰垒丝制成的八大尸林，中圈为火焰，内圈则排列护法杵。

金质坛城存世数量极少，此件则由清宫造办处仿照藏传佛教坛城制造。金坛城采取逐步升高缩小的封闭式结构，营造出一种仙山楼阁，是可望而不可即的神话境界。城基为比例硕大的圆柱体，顶上围绕的八大尸林却极为纤小，使城基周围绿松石镶嵌的密宗法器更觉巨大神秘，暗示着法力无边。

坛城中央又有方形台座，顺四面梯形台阶而上，可至方形宫室门前，其屋顶又变为圆形，最

■ 清代财宝天王像

清金錾花扁壶

后再转为更小的方形结构，如此不断的方圆交替，使整座坛城有如腾空而起的仙城，引人无限遐想。

清朝时期的金银器有成批的发现，多为清廷公主下嫁蒙古王公的陪嫁品，类别单一，但做工精湛。装饰品占大宗，多见头饰和手饰，纹饰有龙、凤、鹿、蝴蝶、梅花、菊花等，因器施画。

有件清金錾花扁壶，高20.3厘米，宽14厘米，厚0.5厘米，口径4厘米。八成金。体为扁圆形，圆口，直颈，扁圆腹，扁方足。

颈以回纹为地，上饰3周弦纹，两侧饰夔龙耳。腹部两面纹饰对称，均以宝相花和夔龙为主体纹饰。壶身侧面及足部亦以回纹为饰。工艺技法以錾刻为主，金壶上錾刻图案使其突显豪华富丽。

阅读链接

清代的金银器丰富多彩，技艺精湛。其制作工艺包括了范铸、锤揲、炸珠、焊接、镌镂、掐丝、镶嵌、点翠等，并综合了起凸、隐起、阴线、阳线、镂空等各种手法。

同时，在清代，民间许多金银饰品在专营店已能买到，金银制品不再为上层社会和官府所垄断，说明金银器的大众化程度很高。

应该说，清代金银工艺的繁荣，不仅继承了中国传统工艺技法而又有所发展，并且为后来金银工艺的发展、创新奠定了雄厚的基础。

流光溢彩的

金属宝器

青铜时代

青铜文化与艺术特色

夏代青铜器

青铜器贯穿了中华民族的整个文明史，形成了独具特色、丰富多彩的青铜文化，在历史上占有重要的地位，是中华民族的瑰宝。

夏代青铜器已经开始走出新石器时代青铜器制造的原始阶段，其大量的礼器和兵器形成了中国青铜器造型的基本格局，神秘的兽面纹开启了中国青铜器纹饰的主体图案，庄严厚重的审美感受更是代表了中国青铜器的整体艺术风格，这些均为商周青铜器艺术鼎盛时期的到来做了必要的铺垫。

夏禹铸九鼎始治华夏

中国使用青铜器的历史相当久远，可以远溯至夏商周之前。青铜器古朴凝重，造型典雅，是我们祖先的智慧结晶。青铜器在铸造工艺方面有自己的特殊传统，造型丰富、品种繁多、面貌各异、精品迭出，有很高的科研价值。

早在6500多年前，陕西临潼姜寨的仰韶文化先民铸造出了第一块铜片。随后，从马家窑文化到龙山文化时代，先民们又遗留下来了陶寺遗址的铜铃，登封王城岗遗址的残铜片、坩埚残片等。

中国发现最早的青铜器是马家窑文化的青铜刀，距今约4800年。

在甘肃、青海距今4000年

夏代铜器

的齐家文化时代，他们则开始冶铸或冷锻出铜刀、凿、锥、钻头、斧、匕、指环以及小饰件和镜子等铜器。被确认最早的3件铜镜属齐家文化，它们的制作较粗糙，但是青铜镜已无疑问。

这些均显示了中国文化由"铜石并用时代"向"青铜时代"的缓慢过渡。

夏代是中国第一个进入阶级社会的奴隶制国家，人类文明已由石器时代步入了青铜时代。

夏朝象征权力的鼎

这时，青铜器工艺在总结新石器时代器物制造经验的基础上取得了长足的进步。偃师二里头遗址和夏县东下冯遗址这一片独特面貌的早期青铜文化区域，同中国历史记载的夏王朝统治的范围大致吻合。

根据在偃师二里头夏代遗址中所发现的夏代铸铜作坊和青铜器物来看，这一时期的青铜二里头文化中的铜牌饰器已经出现了礼器、兵器、生产工具、乐器和装饰器五大类型，而在贵族墓中发现的青铜器主要是礼器和兵器。

可以说，夏代贵族墓中出现的礼器和兵器，奠定了中国青铜器以礼器和兵器为主的构架模式。传说夏禹铸九鼎，从此，中国历史上才有了"定鼎""问鼎

仰韶文化 中国黄河中游地区重要的新石器时代文化。据传说，神农氏时代结束以后，黄帝、尧、舜相继即位，一些关于他们的传说在仰韶文化遗址中大致有迹象可寻，因之推想仰韶文化当是黄帝族的文化。

天下"和"一言九鼎"等说法。

大禹建立夏朝后，在以前先王子孙诸侯国林立的基础上，又分封了很多诸侯国，时间长了，有些诸侯不免离心离德。为了检阅天下究竟有多少诸侯国，维护夏朝和诸侯国的统属关系，大禹决定召开一次诸侯大会。因这时适值各方诸侯来朝，夏禹趁机举行郊祀之礼，众诸侯都留在阳城暂住。

祭毕，诸侯纷纷散开，然后又聚拢到一起。大家对于大禹深有不满。

一个诸侯说道："真是好笑，他向上天推荐皋陶，可是皋陶已经老病垂危，朝不保夕，哪个不知道？他要禅位于他，岂不是虚领人情吗？"

另一个诸侯接着说道："我听说，夏禹的儿子启纠合了无数心腹之臣，想承袭王位。大禹哪里肯传贤人呢？"

后来不太满意的诸侯就都纷纷归去。

大禹郊祭之后，看见诸侯不服而去的有33国之多，心中不免纳闷儿。计算起来，不服之国以东南两方为多。于是大禹决定在阳城东南的涂山尽早召开诸侯大会，以检讨自己的过失。

流光溢彩的金属宝器

稽首 出家人所行的常礼，一般在见面时用。行礼时，双手上不过眉，下不过膝。端身正立，两目垂帘，平心静气。行礼时手与鼻相平，不可高于鼻。掌心向内，掌背向外画弧，滑落于胸口上，右手画弧线向下右环绕，同时躬身。

到了正式大会的日子，大禹穿了法服，手执玄圭，站在台上，四方诸侯按照他们国土的方向两面分列，齐向大禹稽首为礼，大禹在台上也稽首答礼。

礼毕，夏禹大声向诸侯说道："我德薄能鲜，不足以服众，召集大家开这个大会，为的是希望大家明白恳切的责备、规诫、劝喻，使我知过，使我改过。我胼手胝足，平治水土，虽略有微劳，但生平所最兢兢自戒的是个'骄'字。

"舜帝也经常以此来告诫我说，'汝惟不矜，天下莫与汝争能；汝惟不伐，天下莫与汝争功'，如果我有骄傲矜伐之处，请大家当面告知，否则就是教我不仁啊！对大家的教诲，我将洗耳恭听。"

大家都明白禹受命于天，原本对大禹有意见的诸侯看到大禹这种态度，也都表示敬重佩服，消除了原先的疑虑。

这次大会，各方诸侯都带来了朝贺的礼物，大国献玉，小邦献帛，史书记载"禹会诸侯于涂山，执玉帛者万国"。

大禹对各诸侯又重加赏赐，并申明贡法，要求必须按照规则缴纳。同时，大禹也表示要竭力保护各诸侯国的权利，使其不受邻国的

夏代管流爵

膜拜 古代的拜礼。行礼时，两手放在额上，长时间下跪叩头。原专指礼拜神佛时的一种敬礼，后泛指表示极端恭敬或畏服的行礼方式。今人多用"顶礼膜拜"形容对某人崇拜得五体投地。

侵犯。

涂山大会之后，诸侯们高高兴兴分道而去。大禹也率领群臣返回都城阳城。走到半路，忽然传来急报，说皋陶去世了，大禹听了，非常伤心，返都之后，就又改荐伯益于天。

这样，从前疑心的诸侯知道误会了大禹，就在坚决拥护大禹的同时，也积极进献各类贡品。

为表示敬意，各方诸侯常来阳城献"金"即青铜，后来，九州所贡之铜年年增多，大禹想起从前黄帝轩辕氏功成铸鼎，为了纪念涂山大会，就准备将各方诸侯进献的青铜，铸造成几个大鼎。

但为免诸侯责备，大禹经过深思熟虑，决定哪一州所贡之金，就拿来铸哪一州的鼎，将哪一州内的山川形势都铸在上面。

■ 夏朝角形假腹盉

并将从前治水时所遇到的各种奇异禽兽、神怪等一并铸在鼎上，使九州之百姓知道哪一种是神，哪一种是奸。

又过了几个月，大禹已在位5年了。夏禹承帝舜之制，也是5年就巡视天下一次。

巡视回来后，气势磅礴的九鼎铸成，即冀州鼎、兖州鼎、青州鼎、徐州鼎、扬州鼎、荆州鼎、豫州鼎、梁州鼎、雍州鼎。鼎上铸着各州的山川名物、珍禽异兽。

　　九鼎象征着九州，其中豫州鼎为中央大鼎，豫州即为中央枢纽。九鼎集中到夏王朝都城阳城，借以显示夏王大禹成了九州之主，天下从此一统。九鼎继而成为"天命"之所在，是王权至高无上、国家统一昌盛的象征。

■夏朝细体爵

　　大禹把九鼎称为镇国之宝，各方诸侯来朝见时，都要向九鼎顶礼膜拜。从此之后，九鼎成为国家最重要的礼器。

　　据史料记载，夏王朝初期就开始了铜器的铸造。"昔有夏后（启）使蜚镰折金于山川，而陶铸之于昆吾"，说明夏代建国之初就在各地开采铜矿，用来铸造兵器和礼器。

　　20世纪60年代以来，在夏王朝的国都遗址，即偃师二里头遗址的发掘中，不仅出土了许多青铜器物，而且还发现了铸造青铜器的作坊，从这些考古发现就可以看出夏代青铜手工业的进步和发展。

　　后来夏朝为商所灭，九鼎就迁于商朝的都城亳邑。商朝为周所灭，九鼎又迁于周朝的镐京。后来成王在洛邑营造新都，又将九鼎安置在洛邑，谓之定鼎。这就是所谓的"鼎在国在，鼎失国亡"。

　　九鼎作为镇国之宝、传国之鼎仅传三代。约2000年后，因周末战火频仍而神秘失踪，至今不知所在，成为千古之谜。

中期青铜工艺日趋成熟

除了禹铸九鼎之外，有关夏朝的史料上还有夏禹之子夏启炼铜的记载，说明夏朝中期，中国青铜器铸造技术已经趋于成熟，中国历史正式走进了青铜器时代。

夏代青铜器铸造手工业作坊遗址和青铜器的大量使用，是当时社会进入青铜器时代的重要标志，也证明夏代是中国青铜文化发展的重要阶段。夏代青铜器的纹饰，除了乳钉纹、圆饼纹和几何纹以外，就是牌饰上的兽面纹，它也是已知青铜器上最早的兽面纹。

夏代青铜制品的器类很少，主要以小件的工具和兵器为主，并且是仿照陶、木、蚌器而制作的。

夏代乳钉纹爵

二里头发现的青铜器不多，都是一些小工具和兵器，如矢镞、戈、戚等，另外还发现了青铜礼器爵。

爵的整个数量虽然还不足10件，但在铸造史上却有着极为重要的意义。从铸造简单的兵器、工具到铸造容器，都是技术上的飞跃。

二里头的青铜礼器，仅限于饮酒器爵。其基本特点是，爵的流部狭而较平，尾短、无柱，或有柱状的雏形，底平。体较扁，下承三足。体型可分为长体束腰式、长体分段式及短体束模式等数种。

■ 夏代青铜素面爵

足有长短两类，长足为三角尖锥形，短足为三角段形，有些短足可能是使用时因损坏或腐蚀所导致。有的鋬做成镂空状。

夏代青铜器一般没有纹饰，但有些爵的杯体正面有一排或两排圆钉状纹饰，一些器物上也出现了简朴的云纹、弦纹和网纹。

除此以外，值得重视的就是镶嵌绿松石的牌饰了，牌上的兽面纹除两眼之外，其他部分都是抽象而不写实的。它也是已知的青铜器上最早的兽面纹。

如在二里头遗址发现的镶嵌圆铜器，此器直径17厘米，厚0.5厘米，器物的边缘镶嵌61块呈长方形的绿松石。再如在二里头一座墓葬中发现的长圆形兽面纹

戈 先秦时期一种主要用于钩、啄的格斗兵器。流行于商至汉代。其受石器时代的石镰、骨镰或陶镰的启发而产生，原为长柄，平头，刃在下边，可横击，又可用于钩杀，后因作战需要和使用方式不同，戈便分为长、中、短3种。

■ 夏朝圆底空锥足斝

洛阳 最早建成于夏朝，有东周、东汉、曹魏、西晋、北魏等朝代在此定都，因此有"十三朝古都"之称，其与西安、南京、北京并列为中国四大古都，也是中国历史上唯一被命名为神都的城市，它是中华文明和中华民族的主要发祥地，被称为"千年帝都""牡丹花城"。

铜牌饰，牌饰凸起的一面以绿松石粘嵌成异常精致的兽面纹图案。

这两件器物是中国所见到的最早的复合物质铜器，其熟练程度已经脱离了该种类技术的最初阶段，从中可以看出夏代的青铜铸造技术有了较大的突破。

除了传说夏禹铸九鼎，史料中更有夏禹之子炼铜的记载，而且在偃师二里头和洛阳东干沟遗址中也有夏代炼渣、炼铜坩埚残片、陶范碎片，这些也证明二里头已经有了冶炼和制作青铜器的作坊。

二里头遗址处于青铜时代初期。一般来讲，铸造实体器远远不如铸造空体器难，铸实体器只需要单扇范即可；而空体器的铸成不但要有外范，还要有内范才可。从发现的铜爵的铸造痕迹来看，当时已能采用多合范法了，充分代表了当时青铜铸造工艺的水平。

二里头的夏代青铜爵是中国发现最早的青铜容器，形体单薄，束腰，平底，细三足，流部和尾部都较长，个别的还在流与口的接合处有两个矮小的柱。铜铃形体不大，一侧还有一个近似半圆形的扉棱。

二里头青铜器的形体都较小、粗糙、单薄，说明青铜器的制作正处于初级阶段。尽管发现的这一时期的青铜制品数量不多，但它代表了新的生产力，在生产、生活及战争中所表现出的优点，远远超过石、木、蚌、骨器，起到了划时代的作用。

中国青铜器时代开始于夏代晚期，多发现于二里头遗址第三期，遗址与墓葬遗物除有陶、玉、石、骨、蚌器外，更重要的是有不少的青铜制品。河南西部地区属夏代晚期遗址，另外还有郑州洛达庙和上街、陕县七里铺、洛阳东干沟、临汝煤山、淅川下王岗等地。山西夏县的东下冯遗址、河南的新郑望京楼和商丘地区也有个别发现。

夏朝二里头青铜器在铸造技术和工艺水平上，较铜石并用时代已有重大突破和发展，这时除小件的实体器工具和兵器仍用简单的单扇范铸成外，铜爵等青铜空体器的制作变得更为复杂。

二里头遗址和墓葬发现的铜器成分，据测定，除少数为纯铜器外，大部分为青铜器。其中的一件爵，含铜92%，含锡7%；另一件爵，含铜91.89%，含锡2.62%，含铅2.34%；一件铜锛的成分为铜占91.66%，锡占7.03%，铅占1.23%。这些均表明当时就已能铸造出含锡量较大的青铜容器和工具了。

从某种意义上说，夏朝已经能冶铸铜、锡、铅元素的合金了。在二里头遗址宫殿基址的附近发现了多处手工业作坊遗址，其中以铸铜作坊遗址规模最大。

在这里发现的铸铜作坊遗址共有3处：一处位于宫殿区南部四区，面积达10000平方米以

夏代青铜尊

上。在这里发现了炉壁残块、铜渣块、范缝扉边铜块、陶范等。

炉壁用黏土制成，已烧成红烧土块里面有极少谷粒或植物叶痕，土质坚硬。内壁黑灰色，有的内壁保留一层或多层的铜痕。

陶范也用黏土制成，经过火的烧烤，胎内有谷粒或草叶痕，使用面敷有一层细泥，十分光平，陶范的背面阴刻有符号。在这里清理了4处较完整的铸铜工作面，其形状皆为长方形，最大长16米，宽6米左右。

陶范由许多层路土叠压堆积而成，每层路土内有若干片红烧土面和成片的铜绿锈。在路土层中，还有一些分布不太规则的柱洞，并夹有少量的铜渣、铜片、炉壁残块。

在这些遗址周围的灰坑中，则有更多的块状铜渣、小件铜器、炉壁残块、陶范碎片和黑色的木炭等。这些多是当年从铸铜遗址中清理出来倒入灰坑内遗存下来的。

陶范数量多，形体大，有的长或宽在10厘米以上。有大刀范，有

夏朝青铜矛

单线条花纹范。从铸器的弧度看，直径为36厘米。有的炉壁可看出炉子的形象。夏代青铜器除极个别小件生产工具是出在洛阳遗址之外，绝大多数都是在偃师二里头遗址内发现的。

在二里头遗址中，小件生产工具基本上都是在遗址的灰坑之中发现的，而较大的兵器和礼器等则都是出于二里头的中小型长方形呈竖穴土坑墓葬之中。

在遗址中采集的部分青铜礼器和兵器，很大可能是出自被破坏的墓葬之中。铜器成组或与其他玉器同时出现的

墓葬主要有下面8座：

遗址有铜铃、铜牌饰各一件。该墓位于宫殿区北面，墓底随葬品丰富，两件铜器放在北中部，大致位于墓主人的胸部。此外在墓室北部同时还出土有柄形玉器、玉管、绿松石管和漆器等。

位于宫殿北约550米遗址墓穴中，有铜爵、铜戈、铜戚、圆泡形铜器和圆形铜器。与铜器同出的还有陶器、玉器、绿松石等。

■ 夏朝青铜爵

墓中的随葬品有两件圆形铜器和玉钺、玉戈、绿松石饰、骨串珠及海贝等。

其余的随葬器则放在棺的上部和二层台上，铜爵与陶盉放在南边，圆泡形铜器、石磬放在北边，铜戈、铜戚放在中部东西两侧；铜戈、铜戚的附近各有一堆散乱的绿松石片。玉柄形态饰放在正中。

墓穴遗址还有铜爵、铜刀各两件。墓底中部有长方形腰坑。随葬有铜器和其他的玉圭、玉钺、陶爵、陶盉、陶盆等。

另一墓穴遗址还有铜爵一件。随葬还有玉石器和陶器等。铜爵与陶盉放置于北中部，柄形玉器在中部西侧，绿松石串珠置于南中部。

六区墓穴有铜斝、铜爵各一件。此处随葬品十分丰富，除两件铜器外，还有陶器、海贝、鹿角等。铜

戚 指按照尺寸从上至下、从大至小依次排列的战斧系列，也是斧钺的别称。引申义是亲属，因为古代氏族组织既是军事组织又是血缘组织，氏族首领也是军事首领，氏族首领的军权用斧钺体现，故兄弟氏族互相称为"戚"。

斝置放东南角，铜爵置西壁靠南，陶器簋、盉、圆腹罐、大口樽器盖等以及漆觚、玉柄形饰、海贝全都放置于北中部。

六区墓穴遗址还有铜爵、铜铃和铜牌饰各一件。随葬品除陶铜器外，还有陶器、玉器和漆器。陶器爵、盉、圆形陶片大部在南头，玉器圭、刀、戚、璧、管状器、柄形饰等。

六区另一墓穴遗址还有铜爵、铜铃、铜牌饰和铜刀各一件。随葬品除铜器外，还有陶器、玉石器等20件。

铜爵出在墓底西侧中部，铜铃、铜刀在墓底中心部位，铜牌饰在东侧中部。玉器刀、戈、柄形饰和石铲、绿松石片等都放在墓底或东西两侧的中部。陶器盉、簋、盆和贝壳、绿松石珠等均放置在北部，圆腹罐放于西南部。

五区墓穴遗址有铜鼎、铜斝和铜觚3件。

在青铜器的铸造技术上，大规模铸铜作坊遗址的发现，既表明二里头遗址的青铜器就是当地的，又说明夏代的青铜铸造业已经颇具规模；铜兵器中消耗量较大的远射程武器铜镞的出现，进一步说明当时青铜器铸造已经能够解决大批铜锡原料的供应。

从铸铜坊遗址坩埚和大熔铜炉的发现，表明当时的铸铜技术已进入冶炼与铸造分工的阶段，夏都铸铜作坊使用的铜应当是从外地冶炼

夏朝青铜戈

流光溢彩的金属宝器

好运送来的。

遗址出土的圆形铜器和长圆形铜牌饰，其上的纹饰均是由绿松石镶嵌而成。这些镶嵌铜器是中国铜嵌玉石器物的代表，既反映了当时熟练的铸造工艺，又反映了当时熟练的金属镶嵌技术。

铜器化学成分的合金比例，铜锡含量的比例和后期相比，显然是铜多锡少，但是它说明了当时已初步掌握了铜工具铸造中铜、锡或铅的配制方法。

因为铜工具与铜容器的用途不同，它不仅需要有硬度，而且需要有抗张力；加锡或铅的合金就增加了硬度，但抗张力却减少了。生产工具的含锡、铅量如果超过25%，就容易破碎，没有使用价值。

夏代十字纹方钺

阅读链接

夏代青铜器铸造手工业作坊遗址的发现和相当数量青铜器的出土，是当时社会进入青铜时代的重要标志，也是中国青铜器发展的重要阶段。

青铜比红铜熔点低，硬度高，可塑性强，可以根据不同需要制造出多种用途不同的器具。青铜器铸造在奴隶社会的经济文化的发展中起到了极大的推动作用，并且为中国夏代以后青铜器发展奠定了雄厚的铸造技术基础。

青铜器从简单走向丰富

通过对夏朝后期青铜器以及铸铜遗址的发现和类别形制的分析，可以发现，夏代青铜器有几个特点。

首先，贵重的青铜器基本上都是出在形制较大、随葬品丰富的奴隶主贵族大墓之中，表明当时贵重的铜器手工业产品皆为奴隶主贵族所有。当时的青铜铸造掌握在奴隶主贵族手中，夏代王都二里头遗址铸铜作坊应当是由王室官吏经营管理的。

其次，夏代青铜器的种类主要是礼器和兵器，表明在奴隶制度下的夏代铸铜手工业生产主要是用来满足奴隶主贵族的需要。

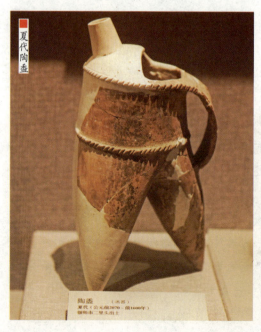

夏代陶盉

陶盉（夹砂）
夏代（公元前2070～前1600年）
偃师市二里头出土

在中国奴隶制国家里，奴隶主认为，"国之大事，在祀与戎"，目的是使奴隶主的利益通过祭祀得到祖先和神灵的保护，又通过战争来扩充土地，掠夺更多的财富，并用武力来镇压奴隶的反抗。

因此，在奴隶主控制下的铸铜手工业必然是用来为他们的利益服务的，主要生产奴隶主贵族作为祭祀用的礼器和打仗用的兵器。

再次，从铜器出土的数量、种类和器型来看，夏代铜礼器的组合十分简单，主要是以铜爵为主，在发现铜礼器的11座墓中，就有9座有铜爵，而且在两座墓中发现铜爵各两件。

■ 夏代陶鼎

在墓中铜爵都是单独出现，只有一例是爵与斝相组合。另外也有单独一件斝或一件盉的，还见有一座为鼎、斝、觚3件相组合的。

最后，夏代青铜器造型一般比较简单，不少小件的生产工具和兵器，如扁体四棱的铜锥、短小扁薄的铜刀、锥形和圆叶形的铜镞、上端无銎的铜凿、铜锛等，均应是仿制石骨蚌器而做成。

同时，夏代铜礼器的器壁极薄，其形制仍处于原始的雏形，如束腰平底爵、圆腹平底空心锥足鼎、束腰平底或圆底空心锥足斝等，均是同类铜器中最早的形式。夏代铜器未见铭文，大多数都为素面，只见有

礼器 中国最早的礼器出现在夏商周时期，主要以青铜制品为主。礼器是陈设在宗庙或者是宫殿中的器物，常在祭祀、朝聘、宴飨以及各种典礼仪式上使用。除此之外，礼器还用来显示使用者的身份和等级。

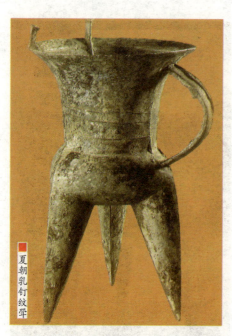

夏朝乳钉纹斝

部分铜器上有简单的纹饰。

偃师二里头遗址的夏代青铜器总计有60多件。按其用途大致可分为礼器或容器、兵器、生产工具、乐器和装饰器五类。

从种类看，已较铜石并用时代有了极大的丰富。其中，青铜礼器包括有鼎、斝、盉、爵4种。

遗址有青铜网格纹鼎一件，圆形，敛口，折沿，鼓腹，平底；环形立耳，3条四棱空心锥足。腹饰带状网纹。器壁较薄，壁内一处有铸残修补痕。口径15厘米，底径90厘米，壁厚0.15厘米。此鼎是中国最早的铜鼎，对于研究青铜鼎的起源有着重要的意义。

再有铜斝3件，均做敞口，束腰，鼓腹，侧附半环形耳，三空心锥足，口沿立两矮柱。根据底部的不同可分为两式：

一式为圆底斝，圆腹，圆底，口沿柱做齿状。口径14.5厘米至14.8厘米，腹径8.9厘米，高27厘米，壁厚0.2厘米；短颈，腹外撇，底部外凸，较细，口沿没小柱。腰部饰细凸线纹4周，并相间圆圈纹3周。

另一式为平底斝，体瘦高，腹外撇，宽平底，半圆形空心锥足，口沿两柱作三角形锥状。

从整体观察，斝的器鼓腹部分似乎归属于三足部分，3个锥形足与器腹相通，这是由于当时铸造技术还没有解决内范悬空的能力，其实是一种缺陷，但也成为育成期铜器特点之一。在口沿部分设置一对柱，柱为三棱形，整体似钉。内口沿有一圈范线，口沿也经过加厚。其鼓腹部位出现圆凸的圆形装饰，这是火纹的滥觞。

流光溢彩的金属宝器

遗址还有铜盉一件，肥头瘦足，头做圆顶平底，顶部有椭圆形口，口下有扁平带镂孔的半环形，对应一侧有管状流，下有3条三棱形空心锥足。此盉是铜盉中的最早形式，时代属夏代晚期。

另有铜爵11件，均做出了长流尖尾，束腰平底，侧有扁平形，下有棱形实足。

器体较矮，流比尾略低，底腰呈椭圆形，三足规格不一，两足三棱形，一足四棱形。流尾长14厘米，高12厘米。

还有一件流尾略上昂，足做较细的三棱锥形，微向内敛，上有镂孔。流尾长14厘米，高15厘米。

还有的流尾细长，略微向上，口沿处两柱作锥形，腹明显外撇，三足作细长的三棱锥状。腰侧扁平扳饰条形镂孔，腹部一面有两道宽凸线，中间排列5个乳钉。

还有两件流细长上昂，腹外鼓。上部有长形镂孔，腹部饰有镂孔4个，其四周隆起如兽眼。

再来看看两件铜角，为带管状流的爵。一件发现于河南洛阳洛宁，凹弧形敞口，两尖尾上翘，体扁圆形，束腰平底，宽扁半环形和管状长流，底下有三棱形锥足。

另一件敞口呈凹弧形

盉　古代盛酒器，是古人调和酒水的器具，用水来调和酒味的浓淡。盉的形状较多，一般是圆口，深腹，有盖，前有流，后有鋬，下有3足或4足，盖和鋬之间由链相连接。青铜盉出现在商代早期，盛行于商晚期和西周，流行到春秋战国。

■夏代青铜爵

两端尖锐，口沿有加厚唇边，器身狭长呈扁形，底部有假腹，腰侧有扁形，腹上有一斜置的管状流，流上有钩形棱脊。假腹下设有3个三棱形锥足，其上有一周圆孔装饰，好似连珠纹。

爵和斝、盉构成了所谓夏代酒器组合，萌生期铜器器壁普遍较薄，这样可以节省贵重的青铜原料。

而有一件管流爵三足残缺，与一般铜爵不同，此器一侧斜置一流，流上有两个曲尺形装饰物，没有一般的狭流，敞口，两端呈翼形，靠近管流一侧略高。口沿略厚，防止使用时破裂。

这件铜爵器錾特大，平底，设置了有一排圆孔的假腹。腹上饰有弦纹和乳钉纹，这时期的乳钉纹很特殊，为实心，区别于后期与此相似的空心连珠纹。管流口部水平线低于器口，这样液体会自主溢出。从痕迹来看，管流前端断缺，可知管流应该更长。

在河南洛宁发现的管流爵，却没有设假腹，足与器体连接处有突出的铜块。在湖北黄陂盘龙城另发现一件兽面纹单柱管流爵，管流设置在流口部，前端也有所残缺，可知管流爵并不用于吮吸饮酒，应用于灌酒或倒酒之功用，这给早期爵的用途研究提供了宝贵资料。

从这些青铜器管流观察来

■ 夏代管流爵

夏代青铜盾

看，可以看到范线，证明采用分范铸造法，已经比较先进。夏朝青铜乐器只发现铃一种，装饰品有铜牌饰和圆形器两种。

铜铃均做成上大下小的筒形，平口，顶附半环钮，侧有竖扉棱。近口部有凸弦纹一周。

铜牌饰均做长圆形，中间做成一面略凸的镂孔，两侧各附两个半环钮，以不同的绿松石片镶嵌排列成精巧的兽面纹。中部束腰，近似鞋底形，兽面纹鼓目，卷云竖眉，圆鼻。

有的做成圆角梯形，兽面弯眉，圆眼，尖鼻，嘴长利齿，身饰鳞纹，形象威武凶猛。

铜圆形器做成圆形，镶嵌绿松石。有的做成圆泡形，周沿较平，中间隆起，沿上附对称的小圆孔，并镶嵌绿松石，隆起部分有草席痕。

有的做成正圆形薄片，一面以长方形绿松石镶嵌形似钟表刻度的图案，中间两圈各12个"十"字形。

这些器物属于夏代晚期，都是用绿松石镶嵌装饰的铜牌饰，打磨非常精细，颜色较为统一，显然经过精心筛选。在粘贴时很可能采用动物胶，比较牢固，几千年来只有很少一部分脱落。

■ 原始青铜冠

透过脱落的部分可以观察到，松石片非常薄，这要下很大功夫才可以做到。绿松石装饰工艺一直沿用整个青铜时代，常见于形制较小或者礼仪用器之上，是异常精美的装饰。

铜牌饰都位于墓主胸口左侧，应是较为珍贵的装饰品。另外，铜铃则位于墓主腰部，个中是否有联系，尚待研究。

夏代的青铜兵器有戈、戚、镞3种。

其中一件铜戈援中有棱脊，锋呈三角形，援面由脊向刃斜抹，近刃处有一道细沟，十分锋利。内较窄，与援直角相接，中部有一圆穿镶嵌绿松石的凸起云纹。

另一件铜戈呈窄条形，援内相连无明显分界，戈身从内向援逐渐变窄，向前聚成尖锋，援中起棱脊，援面从脊开始向两侧斜抹，近刃处有一道细沟。锋刃十分锋利。内较平，前部安柲，中部有一个方穿，穿后有4道凸起的竖线，线后有4个较长的横齿。

铜戚做成长条形，横切面呈长椭圆形，刃部略外

仪仗 古代用于仪卫的兵仗。指帝王、官员出行时护卫所持的旗、伞、扇、兵器等。现指国家举行大典或迎接外国首脑时护卫所持的武器，也指游行队伍前列所举的旗帜、标志等。仪仗在神农时期始为仪仗，秦汉时期始为导护，五代时期始为宫中导从。

侈，形似长条窄身斧，内扁平，上有一方穿孔，内与身之间有向外伸出的齿形阑。

铜钺做成长方形，一端略宽为平刃，另一端中间略微凸起，饰带状的网纹一周，其下有一圆穿孔，宽6.1厘米，刃宽7.6厘米，残长3.5厘米，厚0.5厘米。

二里头的这件大钺援部接近正方形，有别于上下援部曲弧的形式。这样的大钺仅发现数例，大钺作为礼仪用器，仪仗用器，应该用秘穿束立起。

靠近内部之处设有两个长方形孔，用以拴系皮条，来捆绑长秘。如此重量的大钺想必其秘也是很粗大的。

夏遗址发现铜镞10余件，大致可分为：尖锥形镞，横切面呈梯形；圆叶形镞，铤做成三角锥形；双翼镞，圆脊，翼后有倒锋，长圆铤。圆脊，翼无倒刺，铤圆形粗大，身做成三角形，棱脊，两翼内凹，棱形铤。

夏朝青铜生产工具数量多，有锛、凿、刀、锯、钻和鱼钩6种。

在遗址中发现铜锛两件，均做成扁平长方形，一面刃。还有4件铜凿，均做成长条形，一面刃。一件剖面呈梯形；一件通体呈方柱形，顶端有锤击痕。

此外，遗址还有铜刀9件，铜锯一件，扁平长方形，一端较窄，下侧带锯齿；铜钻一件做成锥形，尖部锋锐；铜锥一件，体扁平，向一侧弯曲，四棱向聚成尖锋；铜鱼

夏代青铜钺

钩一件，由细圆锥的尖部弯曲而成，另一端凹下可以系线。

在遗址中发现的绿松石龙形器，在龙的腰部有一单翼铜铃，铃口内有玉质舌，夏代晚期铜铃已发现数例，都有单翼，是这一时期的特点。

经检测，二里头遗址青铜器的含铅量都比较高，这也可以作为断代依据之一。

除二里头以外，在山西省襄汾县陶寺遗址中发现的约公元前2100年至前1900年的陶寺文化中晚期夏朝铜齿轮形器，与玉璧叠摞在陶寺晚期小墓墓主手臂上，墓主胸前处有小玉璇玑。

铜齿轮形器设有实用传动功能的29个齿牙，引发了当时表现朔望月轮回功能的推测；也有人认为其为钏饰。

流光溢彩的金属宝器

阅读链接

据铜齿轮形器的发掘者梁星彭、严志斌介绍，出土铜齿轮形的墓主胸前放置一件小玉牙璧或称璇玑。

过去学术界曾经将牙璧视为天文观测仪器"璇玑"。后经考古学家夏鼐先生研究认为，牙璧不可能是天文观测仪器，越来越多的学者不再将牙璧视为天文仪器。但是陶寺牙璧乃玉璧出牙，有别于玉璧，一定有特定的象征意义。

有学者提出，"死者的胸脯上放了一个璇玑，其意为能通天、入地，璇玑就代替了人的心机。"

还有学者提出，牙璧的功能象征日晕，较大者应是人们遇旱时用以象征太阳神进行祷雨的神玉。

夏鼐先生则认为是"礼仪或宗教上的装饰品"。牙璧虽不可能作为天文观测仪器的机械传动或制动装置，但是应当有天象征意义。于是认为陶寺佩戴铜齿轮形器的墓主生前的职业可能是从事天文历法相关工作的小吏。

商代青铜器

商代是中国青铜器的核心时期，是青铜时代波澜壮阔、光彩夺目的一页。商代早期的青铜器在郑州出土很多，这是因为郑州商城是商代早期的都邑。

从出土的青铜器来看，无论在造型设计、花纹装饰，还是在铸造技术上较前代有明显的进步。此时期的礼器种类增多，器物纹饰主体已是兽面纹，并开始出现了铭文。

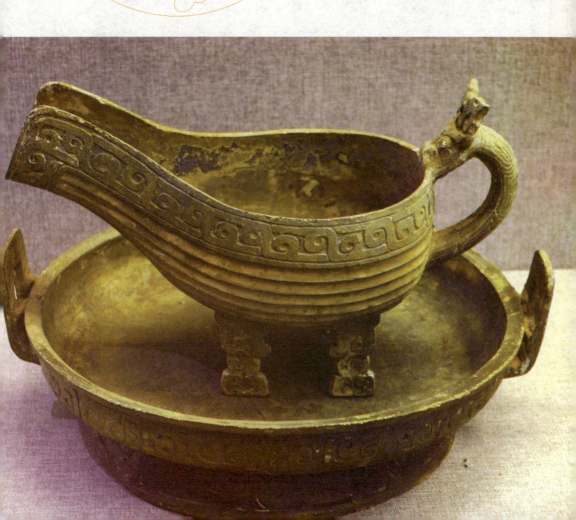

早期青铜器进入全新阶段

商代是夏朝之后的一个王朝，它的建立结束了夏末的纷乱局面，国家的力量进一步加强。

商朝从公元前1600年至公元前1046年，历时500多年，其中，以盘庚迁殷为界而分为早期、中期和晚期三个阶段。

商朝早期指公元前16世纪至前15世纪中叶这一阶段，河南郑州二里岗文化的青铜器是商代早期的代表，二里岗包含上下两层堆积，文化内涵极为丰富。

与二里岗文化类型相同的遗址和墓葬多处，富有典型特征的如河

■商朝戈父丁簋　　　　　　　　■商朝青铜簋

南省辉县琉璃阁墓葬、郑州白家庄墓葬、郑州铭功路墓葬、郑州张寨杜岭墓葬、安阳殷墟第一期、河北省藁城台西商代遗址与墓葬、北京平谷刘家河商墓、湖北省黄陂盘龙城商墓、江西省吴城、山东省大辛庄、河南省偃师等地，也相继发现了同期青铜器。

与夏朝二里头的青铜器相比，商朝早期的青铜器发展到了一个全新的阶段，不论在造型设计、花纹镂刻，或是工艺技术上都有了飞跃性的进步。

■ 商朝妇好爵

此时青铜礼器占主导地位，成为青铜时代最主要的象征。并且通常是成套的，表现了当时礼制的发展和国家机器的加强。商代早期的青铜工艺已经相当成熟，铸造水平较高，但传世品较少。

综合各地商代早期青铜器物来看，一般包括鼎、大鼎、大方鼎、鬲、簋、爵、管流爵、斝、罍、提梁壶、弧形提梁壶、中柱盘、平盘等，涉及饪食器、酒器和水器等门类。较早的器类都比较简单，但是爵、斝、罍组合而成的一套酒器已被普遍使用。

二里岗下层的青铜器，器壁普遍很薄，火蛇纹鼎。二里岗上层的青铜器，有的器壁已经相当厚重。此时期器物的体积也有所增大。

商代前期青铜器较二里头时期在器物种类上已相

壶 盛酒器和水器，流行于商至汉代。壶使用的年代较长，式样也很多，大致有圆形、方形、扁圆形、八角形、弧形等。断面为扁圆形，深腹下垂，带扁方形贯耳和圈足的壶大多为商代器物，但商代也有长颈鼓腹的圆壶。

商朝兽面纹爵

当丰富了，是二里头时期所不能比拟的。二里头时期只发现了少量的几种爵、斝、铃等空体器，大部分都是小件的实体工具与武器，另外还有装饰品。

二里岗时期的青铜制品种类一般都是先前所没有的，例如：食器主要有鼎、鬲、甗、簋；酒器主要有爵、觚、斝、樽、罍、盉、卣；水器主要有盘、盂；兵器与工具主要有戈、矛、戟、钺、镞、刀、锛、凿、斧、锯、鱼钩等。

商代早期青铜器具有独特的造型。鼎、鬲等食器三足，必有一足与一耳成垂直线，在视觉上有不平衡感。鼎、斝等柱状足呈锥状和器腹相通，这是由于当时还没有掌握对范芯的浇铸全封闭技巧。

商代早期的方鼎巨大，容器部分做成正方深斗形，与殷墟时期长方槽形的方鼎完全不同。爵的形状承继二里头文化式样，一律为扁体平底。流部都是狭而长的形式。青铜斝除平底形的以外，还出现了袋足斝。

商代早期的青铜觚、樽、瓿、罍等圈足器皆有十字形大孔，比如二里岗上层的青铜器十字形都成大方孔的；有的更在圈足的边沿，留有数道缺口，如在郑州和黄陂盘龙城都发现过这种实例。

同时，管流斜置于顶上的半封顶袋足盉，后侧有一大鋬可执，在这一时期内颇具特色。罍皆狭唇高颈有肩，形体也偏高。商代早期壶有提梁的有长颈小口鼓腹形和小口体呈悬瓠形的两种，也有小口器矮颈且不设提梁的。

商代早期青铜器一般胎质较薄、纹饰简单质朴，大多是宽线和细线组成的变形兽面纹，以粗犷的勾曲回旋的线条构成，全是变形纹样，除兽目圆大以为象征外，其余条纹并不具体表现物象的各个部位，展现了二里岗时期青铜文化的特点。

此外，这个时期纹饰的另一个特色就是多平雕，个别主纹出现了浮雕。如樽、罍等器肩上已有高浮雕的装饰。所有的兽面纹或其他动物纹都不以雷纹为底，是这一时期的特色。商代早期的几何纹极其简单，有一些粗略的雷纹，也有单列或多列的连珠纹，乳钉纹也已经出现。

这一时期的铜器装饰，从整体而言有着简单质朴的作风，多是单层没有底纹，常见的饕餮纹常是两个相对的夔纹所组成，并且常以圈带纹作为饕餮纹上下的界线。有的兽面纹更简单，仅在扉棱两侧各铸出一圆点代表饕餮的眼，扉棱代表兽面的鼻。也有的将夔

■ 商朝妇好三连甗

商朝兽面纹鬲

做成同向的格局，特别是突出夔的眼目。

这时还有单以夔纹为饰的，如黄陂盘龙发现的钺，钺体两侧和上端均饰夔纹。另外还有云雷纹、圆涡纹、乳丁纹、直行弦纹和人字形弦纹、鱼纹、龟纹、虎纹、蛇纹等。

同时，商代早期的青铜器，极少有铭文，以前认为个别青铜器上的龟形是文字，实际上仍是纹饰而不是文字。

但其实这时铭文已有萌芽。郑州白家庄发现的一件铜罍，肩部饰有3个龟形图案，该图案应是"黿"字，是氏族徽号。

另外还有一件铜鬲，鬲上有一"亘"铭，应是罕见的商代前期的青铜器铭文。

商代早期青铜器的合金成分经测定：含铜量在67.01%至91.99%之间，含锡量在3.48%至13.64%之间，含铅量在 0.1%至24.76%之间，成分不甚稳定。但含铅量较高，使铜液保持良好的流动性能，与商代早

商朝龙纹盘

期青铜器器壁很薄的工艺要求是相适合的。

从一些完整墓葬中发现的商代早期青铜器来看，出现了不同种类器物的相互组合，这种组合常常形成一定的规律与模式，反映了当时人的生活习俗和一定的礼治意义。

以河南地区的商代早期墓葬为例，郑州白家庄2号墓有铜质鼎、斝、爵、罍、盘及象牙觚，而这时期一些墓葬铜觚与铜爵同出，2号墓无铜觚，而有象牙觚，在组合上象牙觚代替了铜觚是很清楚的。

琉璃阁203号墓铜制品仅有一件爵，但还随葬一件陶质觚，由此可见爵、觚在组合上常常是联系在一起的。这一时期组合形式的萌芽，为以后青铜礼乐器的发展奠定了习俗和思想意识上的基础。

商代青铜冶铸业是先前所不能比拟的，最能反映商代前期冶铸技术水平的是郑州张寨杜岭发现的两件铜鼎，均为斗形方腹，立槽耳，四柱足，腹表每面左、右、下的边侧饰乳丁纹，腹部上端饰兽面纹，器的整体谐调平稳。

徽号 旧时为尊号的别名，即在皇帝和后妃生前所加的表示崇敬褒美的称号。现在指美好的称号。如清代同治帝曾尊其母为圣母皇太后，再加上徽号"慈禧"。

礼乐 中国古代文明的重要组成部分。早在夏商周时期，古代先贤就通过制礼作乐，形成了一套颇为完善的礼乐制度，并推广为道德伦理上的礼乐教化，用以维护社会秩序上的人伦和谐。礼乐文明在数千年的中华文明发展史上产生了重大而深远的影响，至今仍有其强大的生命力。

1号鼎通高1米，重约86.2千克；2号鼎通高0.87米，重约64.25千克，形体之大是这一时期所罕见的。

在郑州发现的一处铜器窖藏有两件与前者在造型与花纹上都相似的大方鼎，从而表明铸造这种方形大鼎在当时已不鲜见，足见其铸造水平。

这一时期青铜器物的造型虽然多仿制陶质等其他质料的器物，但不是单纯的模仿，而是根据青铜质料和色泽特点进行再创造。

鼎基本上有3种形式，圆形、分档和方形。圆形鼎基本上又有两种形式，圆腹锥足与圆腹扁足。但在河南郑州商代窖藏发现的重约33千克的饕餮纹大圆鼎，三足从上向下收缩，着地处做成平面式，这是这一时期鼎足形制较为特殊的一种。

鼎体一般均做深腹，足为中空式，两凹槽立耳，但也有无凹槽的。尤其特殊的是，一耳与一足相对应，另一耳则在两足中间，是商早期鼎器的重要特征，有别于以后的每耳均对应一足的特点。

而其他早期青铜器中，鬲腹多呈分档袋足状，三空锥足，颈内凹，两直耳。甗与簋少见，甗合铸，口沿有双耳和无双耳，甑体下收，鬲为分档袋足状。

如在黄陂盘龙城发现的两件簋，均做深腹，有较

商朝父己方鼎

开封 简称汴，古称汴州、东京、大梁。是首批中国历史文化名城。开封是中原地区黄河沿线重要的旅游城市，悠久的历史、深厚的文化积淀，使开封享有七朝都会、文化名城、大宋故都、菊城之盛名。历史上的开封有着"琪树明霞五凤楼，夷门自古帝王州""汴京富丽天下无"的美誉，北宋时期开封更是当时世界第一大城市。

192

流光溢彩的金属宝器

■ 鬲 饪食器和礼器。流行于商代至战国时期。商代鬲的造型仿新石器时代陶鬲制成，器身较高，两直耳立于口沿上，侈口，圆腹，腹下部做成中空的袋状，以便烹煮时扩大受火面积，腹底有3个锥形短足，花纹简单。商中期后，鬲身开始装饰精美的花纹。商晚期至西周时，器身也由竖高向横宽发展；还有方鬲，下部有门可以开合。

高的圈足，一件无耳，另一件腹部有一双较宽的兽耳，可见在商代前期簋中已有有耳与无耳的区别了，至少这两种形制的簋是并行发展的。

酒器中的斝，作平底或袋足状。爵腰内收已不明显，除双柱爵外，在流口上又出现了分叉的单柱爵。

开封有一件商代早期封口的觚，极新颖，这是觚造型上的一个特例。顶部有一斜立流的封口空足杯，改变了前人认为该种器型始于商代后期的传统观点。

北京平谷刘家河发现的铜盉，圆鼓腹，三足，有盖，有提梁，肩上一短流。罍呈圆腹或长圆腹，器肩上常有羊头饰，为商后期同类的大型器物找到了渊源。铜卣为长圆腹或圆腹，圈足较

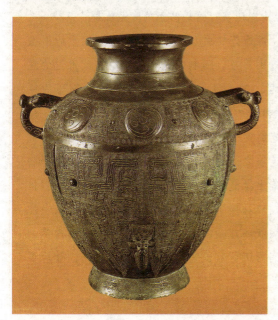

■ 罍 商朝晚期至东周时期大型的盛酒和酿酒器皿，有方形和圆形两种形状，其中方形见于商代晚期，圆形见于商朝和周朝初年。从商到周，罍的形式逐渐由瘦高转为矮粗，繁缛的图案渐少，变得素雅。

高。樽为圆腹，大侈口，高圈足。

水器盘多做圆腹下收，折沿，高圈足，圈足上有镂孔。如北京平谷刘家河的一件铜盘，在盘口沿上还铸有二鸟柱。郑州的涡纹中柱盂，在盂底中心立有一柱，柱顶呈菌状。

此种特点的盂，是商后期如妇好墓的汽柱甑形器、侯家庄西北岗墓穴的旋龙中柱盂的先导。这种特点甚至在河北平山战国中山国墓穴的鸟柱盆上也有所表现，盆中心一柱，柱头立一正在鸣叫的雀鸟。

青铜武器形制的情况是：戈，援狭窄，有上下栏，有的内部中心有一小穿孔。铜钺，体呈长方形，中一圆形孔，弧形刃。矛，体似柳叶形，中部起脊，靠近銎处有一对钩形钮。镞为双翼式。

流光溢彩的金属宝器

阅读链接

商朝前期，青铜器铸造采用合范法。首先要制模。制模时，先用陶泥堆出一个范座。然后是翻范，就是将模放在其上，在模外直接敷上陶泥压实。这后敷上的陶泥就是外范。

待陶泥半干时，将外范切成几块，将外范取下阴干后用微火烘烤，这个过程叫制外范。而制内范是先将制外范用过的泥模，趁湿刮去一薄层。这刮下去的厚度，即是所铸铜器的厚度，刮去一层的泥模就是内范。

合范就是将内范倒置于底范座上，再将几块外范置于内范周围，外范块与外范块之间用榫卯接实。合范后，要在上面制作封闭的范盖，范盖上做浇注孔和排气孔，以便浇注铜液和排出空气，防止阻塞铜液。接下来，就是将熔化的青铜液从浇注孔灌入。最后等青铜液冷却凝固后，将外范打碎，掏出内范，将所铸铜器取出。铜器铸好后，需要用砺石修平磨光，最后要用木炭进行擦磨抛光。

中期青铜文化继续发展

　　商代中期是指公元前15世纪中叶至公元前13世纪这一阶段，时间大约相当于中丁至小乙时期。

　　商朝早期与晚期文化分布中心分别在郑州、安阳两地。但商朝中期考古文化的中心则较为分散，反映了当时政治的不稳定。

商朝亚编铙

流光溢彩的金属宝器

■ 商朝夔纹鬲

云雷纹 是青铜器上一种典型的纹饰。其基本特征是以连续的"回"字形线条所构成。有的作圆形的连续构图，单称为"云纹"；有的作方形的连续构图，单称为"雷纹"。云雷纹常作为青铜器上纹饰的地纹，用以烘托主题纹饰。盛行于商代和西周，春秋战国时期仍有沿用。

在此间的几批青铜器发现后证明，这些器物不但具有某种商代早期的特点，有较多的演变，还有某些殷墟时期的特点。其代表有河北藁城台西村遗址下层墓葬、北京平谷刘家河商代墓葬、安徽阜南和肥西地区、豫西的灵宝东桥等地区。

中期作品包括在殷墟文化一期的如小屯墓所发现的部分青铜器。但这类器物殷墟发现并不多，而其他地区的却比殷墟的更为典型、更为精美。

商代中期青铜器除了生产工具和兵器外，容器的种类比早期有所增加，主要有鼎、鬲、斝、爵、觚、樽、盉、壶、瓿、卣、罍、盘、簋、豆等。

爵尾与早期相似，但流已放宽，出现的圆体爵是前所未见的。斝除空椎状足外，出现了"丁"字形足，底多向下腾出，平底已少见。

早期出现的宽肩大口樽，此时才开始有较大的发展，如造型厚重雄伟的阜南龙虎樽和兽面纹樽是商代早期从未出现的。这个时期发展起来的还有瓿这类器型，如藁城的兽面纹瓿。

早期体形较高的罍，在这时发展为高度较低而肩部宽阔的式样，以巨型兽面纹罍为其典型。

这时的圈足器上的"十"字形和方形的孔，与早期的相比有所缩小。

鼎、鬲类器比较突出的变化是一耳不再与一足对立，形成不平衡状，而是三足与两耳对立，成为以后所有鼎的固定格式，但这时浇铸芯范悬封的方法还没有完全解决，因而中空的鼎足还有与器腹相通的情形。

商代早期从未出现的瓿这类器型，也是这个时期发展起来的，藁城的兽面纹瓿是其典型。

商朝兽面纹鼎

商代中期出现用云雷纹衬底的复层纹饰，其设计和雕刻之复杂精细，是早期作品所无法比拟的。浮雕兽面纹也开始出现，但一般都比较圆浑，不似商晚期那般硬朗锐利。有的器体上开始用扉棱装饰，显得凝重雄伟。

纹饰分为两类：

第一类是二里岗变形动物纹的改进，原来粗犷的线条变得细而密集。一般如平谷的兽面纹鼎和肥西的斝与爵，而阜南龙虎樽和嘉山泊

商代青铜戈

岗的主纹兽面纹已经较为精细，圈足上的兽面纹仍保持了早期的结构和风格。

第二类是出现了由繁密的雷纹和排列整齐的羽状纹构成的兽面纹。这类兽面纹往往双目突出。如果不是浮雕的话，无论是头像还是躯体都没有明显的区分。

商代中期的铭文没有太大的发展，也是处于萌芽阶段，一般器物也没有铭文，但是在个别器上发现铸有做器者本人的族氏徽记。

杜岭方鼎是商代中期最大的青铜礼器，用于祭祀、饪食。和商代后期以后母戊鼎为代表的方鼎造型相比，杜岭方鼎腹部过深，足相对较短，显得庄严感不足，耳和口沿也太单薄，尚有外范接合不严、部分纹饰有重叠的缺点。

杜岭方鼎采用多范分铸而成，鼎体巨大，造型浑厚庄重，口呈长方形，上立两次铸成的拱形立耳一对。深腹，腹壁微内敛，平底，下有4个上粗下细的空柱形足，器身四面和四隅各铸单线兽面纹一组。每面两侧与下部饰乳钉纹，足部也铸有饕餮纹与弦纹。

杜岭方鼎共两件。一件高1

米，重86.4千克，方形，深腹，双耳四足，腹上部饰兽面纹，两侧及下部饰乳丁纹，形体质朴庄重；另一件稍小，高0.87米，重64.25千克。

鼎是古代烹煮、盛放肉食之器，早在8000年前就出现了陶制的鼎，当时作为一种日用炊具，用以煮饭。但其真正的发展高峰则出现在商朝和西周时期。

尤其是商代，以鼎为代表的祭祀用容器的制作最负盛名，它被视为祭祀天地和祖先的"神器"，并被笼罩上一层神秘而威严的色彩。

杜岭方鼎的发现，开拓了

三星堆青铜神树

人们对商代中期青铜工艺的眼界，它为商后期出现的后母戊大方鼎等在造型上开了先河。

三星堆遗址发现的商代青铜神树，通高3.96米，由于最上端的部件已经缺失，全部高度应该在5米左右。树的下部有一个圆形底座，3道如同根状的斜撑扶持着树干的底部。树干笔直，套有3层树枝，每一层3根枝条，全树共有9根树枝。

青铜神树所有的树枝都柔和下垂。枝条的中部伸出短枝，短枝上有镂空花纹的小圆圈和花蕾，花蕾上各有一只昂首翘尾的小鸟；枝头有包裹在一长一短两个镂空树叶内的尖桃形果实。在每层3根枝条中，

商代青铜器鸮卣

都有一根分出两条长枝。

在树干的一侧有4个横向的短梁，将一条身体倒垂的龙固定在树干上。底座圈上3个拱形足如同树根，主干上3层树枝，均弯曲下垂，树枝尖端有花朵果实，其上均有立鸟，全树共9只鸟。

主干侧有一身似绳索的残龙。这株铸造于3000年前的青铜神树，极为壮观，真可算是独树一帜，举世无双。

商代中晚期的青铜器在冶炼、铸造技艺和艺术表现上都已经达到了高度成熟的地步，能够充分地发挥青铜材料的特点，作品被赋予某种社会意识形态的功能。

阅读链接

杜岭方鼎于1974年由一个名叫袁海军的环卫工在挖土过程中挖出，地点为河南省郑州杜岭张寨前街，两件鼎分别收藏于中国国家博物馆和河南省博物院，其中第二件被誉为河南省博物院"九大镇院之宝"。

在中国九鼎象征九州，是国家政权的象征。"桀有昏德，鼎迁于商，商纣暴虐，鼎迁于周"，此所谓定鼎中原，问鼎中原，三足鼎立也；周公制礼作乐，创列鼎制度，"天子九鼎八簋，诸侯与王朝卿士七鼎六簋，大夫五鼎四簋，士三鼎二簋"，此所谓明贵贱，辨等列，别上下也。

晚期青铜文化不断创新

    商代晚期指公元前14世纪至公元前11世纪这一历史时期，其中，河南殷墟遗址、墓葬发现的青铜器是商代晚期的代表。

    另外，从全国各地的青铜器来推断，青铜器冶铸业虽然是以王都为中心，但在各地奴隶主贵族统治下的都邑，也都设有大大小小不同的作坊。

    殷商后期是中国古代奴隶社会的鼎盛时期，此时，手工业中的青铜铸造业有了更大的发展，从二里头遗址看，在青铜器基础上发展起来的殷墟青铜器，不仅品类较全、形式多样，而且在造型设计和铸造工艺等方面都有较大的突破和创新，达到了中国青铜器发展史上的

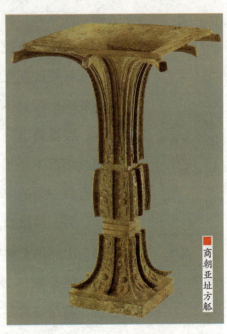

商朝亚址方甑

■ 商代青铜卣

一个新高峰。

商代晚期从武丁后期至帝辛接近200年的时期内，又可分为殷墟时期的前、后两个阶段。

殷墟时期前段以在小屯墓穴中所发现的青铜器为代表，其他地区的以在山西石楼二郎坡、桃花庄、后蓝家沟和湖南宁乡黄材等地发现的青铜器为代表。

殷墟前段青铜器的器型有方彝，高颈宽口椭扁体壶，敞口束颈椭扁扇体觯、觥等。殷墟墓出土有"偶方彝"，偶方彝的外形似两方彝合体，内为一长方形槽。高颈宽口椭扁体壶口宽而椭扁，颈较高，腹部膨大，颈两侧有贯耳，下有圈足，有的有盖。

石楼桃花庄扁壶也大约风行于商代晚期的前段，到晚期后段就迅速消失了。

殷墟墓有一种敞口束颈椭扁体觯，有的无盖，颈部收缩都不是很小，有宽狭不同的做法；器多小型，也有做中型的。

另一种敞口束颈圆体似杯的觯，大约也在此时出现。上述两种觯在传世品中很多。

觥有做鸟兽形和圈足的两类。鸟兽合体造型的觥，前足与后足不相同，如妇好觥前为虎后为枭的合

武丁 姓子，名昭，中国商朝第二十三位国王，商朝著名的军事统帅。庙号为高宗。武丁在位时期，曾攻打鬼方，并任用贤臣傅说为相，妻子妇好为将军，商朝再度强盛，史称"武丁中兴"。

体，司母辛觥前为怪兽后为怪鸟的合体，另外还有一前为虎头后为鸭形而平喙的兽禽合体觥。

同时还发现有鸟兽形樽，如妇好鸟樽、湖南湘潭猪樽、醴陵象樽，都是前所未有的新形式。也有的设计成半容器半动物的式样，如双羊樽，中间是樽形，两侧为羊头，形状特殊。

值得注意的是，方器在这时大为发展。殷墟墓发现的有方爵、方斝、方樽、方罍、方壶、方缶等，而传世器中还有方觚、方觯，几乎主要的酒器都有方形。从整体上来看，虽然方器是很小的一部分，但却是富有特征的器物。

从商代中期就产生的器类，在本期内也有或多或少的变化，并且出现了一些新的式样。食器中鼎的变化较大，除了通常的式样外，新出现的形式有自器腰以上收缩、口唇外翻的鼎，这主要是中小型鼎。还有一种是容器部分很浅的柱足或扁足鼎。

袋腹似鬲的柱足鼎，俗称分裆鼎，是此时期流行的新式样，前段的特点是袋腹较深。晚期前段的方鼎都是槽形的长方状鼎，柱足粗而偏短，也有扁足方鼎。柱足和扁足方鼎在殷墟墓中都有典型的式样。

甗在商代早期黄陂盘龙城墓中发现有一例，之后再也没有见到过。晚期前段有较多的发现，均做甑鬲连铸形，甑体都大而且深。

甗口部的做法有两种：一种自口至腹都为直壁，口沿处有宽阔且加厚的

商晚期亚址觯

边条。如小屯墓中就有此种直壁甗；另一种口部侈大，殷墟墓有这类甗。前者大约主要流行于前段，后者成为固定的沿用式样。

妇好三联甗分左、中、右置于一箱形的釜上，是一种比较特殊的形式。鬲这类器物不是特别流行，传世的有殷墟鬲，多为深袋足；安徽阜南月牙河发现的鬲，器颈处直而收缩，翻唇，也是深袋足。

■ 商晚期妇好方鼎

流光溢彩的金属宝器

簋在早期的黄陂盘龙城墓中曾发现过一件，为圈足双耳。晚期前段出现了无耳簋，这种簋形体比例较宽，圈足直而往往有小方孔，口微敛而翻唇。殷墟墓及武官村大墓都发现有无耳簋，后者比前者上口翻唇的曲度还要大。

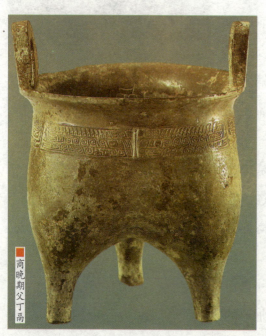

■ 商晚期父丁鬲

无耳簋是在晚期前段较为盛行的式样，此时，没有发现双耳簋。

爵、觚、斝仍是组合的酒器。扁体爵已大为减少，圆体爵盛行。觚的造型为颈部向细长发展，喇叭口扩大，斝錾上开始有了较多的兽头装饰，三足有明显增高的趋势。

同时，出现了圆体和椭方体不分段的斝，前者如殷墟武官北地墓圆体斝，后者如小屯墓的椭方体斝。

殷墟早期出现过的袋足斝，在晚期的前段又重新萌起。此时期内还出现了角，但很少，比如在殷墟墓中发现有爵近50件，却未见有一件角。大型的酒器如大口有肩樽和罍或瓿，形体也都有所变化。

大口有肩樽，原来比例偏低的体型在这时有显著的增高趋势，有的圈足特别高，圆体的如殷墟墓发现的有司 母樽，方体的如湖南宁乡出土的"四羊方樽"。但这种樽也只是流行于晚期前段，以后就逐渐减少。

瓿这种器型可分为两类：短颈和无颈合口，后者主要是这一时期出现的，并且有的有盖。山西石楼后蓝家沟的百乳雷纹瓿、殷墟墓的妇好瓿及湖南宁乡出土的兽面纹瓿，都是极为典型的式样。

但是瓿这种器类如同大口有肩樽一般，在商晚期后段基本上不再铸造了。袋足斜流半封口的盉仍有所发现，在安阳侯家庄大墓中发现的铸铭左、中、右三盉都是袋足方形盉，是一种形体较为庄重的祭器，但是袋足盉这类酒器也是越来越少了。

水器类盂是新出现的器型，如在小屯西北冈墓中发现有附耳盂，上有铭记载："寝小室盂"，器壁侈斜，是为盥洗用器。

祭器 是祭祀时所陈设的各种器具。祭器在古今都寄托了家属、亲朋等对死者的思念和对死者的惋惜，也隐藏着对其家属的怜悯、安慰的感情。古代的祭器多瓷器、陶器、铜器，很少用铁器，不是因为铁器容易生锈，而是古人认为"铁以镇魂"，故有"棺不见铁"之说等，铁会震慑祖宗亡灵，所以是忌讳铁器的。

■ 商晚期四羊首瓿

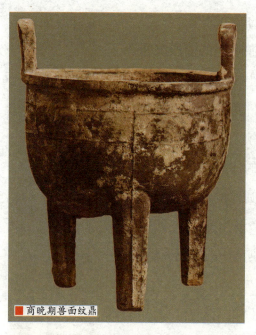

■ 商晚期兽面纹鼎

殷墟墓的盂直口翻唇，有附耳，并有对称的两系。

殷墟时期后段，由于青铜器上的铭文有所发展，根据内容记载可确定一批标准器或非标准器。这些器有小臣俞樽、戍嗣子鼎、小子茜卣等，都属于帝乙、帝辛时期。

体似瓤形的无肩樽和椭扁体卣是此时期新出现的典型器物。安阳大司空村墓的卣都成组合；殷墟西区墓属于第四期，时代最晚，也有两瓤形樽；小屯圆葬坑中有卣随葬。

前段的宽肩大口樽和后段的瓤形樽，前段的高颈宽口椭扁壶和后段的提梁壶卣似乎表现出了一种兴衰的交替。

双耳簋在这个时期很流行，但容器部分还是与以前的神似，形体基本上为敛口翻唇形和敞口似碗形两种，双耳在口沿处下方，而且有垂珥。

有一种粗大双耳发达近口部或高于口部，并有长垂珥的簋，出现得更晚，无耳敞口簋仍继续使用。这一时期簋的圈足有增高的趋势，有的圈足下缘做出一道宽阔的边条以增加其高度。圈足上开孔的现象已基本消失。

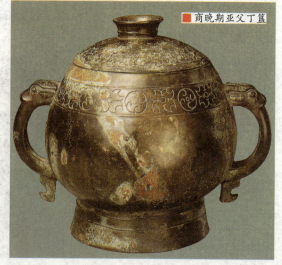

■ 商晚期亚父丁簋

商代晚期的青铜器纹饰最为发达，样式和种类也比中期的丰富得多，在艺术装饰方面呈现出高峰，与青铜礼器的高度发展一致。

此时，器物纹饰丰富多彩、繁缛富丽，以兽面纹和夔纹为主，还有鸟纹、象纹、蚕纹、蝉纹等。兽面纹饰只是纹样结构规格化的形式，所表现的物象很多。

此时的装饰特点是集群

商晚期御樽

式，以多种物象或作为主纹或作为附饰布满器身，甚至视线所不及的器物底部也有装饰，有的一件器物上有10多种动物纹。

商代晚期前段兽面纹中间的鼻准线，有的不接触下阑底线，兽吻常连成整体而中间不隔开；后段的兽面纹往往由于兽鼻尖通到下阑底线而被分割成两个部分。

就表现手法而言，商代中期纹饰的形体基本上还有象征性，除了炯炯有神的双目外，其余部分即使是较精细的图像，也是主干底纹不分、轮廓不清。

商代晚期动物形象比较具体，有的甚至还带有写实感，纹饰主干和底纹明显地区分开来。底纹通常是繁密的细雷纹，与主纹构成了强烈的对比。

纹饰的主体采用浮雕的现象很普通，同时采用平雕和圆雕相结合的手法，层次更加细腻丰富。有的浮雕表现出几个层次，而且一个层次做成一面高的坡形，这种层叠式的浮雕被称为"三层花"。

浮雕 是雕塑与绘画结合的产物，用压缩的办法来处理对象，靠透视等因素来表现三维空间，并只供一面或两面观看。浮雕一般是附属在另一平面上的，因此在建筑上使用更多，用具器物上也经常可以看到。

■ 商晚期兽面纹觯

商晚期青铜器纹饰以动物和神怪为主题的兽面纹得到了空前发展，成了古代装饰艺术的典范。商代的青铜器矗立于奴隶制时代文化的巅峰，它的创造经验不但直接影响了当时各个不同的艺术门类，而且直接为西周前期所继承。

比如商代双面神人青铜头像，呈半人半神形象，反映了商代巫风盛炽的状况。

巫师的职责乃贯通天地，上天见神，使神降地。商代双面神人青铜头像前后两面完全对称，一副神秘诡异、威严慑人的面容，其半人半神的形象与通行于人神之间的巫师身份相符。

头像中空扁体，两面对称。人首造型，面呈倒置等腰梯形，额宽，顶圆，边直，颌方。眼眶窝凹，眼球突出，内开大孔。鼻梁修长，翼肥蒜状，两孔较小。嘴张齿露，中牙铲形，侧牙钩卷。上竖方管，旁安两耳，顶插双角。

顶上圆管插羽冠，下部方銎安装木柄，管銎相通。上管圆、下銎方的造型和古人天圆地方的理念正合，暗喻着其贯通天地之功能。

还有发现于湖南宁乡县黄材镇炭河里乡的禾大人面纹方鼎，

通高38厘米，口长29厘米，宽23厘米。是唯一用真实人面作为装饰的铜器。

禾大人面纹方鼎长方形体、两直耳、4柱足。四角有较高的扉棱。整体颜色碧绿，器身外表四周饰形象相同的半浮雕的半人半兽的"超人"。

人面方圆，高颧骨，隆鼻，宽嘴，双目圆视，双眉下弯，双耳卷曲。人面周围

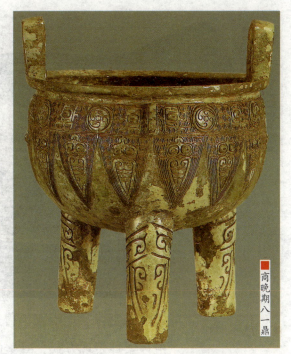

商晚期八一鼎

有云雷纹，人面的额部两侧有角，下巴两侧有爪，躯干因器物平面表现的局限而隐去。

鼎腹内壁铸"禾大"两字铭文。此鼎器型雄伟，在装饰上又以人面为饰，更为独例。人面的形象极为奇异，给观者一种望而生畏、冷艳怪诞的感觉，是一件匠心独运的青铜器精品。

商、周青铜器以兽面纹作为主题纹饰较为常见，人面纹饰较为稀有珍贵，禾大人面方鼎以4个相同的人面纹装饰器体的主要部位，更加奇特。有人认为这组人面纹有爪而无身，属于传说中"有首无身"、贪吃人的凶兽饕餮一类的怪神。

也有人认为，这种人面纹浮雕大概与"黄帝四面"的传说有关，对应了古代文献中黄帝有四面的描述；也有人说，鼎内空间正好可安放一个人头，人面纹方鼎的4个"人面"，反映了古代"猎头"和祭祀时使用首级的风俗。

总之，这个图像既不能纯粹归入人，也不能完全归为兽，故称为

流光溢彩的金属宝器

■ 西周中期青铜匜

图腾 是原始人群体的亲属、祖先、保护神的标志和象征，是人类历史上最早的一种文化现象。运用图腾解释神话、古典记载及民俗民风，往往可获得举一反三之功。图腾就是原始人迷信某种动物或自然物同氏族有血缘关系，因而用来做本氏族的徽号或标志。

"半人半兽"。半人半兽是中国史前图腾中最普遍的祖神崇拜表现方式，凝聚的是敬祖情结。

中国古代传说中的英雄或文化英雄、始祖无不在人的形象之外被加上神的力量与动物的器官，《山海经》一书就为我们留下了大量有关这些亦人亦神的始祖或英雄们的形象描述。

传说中半人半兽的形象，是兽的形体与人的智慧的结合。因此，最原始的半人半兽可能是某种族群传说中的祖先，也可能是某个部族的英雄，可以托名为真实的或传说的"历史人物"，也可能是凝聚了某种部族精神寄托的凭空创造出来的"文化英雄"。

人面方鼎表现的这个半人半兽，无疑是这个神系中的一位。人面方鼎铸造的时代，已是有国家的文明时代，图腾只是祖先留下的一个文化遗产或精神主宰而已，它到底见证、纪念了什么？

从艺术形式上看，禾大人面方鼎运用反复、对称的装饰手法，布局严密，写实与抽象纹饰结合。4组相同的纹饰集于一身，不仅强化了装饰主题，而且给人视觉上以强烈的冲击，达到特定的装饰效果，反映出商代晚期青铜器制作者已具备了较强的写实能力和形象概括能力。

禾大人面纹方鼎虽然配置了角爪，但都是象征性的，小到几乎可以忽略的程度。人的形象也和真人一般，与青面獠牙、半人半兽的人面纹饰相比，不但不显得可怕，还能给人以肃穆崇高的美感。

商代晚期的铭文有鲜明的时代特色，表示人体、动物、植物、器物的字，在字形上有较浓的象形意味。以人体形象的文字为例，头部常做粗圆点，腿部呈下跪形状，这是一种美化手段，是郑重的表示；绝大多数笔画浑厚、首尾出锋，转折处多有波折。

字形的大小不统一，铭文布局也不齐整，竖画虽然基本上成列，但横画却不成排。这些铭文反映了当时社会的家族形态、家族制度与宗教观念等重要问题，但其中一些深刻的内涵仍是人们无法确知的。

殷代青铜器中也有少数有较长的铭文，但时间已到了殷代晚期。这些较长的铭文内容多涉及商朝晚期的重要事情、王室祭祀活动、王室与贵族关

■ 商晚期大禾方鼎

后母戊鼎

系等，其中铭文中一些字词的含义，以及所反映的一些当时制度的状况，仍然所知甚少。

商代晚期又发明了分铸法，即将青铜器分成多个部件，分别制出内范与外范，在铸主件时将铸件嵌入泥范中铸接合成。最适合制作体积较大、器型复杂的青铜器，如后母戊鼎。

后母戊鼎是商代后期王室祭祀用的青铜方鼎，是商朝青铜器中最重要的代表作。后母戊鼎器型高大厚重，形制雄伟，气势宏大，纹饰华丽，工艺高超，又称后母戊大方鼎，高1.33米，口长1.1米，口宽0.78米，重832.84千克，四足中空。

后母戊鼎用陶范铸造，鼎体包括空心鼎足浑铸，其合金成分为：铜84.77%，锡11.44%，铅2.76%，其他0.9%。鼎腹长方形，上竖两只直耳，发现时仅剩一耳，另一耳为复制补上，下有4根圆柱形鼎足，是世界上发现的最大的青铜器。

后母戊鼎是商王武丁的儿子为祭祀母亲而用陶范铸造的，铸型由腹范、顶范、芯和底座以及浇口范组成；鼎腹的纹饰有可能使用了分范；鼎耳后铸，附于鼎的口沿之上，耳的内侧孔洞是固定鼎耳泥芯的部位。也有人认为鼎耳先于鼎体铸造，然后嵌入铸型内和鼎体铸接。

鼎身呈长方形，口沿很厚，轮廓方直，立耳、方腹、四足中空，除鼎身四面中央是无纹饰的长方形素面外，其余各处皆有纹饰。在细密的云雷纹之上，各部分主纹饰各具形态。

鼎身四面在方形素面周围以饕餮作为主要纹饰，四面交接处，则饰以扉棱，扉棱之上为牛首，下为饕餮。鼎耳外廓有两只猛虎，虎口相对，中含人头。耳侧以鱼纹为饰。4只鼎足的纹饰也匠心独运，在3道弦纹之上各施以兽面。

据考证，后母戊鼎应是商王室重器，是商代青铜文化顶峰时期的代表作。后母戊鼎的提手文饰同样精美。两只龙虎张开巨口，含着一个人头，后世演变成"二龙戏珠"的吉祥图案。一般认为，这种艺术表现的是大自然和神的威慑力。也有人推测，那个人是主持占卜的贞人，他主动将头伸入龙虎口中，目的是炫耀自己的胆量和法力，使民众臣服于自己的各种命令。

这完全是可能的。当时的贞人出场时都牵着两头猛兽，在青铜器上和甲骨文中经常可以看到这样的图案。

后母戊鼎形腹部铸有"后母戊"3个字，字体笔势雄健，形体丰腴，笔画的起止多显锋露芒，间用肥笔。铸造这样高大的铜器，所需金属料当在1000千克以上，而且必须有较大的熔炉。另外比较有代表性的还有河南安阳殷墟妇好墓的鸮樽，为一对两只，铸于商代后期，通高0.459米，外形从整体上看，为一昂首挺胸的猫头鹰。通体饰以纹饰，富丽精细。

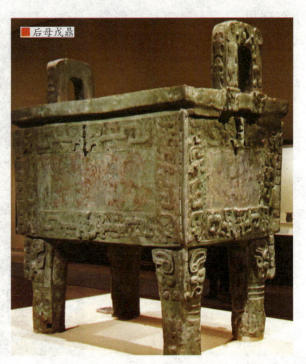
后母戊鼎

喙、胸部纹饰为蝉纹；鸮颈两侧为夔纹；翅两边各饰以蛇纹；尾上部有一展翅欲飞的鸮鸟，整个樽是平面和立体的完

商晚期司母癸方樽

美结合。樽口内侧有铭文"妇好"两字。

在安徽阜南县发现的商代龙虎樽，高0.50米，口径0.45米，重约20千克，是一件具有喇叭形口沿，宽折肩，深腹，圈足，体形较高大的盛酒器。

龙虎樽的肩部饰以3条蜿蜒向前的龙，龙头突出肩外。腹部纹饰为一个虎头两个虎身，虎口之下有一人形，人头饰两夔龙相对组成的兽面。圈足上部有弦纹，并开有十字形镂孔。

衔于虎口之中。虎身下方以扉棱为界，足上部有弦纹，并开有十字形镂孔。

龙虎樽纹饰的主题是"虎口衔人"。关于这一主题，有人认为：在这里，"人"应是那些奴隶，"虎口衔人"反映奴隶社会的残酷、恐怖。

而另外有人认为这应该是在表现一种巫术主题，青铜器在当时是十分重要的礼器，这样的纹饰应是巫师作法的情景纪实。张开的虎口在古代是分隔生死两界的象征，虎口下的人很可能就是巫师。

巫师在祭祀中通过老虎的

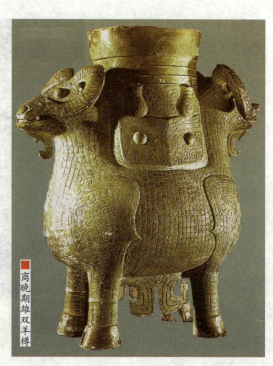

商晚期雄双羊樽

流光溢彩的金属宝器

帮助而表现出一种能够通天地、感鬼神的能力。这一时期最大的方樽是四羊方樽，属于礼器，祭祀用品，高0.58米，重近34千克，发现于湖南宁乡县黄村月山铺转耳仑的山腰上。

215

商彝千古

商代青铜器

商晚期四羊方樽

四羊方樽器身方形，方口，大沿，颈饰口沿外侈，每边边长为0.52米，其边长几乎接近器身0.58米的高度。长颈，高圈足。颈部高耸，四边上装饰有蕉叶纹、三角夔纹和兽面纹。

樽四角各塑一羊，肩部四角是4个卷角羊头，羊头与羊颈伸出器外，羊身与羊腿附着于樽腹部及圈足上。樽腹即为羊的前胸，羊腿则附于圈足上，承担着樽体的重量。羊的前胸及颈背部饰鳞纹，两侧饰有美丽的长冠凤纹，圈足上是夔纹。

方樽肩饰高浮雕蛇身而有爪的龙纹，樽四面正中即两羊比邻处，各有一双角龙首探出器表，从方樽每边右肩蜿蜒于前居的中间。全体饰有细雷纹。

四羊方樽的四角和四面中心线合范处均设计成长棱脊，其作用是以此来掩盖合范时可能产生的对合不正的纹饰。据分析，四羊方樽是用两次分铸技术铸造的，即先将羊角与龙头单个铸好，然后将其分别配置在外范内，再进行整体浇铸。整个器物用块范法浇铸，一气呵成，鬼斧神工，显示了高超的铸造水平。

四羊方樽集线雕、浮雕、圆雕于一器，把平面纹饰与立体雕塑融会贯通，把器皿和动物形状结合起来，显示出异常高超的铸造工艺。

在商代青铜方樽中，四羊方樽形体端庄典雅是无与伦比的。此樽造型简洁、优美雄奇，寓动于静。被称为"臻于极致的青铜典范"。

还有一件羊父丁方鼎，鼎长方体，口沿外折，口上有双立耳，直壁，深腹，平底，腹下有4柱足。口下、腹部的四角及足上均有凸棱，腹部中央饰勾连雷纹，左右及下方各饰3道乳钉纹，口下和足部饰兽面纹。器内壁上有铭文一行4字："做父丁羊"，即"为父亲丁做器"，"羊"为族名。羊成为青铜重器有独特的象征意义。

羊在祭祀礼仪中的地位仅次于牛，商代国都所在的河南安阳小屯发现大量祭祀坑，最多的就是牛、羊、犬，商王武丁时期有一关于商王室对武丁祭祀的材料中说，"卜用百犬、百羊"。

另一材料中说，"十五羊""五十羊"，可见羊作为祭祀的牺牲用量很大。

羊外柔内刚也被引申出许多神圣的秉性，传说的始祖皋陶敬羊，《诗经·召南》中也有"文王之政，廉直，德如羔羊"的说法，中国古代一种独角怪兽獬豸也被认为与羊有关，能看出人是否有罪，能分辨是非曲直。因此，后世以独角兽表示法律与公正。

小臣艅犀樽制作年代约在帝乙、帝辛时期。据考证，中

商代妇好墓出土青铜鸮樽

国古代黄河及长江流域的气候比较温暖湿润，当时广泛分布着犀牛和其他生活于热带亚热带的大型生物。据小臣艅犀樽推测，殷商人是见过犀牛的，否则不可能造出如此写实的作品。而且古生物的发现也证实了这一点，安阳殷墟、浙江河姆渡、广西南宁、河南淅川下王岗等地的遗址中都曾发现过犀骨

商晚期父戊方鼎

的存在。此外，商代甲骨文中所称"兕"即为犀牛。至东周时代，长江流域仍生存着大量的犀牛。

小臣艅犀樽器高25厘米，器口开于背部，盖已失。整体造型为双角犀牛形象，几乎为圆球形，胖乎乎的，由4条粗壮的短腿支撑，憨态可掬；它的头部前伸，两只圆睁的小眼，透着机敏与可爱；大嘴微张，就像在得意地微笑；两只夸张的大耳朵竖在头的两侧，好像在好奇地倾听着周围的声响。

小臣艅犀樽滚圆敦实、憨厚可爱的造型完全打破了人们以往对犀牛原本沉稳、威严的印象，让人们驻足观看的同时，也能够感受到一丝滑稽和幽默。周身光洁不

商晚期小臣艅犀樽

商代青铜器云纹铙

施纹饰。体积感很强，表现出犀牛蹒跚行进的动态，显得纯朴稚拙，妙趣横生。

犀牛自身躯体庞大笨重的感觉与作为容器的实用功能要求自然和谐一致。它表现出了商代艺术工匠在观察自然和提炼概括生活方面所达到的水平。

小臣艅犀樽有铭文4行27字："丁巳，王省夔京，王锡小臣艅夔贝，隹王来征人方。隹王十祀又五肜日。"

铭文记述了商王征伐夷方的事情，有关这次战争也见于殷墟卜辞。夷方是当时商朝封地外围的许多方国部落中的一个。这些方国有的臣服于商王朝，有的则称霸一方，同商王及其诸侯相对抗，双方经常发生战争。铭文中还记载了商王赏赐小臣艅夔贝。小臣艅的职务为奴隶总管，能得到商王的赏赐而感到很荣耀，于是制作了此器作为纪念。在商的晚期和西周早期，青铜冶铸业作为生产力发展的标志而达到高峰。

阅读链接

后母戊鼎是中国商周时期青铜器的代表作，新中国成立后，收藏于中国国家博物馆，是国家一级文物。重832.84千克，是世界迄今为止出土最重的青铜器，享誉"镇国之宝"。

此鼎初始被定名时，专家释读其上铭文为"司母戊"，然而随着更多同时期青铜器被发现，专家多认为应当释读为"后母戊"。

西周青铜器

西周是中国古代铜器发展的重要时期。在此期间，青铜冶铸技术继续发展，铜器数量有较大的增长，但种类有一个较明显的淘汰和更新过程。西周时期有许多铸工精湛、造型雄奇的重器传世，且多有长篇铭文。

铭文是西周铜器的重要特征。西周铸铭多具系年记事性质，成为编年分期研究西周铜器的重要依据。其内容又多可与古文献相互印证，字体则直接构成古文字研究的依据，故西周铭文对于考古学、文字学和历史学等都具有珍贵的价值。

武王伐纣铸造利簋纪念

西周铜器的早期是商代铜器的继承发展期。此期虽有若干新的因素，但总体上商代铜器的传统仍然极为强烈，很难在商周之间划出截然的界限，具体断代只能分出商末周初式和西周早期式。

西周时代由于礼乐制度的发展，青铜器铸造业比商代更为兴旺发达，这时不但数量较商代更多，而且在青铜器铸造业上的许多方面都达到了更高水平。从青铜器本身特点上看，西周初年多沿袭商代后期特征。

可确定为西周早期各王世的重器很多。武王时代有利

西周生簋

篇、天亡簋；成王时代有何
樽、保卣、保樽、德方鼎、
献侯鼎、康侯鼎等；康王时
代有盂鼎、宜侯矢簋、旅
鼎、小臣速簋等；昭王时代
有旂樽，旂觥、旂方彝、厚
趠方鼎、矢令簋、令方彝、
召樽、召卣、小臣宅簋等。

利簋通高28厘米，口径

22厘米，重7950克。侈口，鼓腹，双兽耳垂珥，方座
圈足，器型与天亡簋相似，为典型的西周早期风格。
簋腹和方座饰有饕餮纹、夔纹，圈足饰有夔纹、云雷
纹。腹内底部的铭文具有非常重要的史料价值，簋腹
内底铸铭文4行32字如下：

■ 西周利簋

武王征商，唯甲子朝，岁鼎，克昏夙
有商，辛未，王在阑师，赐有事利金，用作
檀公宝樽彝。

译文大意是，武王征伐商国，甲子日早上，岁
祭，占卜，能克，传闻各部军队，早上占领了朝歌，
辛未那天，武王的军队在阑驻扎，赏赐右史利铜，用
作檀公宝樽彝。

内壁铭文有明确记载："武王征商"之役发生在
某年"甲子"日的早晨，"岁"星正当中天；战胜
商朝8天后的辛未日，武王在阑地的军队驻地赏"有

武王（约前1087—
前1043），姬发，
西周王朝开国君
主，因其兄伯邑
考被商纣王所
杀，故得以继父
文王之位。他继
承父亲遗志，消
灭商朝，夺取全
国政权，建立了
西周王朝，表现
出卓越的军事、
政治才能，成为
中国历史上的一
代明君。

流光溢彩的金属宝器

■ 环带纹方座簋

司"利以铜，利觉得很荣耀，就用铜来铸造宝器以纪念这件事。分析起来，从开战后的第八天，就对有关人员进行奖励，说明战争持续的时间不长。通过对利簋周围碳样检测，著名的"武王征商"战役有了一个绝对年代：在公元前1046年1月20日。

牧野之战，武王克商，是中国历史上极其重要的历史事件。然而，长时间以来，人们对这一事件的认识，凭借的都是文献资料，而没有直接的实物见证。

先秦史书记载，商代末年，纣王荒淫无道，设酒池肉林，宠爱妲己，置炮烙之刑，挖比干之心，民不聊生，天下沸腾，社会动荡，诸侯离心。

周本是远在西北的一个小国，但经过文王的治理，逐渐强大起来，周围小国有的被征服，有的自愿归附。到武王即位时，商人的天下已有大半属于周国了。武王得到姜子牙、周公旦等名臣的辅佐，积极准备讨伐商纣王。面对周武王的咄咄进逼和武力示威，纣王却不做准备，反而调集主力对东夷大肆用兵，造成京畿空虚。

公元前1046年1月初，武王率戎车300辆，虎贲300人，包括各广土众民、部落之师，合计4万余人，

比干（约前1125—前1063），子姓，为殷商贵族商王太丁之子，名干。他一生忠君爱国，倡导"民本清议，士志于道"。他20岁就以太师高位辅佐帝乙，又受托孤重辅帝辛。从政40多年，主张减轻赋税徭役，鼓励发展农牧业生产，提倡冶炼铸造，富国强兵。

出兵征商，浩浩荡荡地杀向商都朝歌。

纣王以由罪隶和俘来的东夷人等临时拼凑成的约70万人的大军，迎战周军。两军在牧野相遇，武王的军队锐不可当，再加上东夷人阵前倒戈，纣王大败，自焚而死。当晚，周军进入朝歌城内，商王朝的统治就此结束。

据《尚书·牧誓》及《逸周书·世俘》记载，牧野之战发生在甲子日清晨，正可与"利"青铜铭文语句"武王征商，唯甲子朝"互证。由此可知，《尚书·牧誓》及《逸周书·世俘》有关记载为实录。

利簋为圆形两耳方座，这是西周出现的新式样，上面的铭文内容与中国古代文献记载完全一致；做器者名"利"，他随武王参加战争，胜利后受到奖赏，铸造这件铜器以记功并用来祭奠祖先。利簋是能确知的最早的西周青铜器。

陕西发现的天亡簋，也是记述武王伐纣的西周初期著名的青铜器，又称"大丰簋"或"朕簋"，高24厘米，口径21厘米，底径18厘米。天亡簋为侈口，四兽首耳，下垂方珥，鼓腹较深，圈足下连铸方座。

这种四耳方座青铜簋，是西周初期独有的样式，簋身和方座装饰两两相对的夔

■ 西周青铜簋

■ 迷盘

纹，夔体卷曲，状如蜗牛，这种体态的夔纹也是周初特征。

天亡簋内底有78字铭文，记述周武王灭商后在"天室"举行祭祀大典，祭告其父周文王，并取代商王的地位来祭祀天帝。做器者天亡襄助武王举行仪式，祭祀典礼之后，武王举行盛大的宴飨，天亡受赏赐，铸造这件簋来铭记荣宠。

铭文字形参差错杂，变动不居，在拙朴散乱中显示运动与和谐之美，有轻有重的笔画在某种程度上有自然书写带来的笔墨痕迹。其铭文用韵协调，开创了千古辞赋之先河，也是中国韵文的最早表现形式。

其铭文如下：

> 乙亥，王又大丰，王凡三方，王祀于天室，降，天亡又王。衣祀于王不显考文王，事喜上帝，文王德才上。不显王乍省，不肆王乍唐，不克，气衣王祀！丁丑，王乡，大宜，王降亡勋爵复觯。佳朕又庆，每扬王休于樽白。

还有在河南浚县辛村卫侯墓中发现的康侯簋，也记述了武王伐商的历史，该簋通高24厘米，口径41厘米，侈口束颈，涂腹微鼓，高圈足加宽边。兽首耳垂

簋 流行于商至春秋战国时期。主要用于放置煮熟的饭食。簋的形制很多。西周除原有圆形，侈口，深腹，圈足外，又出现了四耳簋、四足簋、圆身方座簋、三足簋等各种形式，部分簋上加盖。簋是商周时重要的礼器，宴飨和祭祀时，以偶数与列鼎配合使用。

长方形小珥，翘鼻耸角。

器身纹饰，腹部为单一的直条纹，颈和圈足为火纹与四瓣目纹相间排列，颈部两面中央又有突起的小兽首。

康侯簋器底有铭文24字，记述周王伐商后，命康侯建国于卫地，渣司徒为亡父制作此器。

西周时代礼乐制度得到很大发展，在陕西宝鸡茹家庄和长安张家坡发现了三件一组的甬编钟，是最早的编钟。钟悬挂使用，方便而实用，也起到音质更佳、音调更准确的作用。

这时还出现了组合酒器的酒座禁。如在陕西宝鸡斗鸡台发现的夔纹禁，呈长方扁形，四周有镂孔，禁面上有3个椭圆孔，可能是放置青铜卣用的。

周早期的鼎基本保持口沿立耳、浅腹、柱足的商代式样，但方鼎的柱足已向细长发展，方座的双耳或四耳簋为本时期特有的形式。

这时青铜礼器的组合，有爵与觯、鼎与簋的配合。鼎制上开始出现列鼎制度，反映了礼治的加强。鼎在形制上，三足器柱足与蹄足并存。而且，周初开始出现了一些大型的饮食器，如有名的重器大盂鼎重153.5千克，气度厚重，古朴典雅。

另外，还有在陕西淳化县发现的淳化大鼎，通高1.22米，口径0.83米，重226千克，实属罕见。此鼎除两直耳外，腹部还铸有3个半圆形耳，是鼎器造型的特例。

■西周弦纹簋

■西周青铜簋

■西周晋侯簋

鼎身上的主体图案，正是牛头蝎身龙纹。这只牛头的两侧，却分别长出大蜥蜴龙的身躯，有一肢体，分出四趾，浑身长满鳞片，尾巴卷曲向上。

也许是为了更明确地昭示这是一只牛头蝎龙，在这一龙头下面，还铸造了一个牛头。鼎的上口，还分别雕有4条鳄形原龙，其造型高大魁伟，纹饰庄严神奇，充分显示了中国古代劳动人民卓越的艺术造诣。

鼎也有在圆底下再置一用来置炭加热的盘，这种小巧玲珑又实用的器物，是当时的新发明。这一时期卣广泛流行，成组相配的定式也比商晚期稳定。

兽面纹和夔纹仍是这时纹饰的主要题材，但也出现了一些新的纹饰，如在陕西泾阳高家堡发现的簋，腹及方座上饰有对称的卷体夔纹。

凌源马厂沟的燕侯盂腹上有华美冠羽的兽头鸟身纹饰，极富时代特征，长尾高冠或长身尾的凤鸟纹，常饰在器物的重要部位上，非常醒目，异常华丽。还有凌源发现的鸭形樽，鸭腹上饰有斜方格网纹以表现羽毛的丰满。

纹饰仍尚繁缛，兽面纹、龙纹、不分尾的凤鸟纹、乳钉纹都较商代有新的发展，附加装饰的棱脊和

列鼎制度 周代的礼制规定：天子用九鼎，诸侯用七鼎，大夫用五鼎，士用三鼎或一鼎。鼎以及伴随的其他铜器如簋等都是"礼器"，在"礼不下庶人"的周代丧葬制度中，是贵族的专利品，一般平民陪葬的则是日用陶器。

立体的带角兽首形装饰很流行，也很发达。

从器型之间看，由于西周时期的青铜器制作方法同夏、商时期一样，没有太大的变化，都是陶范制作，而且一器一范，手工制作，这样就不能铸造出相同的陶范，所以，在西周时期也没有完全相同的青铜器造型。

至早期的中后段，鼎、樽、卣、方彝、簋等的器腹呈下垂鼓出的特征，即所谓垂腹式。其中卣有甘肃灵台白草坡发现的一对简状卣；瓿有陕西扶风发现的旅父乙瓿，薄而均匀，中腰极细，优美可爱。

另外腹耳平盖鼎、高领鬲、四足盉、方形圆口有錾樽、双耳盘等，在形制上均有别于商后期的同种器物。

常见兵器基本保持商代传统，但钺已少见，戈多为短胡，并发展了浑铸的戟。短剑是本期出现并发展较快的器种，此外，还有刀、戈和矛浑铸一体的复合异形兵器。铭文有了很大的发展，并成为区别商末周初铜器和周代早期铜器的重要标志。

商代常见的以族徽制铭的传统仍然保持，同时出现记史颂祖敬王的长篇铭文，具有明显的周文化特征，而且字体多作明显的波磔体。

阅读链接

西周前期青铜器与商后期没有更多区别，但在某些方面也出现了新的特点。庄严厚重是这时的主要风格，铜器在数量上远远超过商代。

前期铜器型制庄重典美，花纹凝重静谧，代表了中国青铜器鼎盛阶段的发展水平。

而且铭文已出现上百字的篇幅，如成王时代的何樽122字、康王时代的大盂鼎291字、小盂鼎近400字等。

铭文书体沿袭商代后期，仍作典雅秀美的波磔体。铭文有祭祀、赏赐、策命、征伐等内容。

周成王建东都铸造何樽

武王兴周灭纣之后仅在位3年，就因病去世了，留下一个危机四伏的大周朝给年仅13岁的儿子姬诵，就是周成王。

13岁的小孩儿要想统治好偌大的国家，不是一件容易的事情，因此武王在临终之前替成王安排了周公旦摄政，代行天子之事。

西周青铜樽

在周公东征的过程中，他们俘虏了大批的商朝贵族。对这些人的处理很是麻烦，如果杀掉会显得太残忍，甚至伤害到仍占人口多数的商族人的感情，留着又恐怕他们再行叛乱。

同时，周朝的首都镐京地处西部边陲，在当时的交通条件下对东部的广大中原地区有鞭长莫及之难。

周公旦是个极富智慧的人，他巧妙地把两个困难变成了一个方便。他决定，在镐京以东300千米外的商朝旧都遗址，营建一座新的都城。因此地位于洛水之侧，故而取名洛邑。

洛邑建成之后，周公便将商朝遗贵们迁到这里，并派重兵监视。从此，大周朝有了两座都城：西都是镐京，又叫宗周；东都是洛邑，又叫成周。

成周东都营建之后，周成王下令让一名何姓贵族制作祭器樽来纪念，因此这件樽就被命名为"何樽"。何樽上的铭文记述了成王继承武王遗志，营建东都成周之事，与《尚书·召诰》《逸周书·度邑》等古代文献相合，具有重要的史料价值。

何樽发现于陕西省宝鸡市陈仓区贾村镇，高38厘米，口径28厘米，重14.6千克。

何樽口圆体方，通体有4道镂空的大扉棱装饰，颈部饰有蚕纹图案，口沿下饰有蕉叶纹。整个樽体以雷纹为底，高浮雕处则为卷角饕餮纹，圈足处也饰有饕餮纹，工艺精美、造型雄奇。何樽是西周初期的一件珍贵青铜器艺术品。此器造型纹饰都有独到之处，庄严厚重，美观大方，主体感极强。

■ 西周何樽

周公（约前1100—?），为周代的爵位，得爵者辅佐周王治理天下。历史上的第一代周公姓姬名旦，也称叔旦，故称"周公"或者"周公旦"。为西周初期杰出的政治家、军事家和思想家，被尊为儒学奠基人，孔子一生最崇敬的古代圣人之一。

■ 西周古方樽

流光溢彩的金属宝器

金文 指铸刻在殷周青铜器上的铭文，也叫钟鼎文。钟鼎是青铜器的代名词。周以前把铜也叫金，所以铜器上的铭文就叫作"金文"或"吉金文字"。金文应用的年代，上自商代早期，下至秦灭六国，约1200多年。金文的字数，据容庚《金文编》记载，共3722个。

《何樽铭》是西周早期金文。中国有据可考殷商时期的文字是甲骨文，但甲骨文已采用"六书"构字方法进行造字，是一种相当成熟的文字，并且从殷商开始便突然大量涌现，很显然，在此之前应当还有一段相当长的文字萌芽和演变过程。

西周，是青铜器发展最兴盛的时期。周人立国后，各方面都继承了商代传统，一方面对商文化进行大量的学习与吸收，另一方面，青铜器制作和铭文书法也随着对礼制的进一步提倡而获得极大的发展，不仅青铜器数量可观，而且一器之中的铭文一开始便出现长篇大作。

如成王时的《令彝铭》字数就达187字，同商代的"少字数"铭文相比，可谓洋洋大观了。

令彝又称矢乍父丁彝。做器者为矢令，因而又称矢令彝。发现于河南洛阳马坡。彝为长方体，表面泛金，通高34厘米，宽24厘米，器口长19厘米，宽17厘米，重2400克。

令彝盖及器腹饰双夔纹构成的大兽面纹，口沿下饰双尾龙纹，方足座饰分尾小鸟纹。自盖钮至足座四边皆附钩形扉棱。令彝上有铭文14行，187字，盖铭同而行款稍异。

铭文记述周公之子明保在成周举行祭祀并受命尹"三事四方"。三事四方，指百官和在成周的亡商诸侯。明保可能是周公旦之孙名明者，保是其官职。有人则认为是伯禽或君陈。

西周早期金文就书风而言，大多承袭殷商余绪，笔道首尾出锋，结构谨严精到，布局参差错落而富于动态美、韵律美。

不过，如果细分，大体可分为三类，一是质朴平实，以《利簋铭》为代表；二是雄奇恣放，如《保卣铭》《做册大方鼎铭》等；三是凝重诡异，如《康侯簋铭》等。

而这类铭文中风格最突出，书法成就最高者，当首推《何樽铭》了。《何樽铭》虽属西周早期金文，但其书法体势严谨，结字、章法都十分质朴平实，用笔方圆兼备、端严凝重，并且达到了十分精美的程度。

加之器型巨大，造型端庄堂皇、浑厚雄伟，故作品更呈现出一种磅礴的气势和恢宏的格局，从而为世人所瞩目。

周成王时期还有著名的太保鼎，通高57厘米，口长35厘米，22厘米。方形，四柱足，口上铸双立耳，耳上浮雕双兽。鼎腹部四面饰蕉

西周鲁侯樽

西周司土幽樽

叶纹与饕餮纹,四角饰扉棱,最为显著的是柱足上装饰的扉棱和柱足中部装饰的圆盘,这在商周青铜器中是独一无二的。

太保鼎腹内壁铸"大保铸"3字。大保,即太保,为官职名,西周始置,是监护与辅弼国君的重臣。

《尚书·君奭》记载:"召公为保,周公为师,相成王左右。"《史记·燕召公世家》记载:"召公奭与周同姓,姓姬氏,周武王之灭纣,封召公于北燕。"

据考证,此件太保鼎是西周成王时的重臣召公奭所铸造的,而全国只有6件有"太保制"字样的古代器物。

流光溢彩的金属宝器

阅读链接

陕西省宝鸡市东北郊的贾村原是西周遗址,贾村镇西街有一陈姓人家,他们的屋后有个约3米高的断崖。陈家常年在崖根取土,上面未取土的地方便突出来一个约一立方米的大土块。

1963年的一天,陈家老二恐怕这个土块掉下来砸伤人,就搭起梯子,想用镢头把它挖掉。不料没挖几下土块就掉了下来。出人意料的是,大土块破碎后竟从里边滚出一件古铜器。除去锈土后,表面露出了饕餮纹。陈家人清理干净泥土后,顺手就把它放在楼上装粮食用了。

两年后,陈家把这件青铜器连同另一些废铜混装在麻袋里,卖给了宝鸡市一家废品收购站。时隔一个月,宝鸡市博物馆的职工老佟来到这家废品收购站,有位老职工告诉他,最近收了件古铜器,问他要不要,老佟一看,立刻双眼放光,连声说:"这不是周代的文物吗?我们当然要!"当天,老佟就将这座宝物搬运回了宝鸡市博物馆,这件宝物就是西周何樽。

周康王铸大盂鼎诫贪酒

　　西周早期常见的青铜礼器和食器有鼎、方鼎、鬲、甗、簋、簠；酒器有觚、爵、觯、角、觥、斝、盉、樽、卣方彝、罍、盂、壶；水器有盘、匜等。

　　西周早期食器中鬲、豆不多见，而爵、觚等各种酒器虽然品种很齐全，但数量较商代大大减少了，这与西周王朝吸收了商纣"酒池肉林"疯狂酗酒，最后导致亡国的教训有关，因而西周王朝禁止贵族饮酒，《尚书·酒诰》和康王时代的大盂鼎铭文都有这方面记载。

　　大盂鼎高1米，口径0.78

西周成周鼎

■ 西周兽面龙纹大鼎

米，重153.3千克，鼎身为立耳、圆腹、三柱足、腹下略鼓，口沿下饰以饕餮纹带，三足上饰以兽面纹，并饰以扉棱，下加两道弦纹，使整个造型显得雄伟凝重，威仪万端。

腹内壁有铭文19行，共291字，内容为周王告诫南公的孙子盂，殷商因酗酒而亡国，周代要禁酒图兴，要盂一定要很好地辅助他，敬承文王武王的德政；同时记载了康王给盂的赏赐。

铭文的内容大致可分为三段：

第一部分用较多文字说明商人纵酒是周兴起和商灭亡的原因，赞扬了周代文武二王的盛德。表示康王要以文王为典范，告诫盂也要以祖父南公为榜样。

流光溢彩的金属宝器

铭文 又称金文、钟鼎文，指铸刻在青铜器物上的文字。与甲骨文同样为中国的古老文字，是华夏文明的瑰宝。泛指在各类器物上特意留下的记录该器物制作的时间、地点、工匠姓名、作坊名称等的文字。

■ 西周凤纹方鼎

第二部分主要是康王命盂帮助他掌管军事和统治人民，并且赏赐给盂香酒、礼服、车马、仪仗和奴隶1726个，并叮嘱盂要恭敬办政，莫违王命。

第三部分说明盂做此宝鼎以祭祀其祖父南公。

铭文内容翻译成现代文为：

9月康王在宗周册命盂。

康王这样说："伟大英明的文王承受了上天佑助的重大使命。到了武王，继承文王建立了周国。排除了奸恶，普遍地保有了四方土地，长久地治理着百姓。办事的人在举行饮酒礼的仪式上，没人敢喝醉，在举行柴、焘一类的祭祀上也不敢醉酒。所以天帝以慈爱之心给予庇护，大力保佑先王，广有天下。

"我听说殷朝丧失了上天所赐予的大命，是因为殷朝从远方诸侯到朝廷内的大小官员，都经常酗酒，所以丧失了天下。你年幼时就继承了先辈的显要职位，我曾让你就读于我的贵胄小学，你不能背离我，而要辅佐我。现在我要效法文王的政令和德行，犹如文王一样任命两三个执政大臣来任命你，你要恭敬地协调纲纪，勤勉地早晚入谏，进行祭祀，奔走于王事，敬畏上天的威严。"

康王说："命你盂，一定要效法你的先祖南公。"

康王又说："盂，你要辅助我主管军队，勤勉而

■ 西周大盂鼎

康王 生卒年不详，即周康王姬钊，周成王之子，姬钊在位期间，国力强盛，天下统一，经济、文化繁荣，社会安定。史书记载，"成康之际，天下安宁，刑四十余年不用"。后世将这段时期和成王末年的统治誉为"成康之治"。

西周侯盂

及时地处理赏罚狱讼案件，从早到晚都应辅佐我治理四方，协助我遵行先王的制度治民治疆土。赏赐给你一卣香酒、头巾、蔽膝、木底鞋、车、马；赐给你先祖南公的旗帜，用以巡狩，赐给你邦国的官员4名，大众自驭手至庶人659人；赐给你异族的王臣13名，夷众1050人，要尽量让这些人在他们所耕作的土地上努力劳动。"

康王还说："盂，你要恭谨地对待你的职事，不得违抗我的命令。"

盂颂扬康王的美德，制作了纪念先祖南公的宝鼎，时为康王在位第二十三年。

铭文中语句"丕显文王受天有大命"体现了周人的天命观，而另一语句"我闻殷坠命，唯殷边侯甸与殷正百辟，率肆于酒，故丧师矣"，则是周康王告诫盂，商内、外臣僚沉湎于酒，以致亡国，透露出周人对于商人嗜酒误国这一前车之鉴的警示。

铭文中"有""厥""又"等字波磔分明，得于用笔过程中自觉的提、按意识。通篇文字布局规整，书风凝重。

大盂鼎铭文书法体势严谨，字形、布局都十分质朴

西周环带纹盂

平实，用笔方圆兼备，具有端严凝重的艺术效果。开《张迁碑》《龙门造像》之先河。以书法成就而言，大盂鼎在成康时代当居首位，是西周早期金文书法的代表作。

　　盂铸造的青铜鼎有大、小两件，分别被称为大盂鼎和小盂鼎。小盂鼎已佚，只留下铭文拓片，大盂鼎堪称西周前期著名重器。

237

铸鼎铭文

西周青铜器

《张迁碑》篆额题《汉故榖城长荡阴令张君表颂》，也称《张迁表颂》，刻于186年，和《曹全碑》都为汉末名碑。碑中字体大量渗入篆体结构，字形方正，用笔棱角分明，具有齐、直、方、平的特点，堪称汉碑中的上品，可谓汉碑集成之碑。

阅读链接

　　清朝道光时期，岐山首富宋金鉴把大盂鼎买下，因为器型巨大，十分引人注目，鼎很快被岐山县令周庚盛占有，他把鼎转卖给北京的古董商人。

　　宋金鉴在考中翰林后出价3000两白银又购得了宝鼎，在他去世后，后代以700两白银卖给陕甘总督左宗棠的幕僚袁保恒，袁深知左宗棠酷爱文玩，得宝鼎后不敢专美，旋即将大盂鼎献给上司以表孝心。

　　左宗棠被永州总兵樊燮诬言所伤，遭朝廷议罪。幸得时任侍读学士的潘祖荫援手，上奏咸丰皇帝力保宗棠；而且多方打点，上下疏通，左宗棠才获脱免。潘祖荫乃当时著名的金石收藏大家，左宗棠得大盂鼎后遂以相赠，以谢当年搭救之恩。此后，大盂鼎一直为潘氏所珍藏。

　　新中国成立后，潘家后人见人民政府极其重视对文物的保护，认为只有这样的政府才可托付先人的珍藏。全家商议后，由潘祖荫的孙媳潘达于执笔，于1951年7月6日写信给华东文化部，希望将大盂鼎和大克鼎捐献给国家。

中期青铜器除旧更新

西周蕉叶凤纹觚

西周中期的周穆王及恭、懿、孝、夷之际，主要的青铜重器有长甶盉、遹簋、丰尊、丰卣、剌鼎、班簋、静簋、裘卫诸器、墙盘、师遽簋、师遽方彝、永盂、曶鼎、效卣、师晨簋、克鼎器群、师兑簋、盠方彝、谏簋等。

西周中期的铜器种类有较明显的淘汰和更新趋势，酒器的觚、爵、角、斝、觯、觥等趋于减少和退化，同时出现了自铭"饮壶"的新型饮酒器，食器有了很大的发展。

同时，列鼎制度最迟在本期形成。鼎的形制出现蹄形足，鼎腹发展

■ 西周鲁侯樽

■ 西周效樽

呈扁长方形的变化趋势，簋的发展也很快，不仅在制度上与列鼎相配，而且形制也出现敛口有盖，圈足下呈三短足的新形式。簠、匜等新器种开始出现。编钟也在此期间普遍形成。

另外，西周中期青铜器的花纹趋于简朴，早期流行的花纹或已淘汰，或变形简化。常见的花纹有兽面纹、花冠顾首龙纹、分尾的鸟纹及新出现的直条纹、波曲纹和鳞带纹等。

铭文记事性质更强，篇目更长，内容也多格式化，早期族徽铭文已罕见，或有业已与记事铭文相配。字体多古朴、端庄，平齐无波磔。

西周丰樽发现于陕西省扶风县庄白村西周青铜器窖藏，通高16厘米，口径16厘米，腹深14厘米，重1700克。该樽器身低矮，侈口，束颈，垂腹，其最大径已接近腹底，圈足外侈，显得丰满而沉稳。

丰樽除圈足光素外，通体以3种不同姿态的凤鸟

凤鸟纹 中国古代青铜器纹饰之一。凤，在古代的传说中，为群鸟之长，是羽虫中最美者，飞时百鸟随之，被尊为百鸟之王。在古人的心中，凤是吉祥之鸟。凤鸟纹多饰于鼎、簋、樽、卣、爵、觯、觥、彝、壶等器物的颈、口、腹、足等部位。

冋纹 即火纹，因其形状极似商周时期的文字"冋"，故又称冋纹。古人把火当作伟大的自然力量加以崇拜。青铜器上的火纹，在圆形微凸的曲面上，中心有三到八道旋转状弧线，以表示光焰的流动，中心有一圆圈，有的中心没有圆圈，也有的没有旋转弧线。因其近似水涡，呈圆形，故也称"圆涡纹""涡纹"。

纹构成两纹饰相同的口部、颈部及腹部三层纹饰。口缘外壁饰四瓣仰叶状对鸟纹，两鸟相对而立，尾部向上曲垂于鸟首之前。

丰樽颈部以两组带状垂冠分尾凤鸟纹装饰，两只凤鸟为一单位，两小组间以浮雕兽面为中心，鸟首相对，构成一组；垂鼓的腹部以四双两两相对的垂冠分尾凤鸟构成，鸟的羽冠垂至胸前，翎尾翻卷于身后，十分富丽典雅，为全器最主要的纹饰。纹饰带内的空白处均以细密的云雷纹衬地。

丰樽的器表打磨光整，但是在器口缘外壁的蕉叶对鸟纹中间、颈部浮雕兽面下方、腹部4块凤鸟纹饰相接处可见铸造时留下的范痕，所以全器是以4块相等的外范分型，4块外范之外还有腹芯及圈足芯。

丰樽底部可见到划在圈足芯上的方格纹，底部边缘有4个小三角状凸起，将底部边缘分为四等份，每一凸起与每外范中心位置相对。据传是为了防止在腹底与圈足拉接处因铸造应力产生裂纹而设置的4个三角形加强筋。该器内底部多细小的气泡。

丰樽器内底铸有铭文5行31字，其中重文两字。

班簋为周穆王时毛班所做，毛班为毛伯的孙子，因此也称毛伯彝。通

■西周丰樽

■西周方樽

■西周父乙方樽

高27厘米，口径26厘米。四耳饰兽首，下垂长珥作为支柱，其后又另有小珥。口沿下饰囧纹，夹有两道弦纹。腹饰阳线构成的兽面纹。低圈足，无纹饰。

师遽方彝为西周恭王时期的青铜器。高16厘米，口沿纵长7.6厘米，横长9.8厘米，底部纵长7.5厘米，横长9.6厘米，重1620克。

师遽方彝的盖如屋顶，整体做长方形，横长于纵，口沿下及圈足都略有收缩，腹部略鼓，两侧有耳，做高举的象鼻形，造型极为奇特。器内有中壁，分隔或为两室，可置两种不同的酒，盖的一侧沿有两个方形缺口，与器的两室相应，本当有斗可挹酒，但可惜已遗失。

师遽方彝的盖面及器腹部饰变形兽面纹，是此类纹饰的最后蜕变形式。兽面纹除了尚可辨认的双目外，其余部分已变形，成为非常简单而草率的线条。

师遽方彝的器身和盖内都铸有相同的铭文，器6行、盖8行各铸67字。大意记载周王在王宫中举行酒

周穆王（？—前921），周王朝第五位帝王。他是中国古代历史上最富于传奇色彩的帝王之一，世称"穆天子"。关于他的传说，层出不穷，最著名的则是《穆天子传》。穆天子东征西讨，范围之广，世所罕见。

西周方彝

宴，师遽向王奉献礼品，王命令宰利赐给师遽玉圭等物品，师遽因以做器，以答谢天子的赏赐。

在陕西省扶风县法门镇任村发现的大克鼎，为周孝王时期铸器，又名克鼎和膳夫克鼎，通高0.93米，口径0.75米，重2015克。

与大克鼎同时发现的还有小鼎7件、镈2件、钟6件、镈1件，都是膳夫克所做之器。因此称此鼎为大克鼎，小鼎为小克鼎，为西周孝王时名叫克的大贵族为祭祀祖父而铸造。

大克鼎造型宏伟古朴，鼎口之上竖立双耳，底部三足已开始向西周晚期的兽蹄形演化，显得沉稳坚实。纹饰是3组对称的变体夔纹和宽阔的窃曲纹，线条雄浑流畅。由于窃曲纹如同浪峰波谷般环绕器身，因此又叫波曲纹。

大克鼎腹内壁上铭文共28行290字，为西周大篆的典范之作。内容分为两段：

第一段是克对祖父师华父的颂扬与怀念，赞美他有谦虚的品格、美好的德行，能辅协王室，仁爱万民，管理国家。英明的周天子铭记师华父的伟绩，提拔他的孙子克担任王室的重要职务膳夫，负责传达周天子的命令。

第二段是册命辞，周天子重申对克官职的任命，还赏赐给克许多礼服、田地、男女奴隶、下层官吏和乐队，克跪拜叩首，愉快地接受

流光溢彩的金属宝器

了任命和赏赐，乃铸造大鼎歌颂天子的美德，祭祀祖父的在天之灵。

青铜盠方彝是西周中期的盛酒器，发现于陕西省眉县。盠方彝为长方形、圈足、顶式器盖，象鼻双耳，内铸铭文106字。

盠方彝器身铸满文饰，以夔龙纹为主题文饰，对称装饰，中间有圆形涡纹，器身角面以3层文饰装饰，上下两层为夔龙纹两个一组装饰，中间层与盖主纹相同。盖为四坡顶，铸有扉棱为脊。整器庄重规范、工艺精湛。

彝是青铜礼器的一种统称，金文中通常有"做宝樽彝"的字样。彝又是一种青铜酒器的专名，盠方彝是根据其铭文和形体而定名的。

西周时期青铜器铭文是研究西周社会政治、经济、军事、书法的重要实物资料，记载的内容主要有祭祀、战事盟约等。盠方彝铭文记载的是周穆王时期册命摄可六师、殷八师有关军事方面的内容。

盠方彝的装饰采用浮雕技法，雕铸出粗犷豪放的文饰，装饰主次关系明确，层次十分清晰，达到了极好的艺术效果，其精美而又带有神秘色彩的文饰，浑厚庄重的器身以及铭文，通过雕铸将它们有机地融合到一起，再现西周青铜器铸造业的辉煌。

谏簋是臣子向君王提出建议请求或得到封赏后，为了纪念而制作的青铜器。

例如这件西周中期谏簋高21厘米，宽29厘米，重5280克。圆形，敛口，鼓腹，圈足下有3小足，腹部两侧兽耳下垂小珥。隆盖，顶有圆形捉手。盖顶和器腹饰瓦纹，颈部与盖沿饰窃曲纹，圈足饰三角云纹。盖器对铭，器

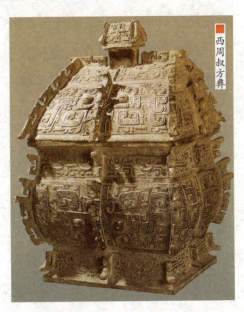

西周叔方彝

铭文9行102字，盖10行101字：

唯五年三月初吉庚寅，王在周师录宫。旦，王格大室，即位。马共佑谏入门，立中廷。王呼内史先册命谏曰："先王既命汝王宥，汝谋不有闻，毋敢不善。今余唯或命汝。赐汝攸勒。"谏拜，稽首。敢对扬天子丕显休，用作朕文考惠伯樽簋。谏其万年子子孙孙永宝用。

谏簋铭文大意：在五年三月第一个吉日庚寅那一天，王在周地的师录宫。天刚亮，王到大厅，坐定位子。司马共带领做器者谏进入庙门，站立于庭院中间。王召呼史官内史先册命谏，说："我的先辈周王既然已经任命你兼管王的宴乐之事，你不能思虑有所不周，不能不善待其事。现在我继续任命你管理原来的事情。赏赐给你一套马笼头。"谏拜，叩头。为答谢和宣扬天子伟大显赫的美意，谏因此做了祭奠其死去的父亲惠伯的簋。谏的后代子孙万年永宝用这件簋。

这篇铭文说明，在西周时代的官职任用制度中规定，抑或是不增减任命，只是重申前王的任命，也需举行一次册命典礼。

在陕西省扶风县庄白家村发现的西周中期史墙盘，属于微氏家族盥洗器具，通高16厘米，口径47厘米，深8.6厘米，是西周微氏家族中一位名叫墙的人，为纪念其先祖而做的铜盘，因做器者墙为史官而得此名。

此盘造型规整，纹饰精美，敞口，浅腹，圈足，腹外附双耳；腹部饰凤鸟纹，圈足部饰两端为上下卷曲的云纹，全器纹饰以云雷纹衬地，显得清丽流畅。

盘内底部刻有18行铭文，共284字，首先追述了列王的事迹，历数周代文、武、成、康、昭、穆各王，并叙当世天子的文功武德。

接着叙述自己祖先的功德，从高祖甲微、烈祖、乙祖、亚祖祖辛、文考乙公到史墙。颂扬祖先功德，祈求先祖庇佑，是典型的追孝式铭文。人们从微氏家族的发展史中，可看出周王朝对殷商遗民采取的政策。

盘铭也是一篇很漂亮的书法作品，其文体爱用简明整齐的4字句式，这是已知年代最早的带有较明显骈文风格的铭文作品。

阅读链接

班簋何时何地出土无考，为清宫旧藏，八国联军占领北京时散出。

1972年6月，在北京市物资回收公司有色金属供应站的废铜堆里拣选到一件古器残件，经北京市文物管理处组织专家鉴定，确定为"班簋"。郭沫若先生得知后甚喜，曾著《"班簋"的再发现》一文进行论述，一时轰动了文博界、学术界。

随后将班簋残件送故宫博物院文物修复厂修复。原厂长蔡瑞芬将任务交给了赵振茂先生。当时原器4足已全部折毁，器身毁去过半，底部变形，但口部、腹部、器耳、花纹还有部分残存，特别是腹内铭文，基本上保存下来了。

幸好班簋的铜质好，有韧性，不至于断裂。赵振茂主持并亲自修复。大致经过整形、翻模补配、修补对接纹饰等6道程序。首先用钣金法等对器物整形，然后利用原器残件翻模铸造所缺的3个耳及珥；察对纹饰，去错补缺，并使所补部分与原器花纹浑然一体。接下来采用跳焊法将补块焊到原器上。因底部铭文处出现孔洞而不全，孔洞要用锡补平，并根据《西清古鉴》簋铭拓片，描上字样，再用钢錾雕刻。

修复后的班簋古朴、凝重、典雅的造型与斑斓锈色相映，令人赞叹不已，现藏于首都博物馆。

继承发展的晚期青铜器

西周晚期的重器，厉王时期有簋、钟、郑季、簋、攸从鼎、散氏盘、禹鼎、鄂侯驭方鼎、敔簋等，宣王时期有颂鼎、兮甲盘、虢季子白盘、毛公鼎、南宫平钟等。

西周晚期的铜礼器，延续了中期形制和纹饰简朴化的变化，淘汰了中期保留的早期因素。常见器种有鼎、簋、鬲、簠、壶、樽、盘、匜等，品种明显减少。鼎除沿用中期的垂腹鼎外，还有圆底鼎，都是兽蹄足。

西周晚期纹饰仅流行波曲纹、重环纹、鳞纹和直线纹，绝少见繁缛的动物纹，即如簋一类的王室

西周颂鼎

重器也是直线纹。

周厉王名姬胡，是西周的第十代君王，他统治期间，繁盛一时的西周王朝已逐步走上了衰败的道路。当时周王朝北方边患不断，日益强盛的猃狁民族经常向南侵袭，成为周王朝的严重威胁。

早在周夷王时，双方就曾在距丰镐二京不远的洛河北岸进行过一场激战，"震动了京师"；而周厉王之后的周宣王时，北方猃狁也曾"侵镐及方，至于泾阳"，直逼丰镐二京，大臣方仲和尹吉甫率军出击。

周厉王时期的多友鼎，铭文就记载了某年十月，猃狁即匈奴，侵犯京师，周王命武公派遣多友率兵抵御。多友在10多天内，共打4仗，都取得了胜利，并救回了被俘虏的周人。

武公将战绩报告给周王，周王赏赐给多友包括青铜在内的若干财物。为了感谢周王，也为了纪念这次胜利，多友铸造这件圆鼎以记其事。

铭文中一共8次提到了"多友"，青铜鼎也因此被命名为"多友鼎"。

多友奉王命抵御这次"侵犯京师"的战役，与前述两次"欲犯京师"的战役相比，虽然规模略小，却更直接地关系到周王朝的存亡危机。然而这次捍卫京师的重要战役却未见记载。但一件珍贵的多友鼎的铭

■ 西周史颂鼎

兮甲 周宣王的大臣，官至内史，据说是《诗经》的主要采集者，军事家、诗人、哲学家，被尊称为中华诗祖。尹吉甫辅助过三代帝王，后周幽王听信谗言，杀了他。不久知道错杀，便给他做了一个金头进行厚葬。为了防止盗墓，修建了真真假假12座墓葬。

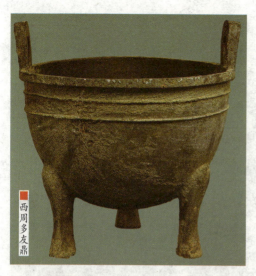

西周多友鼎

文内容无疑成为这次战役重要的历史见证。

多友鼎发现于陕西省长安县下泉村，通高0.51米，口径0.5米。立耳，圆底，腹微敛，蹄形足。口下饰弦纹两道。器表光素无纹，造型十分普通，但它腹内所铸的279字铭文，却记录了那场鲜为人知的战争。

这篇铭文以纪实的手法记述了这次战役的时间、作战的方式、战争的规模及战争的结果，更为重要的是这次缴获猃狁127辆战车的记载，对了解猃狁的战斗实力提供了一份全新的资料。

晋侯苏"编钟"也做于西周厉王时期。编钟为成组的青铜乐器。该组编钟大小不一，大的高0.52米，小的高0.22米，都是甬钟。钟上都刻有规整的文字，共刻铭文355字，最后两钟为两行11字。铭文都是用利器刻凿，刀痕非常明显，铭文可以连缀起来，完整地记载了公元前846年1月8日，晋侯苏受命伐夙夷的全过程。

西周晋侯钟

散氏盘铸制年代约在西周厉王时期，因铭文中有"散氏"字样而得名。有人认为做器者为矢，故又称作矢人盘。

散国约位于陕西省宝鸡市凤翔县一带，西北方与矢国为邻。矢国凭借武力多次入侵散国，掠夺财产和土地。散国就到周厉王面前告状，希望借助周天子的威望解决两国间的纠纷。

在周厉王的调解下，矢国退还了土地，双方的官员划定了田界，举行了盟誓。盘上铭文记载的就是散国的誓约，过程与合约均铸在盘上作为证明。

散氏盘为带高圈足的大耳圆盘，高0.2米，口径0.5米。腹饰夔纹，圈足饰兽面纹。内底铸有铭文19行，357字。散氏盘的造型、纹饰均呈现西周晚期青铜器简约端正的风格，而它最吸引人的还是铭文。

散氏盘铭文书法浑朴雄伟，字体用笔豪放质朴，敦厚圆润，结字寄奇隽于纯正，壮美多姿。它不同于大盂鼎、毛公鼎一类西周青铜器铭文的结字并取纵式，结字偏长，而是取横式，结字方整。它不但有金文之凝重，也有草书之流畅，开"草篆"之端，在碑学体系中，占有重要的位置。

散氏盘铭文的最大审美特征在于一个"拙"字，拙朴、拙实、拙厚、拙劲，线条的厚实与短锋形态，表现出一种斑驳陆离、浑然天成的美。然而，散氏盘铭文的字形构架并非固定不变。它的活气跃然纸上，但却自然浑成。特别是在经过铸冶、捶拓之后，许多长短线条之间，不再呈现对称、均匀、排比的规则，却展现出种种不规则的趣味来。

圆笔钝笔交叉使用，但圆而不弱，钝而不滞，是散氏盘铭文在技巧上的着重点。在体势上，

■西周有盘鼎

字形结构避让有趣而不失于轻佻，多变但又不扭怩造作，珠玑罗列，锦绣横陈，在极粗质中见做工精到，这是散氏盘铭文的魅力所在。

散氏盘铭文的字与字间隐约可见阳文直线界栏，是典型西周晚期铭文的风格。

铭文大意是说：矢国侵略散国，后来议和。和议之时，矢国派出官员15人来交割田地及田器，散国则派官员10人来接收，于是双方聚集一堂，协议订约，并由矢国官员对散人起誓，守约不爽。矢人将交与散人的田地绘制成图，在周王派来的史正仲农监交下，成为矢、散两国的正式券约。

青铜盘原为盛水的器皿，但散氏盘在镌铸契约长铭后，已然成为家国宗邦的重器。

还有商周最大的一件青铜簋，由周厉王麸做器，其器型为方底座，圆形腹，高圈足，凤鸟形双附耳。器底座上饰竖条瓦棱纹，腹上部和圈足各饰一圈钩云纹，腹中部饰竖条状瓦棱纹。通体高0.59米，口径0.43米，腹深0.23米，重60千克。

麸簋器型雄伟厚重，拙朴典雅。系周厉王为祭祀

波带纹 也称环带纹等。始见于西周中期，盛行于西周晚期至春秋早期。状如一条波浪般起伏的宽带，波峰之间布有各种纹饰。有人认为这也是从龙纹变化而来，也有人把它列入几何类纹饰。

先祖而铸，形体高大魁伟，可称簋中之王，内底铸铭文124字，注明该器制作于厉王十二年（前888）。它不仅是一件艺术瑰宝，而且为西周青铜器断代增添了一件标准器。

毛公鼎制于西周宣王时期，因鼎腹内铸有32行关于册命毛公瘖的铭文，毛公瘖为了报答天子的皇皇美德，铸造了这个宝鼎，子子孙孙永远宝用，故名"毛公鼎"。

毛公鼎相当完整，高0.53米，口径0.47米，重34.7千克。鼎口呈仰天势，半球状深腹，垂地三足皆做兽蹄，口沿竖立一对壮硕的鼎耳。

毛公鼎整个造型浑厚而凝重，饰纹也十分简洁有力、古雅朴素，标志着西周晚期青铜器已经从浓重的神秘色彩中摆脱出来，淡化了宗教意识而增强了生活气息。

毛公鼎的高度和重量与其他殷商时期的巨大青铜器可说是天差地远，然而，毛公鼎上刻的铭文却是铭文青铜器中最多的，有32行，499字。毛公鼎铭文的内容可分成7段，是说：周宣王即位之初，急切地想振兴朝政，乃请叔父毛公为其治理国家内外的大小政务，并饬勤公无私，最后颁赠命服厚赐，毛公因而铸鼎传示子孙永宝。毛公鼎全铭文辞精妙而完整，古奥艰深，是西周散文的代表作。

虢季子白盘也铸于周宣王时期，与散氏盘、毛公鼎并称西周三大青铜重器。此盘造型奇伟，高0.39米，上口呈长方形，口长1.37米，腹下敛，平底，曲尺形四足。四壁各有含环兽首两个，腹上部为窃曲纹，下部为环带纹。

虢季子白盘形制奇特，似一

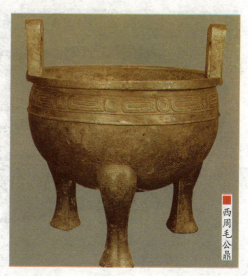

西周毛公鼎

《礼记》 战国至秦汉年间儒家学者解释说明经书《仪礼》的文章选集，是一部儒家思想的资料汇编，又叫《小戴礼记》，与《周礼》《仪礼》合称"三礼"。其作者多数篇章可能是孔子的72名高徒弟子及其学生们的作品，还兼收先秦的其他典籍。从来礼乐并称。

大浴缸，为圆角长方形，四曲尺形足，口大底小，略呈放射形，使器物避免了粗笨感。四壁各有两只衔环兽首耳，口沿饰一圈窃曲纹，下为波带纹。

盘内底部有铭文111字，讲述虢国的子白奉命出战，荣立战功，周王为其设宴庆功，并赐弓马之物，虢季子白因而做盘以为纪念。铭文语言洗练，字体端庄，是金文中的书家法本。

虢季子白盘铭文的大意是：在十二年正月初吉期间的丁亥日，虢季子白制作了宝盘。显赫的子白，在军事行动中勇武有为，经营着天下四方。

进击征伐猃狁，到达洛水之北。斩了500个敌人的首级，抓获俘虏50人，成为全军的先驱。威武的子白，割下敌人左耳献给了王，王非常赞赏子白的威仪。王来到成周太庙的宣榭，大宴群臣。

王说："白父，你的功劳显赫，无比荣耀。"

王赐给子白配有4匹马的战车，以此来辅佐君王。赐给朱红色的弓箭，颜色非常鲜明。赐给大钺，

■ 西周虢季子白盘重环纹盘

西周青铜器具有更多的本时代特点，趋向简朴、长铭。酒器爵、角、斝、觚、觯、方彝等基本消逝了，壶、罍、盂、樽、鸟兽樽仍继续保留。

盛食器的簠、盨和注水器匜是新出现的器种，造型大方而实用。匜、盘足一套盥器，相需为用，发现常一起出土。《礼记·内则》记载："进盥，少者奉盘，长者奉水，请沃盥，盥卒，授巾。"贵族豪华生活可见一斑。

铸鼎铭文

西周青铜器

西周大克鼎

青铜钟由先前3件为一组发展到大小8件为一组。这一时期的列鼎制度尤其盛行。簋也常常成2、4、6、8双数出现，与鼎相配。

器型上鼎、甗多做蹄形足，毛公鼎可作为典型代表。鼎与盘有的有流口，盘有的有腹耳。簋的圈足下常有3足。鬲多做折沿，弧裆，出现了带有火灶的一种特殊形制的鬲，在方鬲灶门外还铸一受刖刑的俑人浮雕。壶一般有套环双兽耳。戈援前锋多呈三角形。

西周后期还出现了有时代艺术风格的纹饰，如环带纹、窃曲纹、鳞纹、重环纹、瓦纹。但也有许多素面或器身仅有几道弦纹的器物。

由于制器者多注重铭文，因而新出现的纹饰不免有粗犷潦草之感。兽面纹一般已不再作为主题装饰了，而常做器足上端的装饰。鸟纹则继续流行。

西周后期青铜器制作朴素，铭文书体娴熟奔放，其内容更是极为珍贵的史料。铭文书体排列均匀整齐，字体严谨，书法娴熟，竖笔呈上下等粗的柱状，被称为"玉柱体"。

大克鼎还采用在方格内填字的方法。虢季子白盘铭文读起来朗朗上口，书体圆转秀美，具有小篆的韵味。比如在陕西省眉县杨家村发现的逨盘，被誉为"中国第一盘"，逨盘通高20厘米，口径53厘米，圈足直径41厘米，腹深10厘米，兽足高4厘米。

盘为盛水器，一般与匜配套使用。为方唇，折沿、浅腹、附耳、铺首，圈足下附四兽足。腹及圈足装饰窃曲纹，辅首为兽衔环。

逨盘内底铸铭文21行，约360字，记载了单氏家族8代人辅佐西周自周文王至周宣王12位王征战、理政、管治林泽的历史。对西周王室变迁及年代世系有着明确的记载，可印证史书的记述，对夏、西周断代工程所拟的西周宣王年表做出了检验。

逨盘造型与纹饰优美，长篇铭文气势恢宏，铸造工艺精湛，的确是中国古代青铜艺术的经典之作。

显然，这篇铭文的内容主要是逨夸耀自己的家族史并纪念周王的册命赏赐，其中，不乏西周中晚期金文中公文式的套话。但弥足珍贵的是，在称颂列祖列宗的同时，也基本历数了西周诸王，并道出了西周史的大致轮廓。

阅读链接

史料记载郑桓公名友，或称多父，或称桓友，是周厉王少子、周宣王的异母弟。

对他的真实身份众说纷纭，虽然西周时期对人们铸造青铜器的条件并没有明确的限制，但就当时而言，铜是极其珍贵的，铸造较大的一件铜器是寻常百姓难以负担的，而且按照西周的规定，只有具备了一定的等级才能得到丰厚的赏赐。

从鼎的铭文中可以得知，如果不是宣王的弟弟，没有爵位和官衔的普通人是不可能受到如此隆重的礼遇和厚重的赏赐的，因此推测，多友鼎的铸造主人是郑桓公。

春秋战国青铜器

　　西周青铜器后，春秋战国时期是中国古代青铜器发展的又一个高潮期。可分为春秋早期、春秋中晚期至战国早期以及战国中晚期4个阶段。

　　春秋战国时期青铜器的主要特点是：列国器物大量出现；地域风格的形成；各地区之间逐渐交流；铸造技术的长足进步，反映出春秋战国时期生产力的提高。

春秋早期青铜器兴起

　　春秋早期青铜器形制和组合与西周晚期基本相同，纹饰也沿袭西周的特点。

　　春秋时期，王室、王臣的礼器几乎消失，代之而起的是列国诸侯、卿大夫甚至卿大夫家臣铸造的器物。这和当时王室衰微而诸侯、大夫及家臣势力不断壮大的形势相吻合。

　　这一阶段代表器物有在山东黄县南埠发现的纪国滕器、河南三门峡上村岭发现的虢国青铜器、湖北京山苏家垅发现的曾国青铜器、山东烟台上夼发现的纪国青铜器、山东历城百草沟发现的鲁国滕器

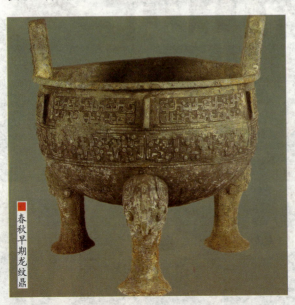

春秋早期龙纹鼎

及湖北随州熊家老湾发现的曾国青铜器等。

春秋时的纪国是姜姓诸侯国，铭文做"己"，其青铜器皆发现于山东，清代在寿光纪侯台下曾发现了西周晚期的纪侯钟。

在山东省黄县东南的南埠有一座春秋早期墓葬，其中发现了一批青铜器，有盘、鬲、鼎等共8件，其中前6件有铭，可知为纪国嫁女的媵器。

在山东烟台南郊的上夼，也发现了一座春秋早期墓葬，青铜器有鼎、壶、甬钟、戈、鱼钩等共 9件，两件鼎上有铭，说明器主为纪侯之弟。

烟台远离纪国而近于莱国，墓主人可能是由纪国迁到莱国的。春秋初年纪国还曾与周王室通婚，《斋吉金录》中记载有山东的王妇纪孟姜，其随葬物是春秋早期青铜器，可能也是嫁为王后的纪女之物。

虢国是西周时期的一个重要诸侯封国，以虢国青铜器为代表的虢国文化，是春秋时期文化的重要组成部分。在春秋早期的青铜器中，虢国的青铜器以造型雄奇、纹饰精美、铸造工艺精湛而著称于世。

虢国墓地中发现的青铜器有鼎、簋、鬲、壶、洗、爵、盉、戈、编钟等。

如虢国古方鼎，外观雄奇，四足稳重端庄厚实，纹饰粗犷却又不失细腻之处，作为传国重器，是国家

媵器 周代王室、诸侯及其他贵族的女子在出嫁的时候，其父母兄长等要为该女子铸造青铜器，称为媵器，供该女子在夫家作为祭祀用器或生活用器。铸器时，在这些青铜器上铭刻文字，记下做器者身份称谓、出嫁女的称谓、所铸器的器类名称以及祝福的话语。

■ 春秋早期青铜龙
耳樽

流光溢彩的金属宝器

虢国 西周初期
的重要诸侯封
国。周武王灭商
以后，周文王的
两个弟弟分别被
封为虢国国君，
虢仲封东虢，虢
叔封西虢，西虢
国后随周平王东
迁至今河南省陕
县，地跨黄河两
岸，河北称为北
虢，河南称为南
虢。

权力的象征，并被赋予显赫、尊贵、盛大的引申意义，此鼎虽是实用品，而以外观之伟岸敦实，可见使用者的身份和权势。

虢国铜方彝，是一种长方形盛酒器，带盖，直口，四壁做弧线状，腹鼓出，圈足，盖及器身的四角与中部各有一条凸起的扉棱相对，盖正脊中间立一钮，呈四面坡屋顶样式，通体铭纹丰富，并以夔纹为主题纹饰，精美绝伦。

再如虢国大爵杯，前部有流，后部设尾，流处竖菌形双柱，腹部外表面装饰兽面铭纹，铸造工艺精致，造型流畅优美，爵杯既是古代饮酒的器皿，同时也作为中国最早的青铜礼器，是拥有者权力与身份的象征。

虢国古方樽，是所铸的奉养礼器，高21厘米，口径20厘米，重3560克。方体，圆口，折肩，虽形制不大，却气度不凡，深厚雄健，仿佛大器，堪称春秋早期青铜鼎盛期中的上乘之作。

古方樽的颈部饰蕉叶纹，若仔细辨识，这每一瓣蕉叶纹竟是由上下倒置、五官移位的兽面纹构成，兽面纹下面是两只一组的优美凤鸟。肩部一周饰双头龙纹，龙首回顾观望。

四角是突出的带角象鼻首，象眼圆睁，长鼻卷曲，象牙上翘，双角弯折，别有威严神秘之相。

曾国的故城遗址在湖北省随州市曾都区，关于"曾"的记载，最早见于殷墟出土的殷商甲骨卜辞《掇续》的"左比曾"的铭文中。

曾都区、汉水西岸的宜城、钟祥、武胜关的豫南，先后多次发现有"曾"铭文的青铜器，如"曾侯仲子父鼎""曾子仲鼎""曾侯白戈""曾姬无血""曾都尹法之行""曾孙法之鼎"等。

通过对这些出土的青铜器上的铭文以及史料进行研究和考证，可以得出"曾随合一"的结论，即在2400年前，以曾都区为中心的汉东地带的"随"国即"曾"国，随州城为曾都。

山东曲阜是鲁国故城，春秋墓葬中发现有大量青铜器，如北关村曾发现簋6件、豆1件以及车軎、铃等铜器。

后来在曲阜鲁国故城遗址墓葬中又发现了一批青铜器，器物主要有鼎、甗、簋、簠、壶、盘、匜、盆以及戈、车軎等兵器和车马器，器型多为当时中原地区流行式样，纹饰也是以窃曲纹、重环纹、环带纹、垂鳞纹等为主的春秋时期常见纹饰。

有些铜器还铸有铭文，其中，发现的铜器的

259

鼎食钟鸣

春秋战国青铜器

■ 春秋早期龙纹方甗

铭文多是鲁司徒仲齐为其父伯走父做器或自做用器，铜器的器主则为鲁伯等人。

除了以上代表器物，春秋早期青铜制品还有在陕西宝鸡太公庙发现的秦公钟，高0.48米，两铣间距0.27米，共5件，大小不同，角上饰4条小龙，干带上有4组变形雷纹，腹部饰兽目单连纹，鼓部饰卷龙纹。

与秦公钟配套的还有秦公镈，镈和钟为大型敲击乐器，盛行于春秋战国时期，在贵族祭祀或宴飨时与编磬等乐器配合使用。桥形口者为钟，平口者叫镈。

秦公镈造型雄伟，鼓部齐平，中起4道飞棱，侧旁的两道飞棱，形状是9条盘曲的飞龙，前后两条则是5条飞龙和1只凤鸟。舞部各有一龙一凤，背对背，向后回首，钮上有环。镈身上下各有一条带状花纹，由变形的蝉纹与窃曲纹组成。

秦公镈上有铭文，记载了秦早期的世系，对研究秦代先祖的历史极为重要，也有助于了解春秋早期秦地的青铜铸冶技术，以及音乐文化。

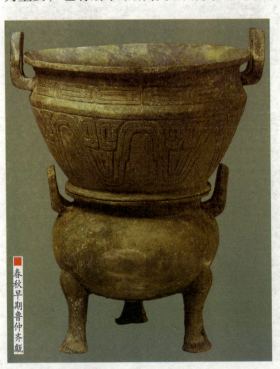

春秋早期鲁仲齐甗

另外还有"青铜器珍宝"之称的龙耳虎足方壶，发现于河南新郑李家楼郑公大墓，其通高0.87米，宽0.47米，重41千克。

龙耳虎足方壶有盖，盖似华冠。直口厚唇，束颈修长似扁方筒，鼓腹，圆形底。颈饰蕉叶纹，这件方壶的雕饰最具特色的是一个龙和虎的配合，颈两侧附一对壮硕的龙形耳，龙为高冠，

流光溢彩的金属宝器

回首卷尾呈蹲立状，双龙耳上铸有细缕孔，整体给人一种凌驾于云气，沐于深泉的雄伟气魄。

腹饰界栏状凸棱，上区饰蟠虺纹，下区光素无纹。圈足饰蟠虺纹和云纹，足下卧两虎，虎身下伏，口微张，外吐长舌。

此壶造型优雅，纹饰繁缛精美，龙虎上下呼应，栩栩如生。龙代表神武、力量、权势，具有王者风范，而且极为善变，能驱邪辟灾。此器青龙蜿蜒，白虎驯服，寓意美好、吉祥。

■ 春秋早期蛟龙纹方壶

通体蟠虺纹，两侧双龙回首，尽展显赫地位，昭示尊贵身份，龙之腾飞，寓意步步高升。

春秋战国时期，意识形态领域空前活跃，人们个性张扬，崇尚浪漫情怀。春秋青铜器作为当时风貌的物化反映，器型由厚重变得轻灵，造型由威严变得奇巧，手法由浓厚的神秘色彩而趋向写实，装饰纹样也变得易于理解和更接近于生活。

莲鹤方壶的出现，是春秋时期时代精神的象征。反映了一种新的生活观念与艺术观念，是活跃升腾的精神力量的形象体现。

蟠虺纹 青铜器纹饰之一。又称蛇纹。以蟠屈的小蛇，即虺的形象，构成几何图形。有的做二方连续排列，有的构成四方连续纹样。有三角形或圆三角形的头部，一对凸出的大圆眼，体有鳞节，呈卷曲长条形。

春秋早期蟠龙纹方壶

壶是古代青铜酒具的一种，也是青铜礼器的重要种类之一，自商代就已有之，主要盛行于春秋战国时期。

《诗经》中曾有"清酒百壶"的记载，所指的便是这类器物。其造型多种多样，有方壶、扁壶、圆壶、瓠形壶等，造型奇特华美，为春秋青铜器中的精品。

郑国莲鹤方壶主体部分为西周后期以来流行的方壶造型，造型宏伟气派，装饰典雅华美。顶盖做镂空花瓣形，中立一鹤，昂首舒翅。双耳为镂雕的顾首伏龙，颈面及腹周皆为伏兽代替扉棱。

方壶通体四面自颈至腹饰以相缠绕的龙，不分主次，上下穿插，四面延展，似乎努力追求一种总体上的动态平衡。圈足饰似虎的兽，足下承以吐舌双兽，兽首有两角，似乎在倾其全力承托重器。构思新颖，设计巧妙。

壶上物像众多，杂而不乱。神龙怪虎，神态各具。当然，方壶装饰最为精彩的部分是盖顶仰起的双层莲瓣和伫立于莲芯之上展翅欲飞的立鹤。

仙鹤亭亭玉立，双翼舒展，引颈欲鸣，它们所展示出的这种清新自由、生动活泼的意境，形神俱佳，栩栩如生，一扫

春秋早期曾仲父方壶

流光溢彩的金属宝器

前代装饰工艺肃穆刻板的风格，标志着中国古代装饰工艺的新开端。

莲鹤方壶硕大的器型、优雅的曲线、纯青的工艺、精美的纹饰，清新隽永，令世人叹为观止，因此莲鹤方壶被誉为"青铜时代的绝唱"，它说明郑国的工业科技水平特别是青铜器铸造工艺，在当时处于领先地位。

莲鹤方壶构图极为复杂，造型设计非常奇妙，铸造技艺卓越精湛，堪称春秋时期青铜艺术的典范之作。莲鹤方壶需要几十个奴隶同时浇铸才能完成，是多范畴合铸工艺的代表。

莲鹤方壶遍饰于器身上下的各种附加装饰，不仅达到异常瑰丽的装饰效果，而且反映了青铜器艺术在春秋时期审美观念的重要变化。

阅读链接

1923年8月25日，家住河南省新郑县南门外李家楼村的一个名叫李锐的乡绅，在自家的菜园中打井。

当挖到地下3米多深时，竟挖出不少古铜器的碎片，他从中挑了3件比较完整的铜鼎去卖，没想到居然卖得大洋800多块，于是喜出望外，赶紧回家接着挖，他做梦也不会想到，这口井正打在了2600多年前郑国国君的大墓上。

北洋陆军第十四师到新郑巡防时，得知此事，立即派人接管、监督，并派出工兵部队继续挖掘。坑越挖越大，宝物越挖越多，一直挖了一个多月，共出土青铜器100多件。

其中包括一对龙耳虎足方壶。后来，这对龙耳虎足方壶分藏在北京故宫博物院和台北历史博物馆里，北京故宫博物院的叫"龙耳虎足方壶"，而台湾历史博物馆的有着另外一个名字"春秋蟠龙方壶"。

春秋中晚期流行蟠螭纹青铜器

春秋中期以后的青铜器，以蟠螭纹的流行为标志，山西侯马所出土的陶范和旧著录中的晋公器等器物上都有细密的平面蟠螭纹。

这时，中国大体上呈现以三晋为中心的中原、以秦国为中心的西方和以楚国为中心的南方三足鼎立的格局。

此外，北方、西南方、东南方等几处少数民族区域也各有其独特

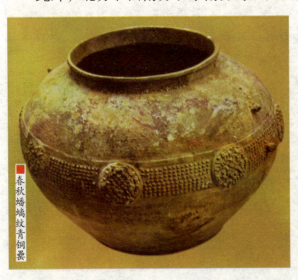

春秋蟠螭纹青铜罍

风格。山西省侯马市上马村墓穴是发现春秋中期晋国青铜器的重要墓葬，共有器物180多件，组合为鼎、鬲、甗、敦、簠、方壶、鉴、盘、匜等，并有编钟及石质的编磬以及戈、矛等武器。

侯马春秋墓中的鼎有

7件，形制不同，但皆附耳。敦为环钮，有3小足，簋有对称的两个环耳。

■ 春秋中期三角云纹钮钟

9件编钟已是钮钟形式，是钮钟中相当早的一例。两件鼎作者为徐王之子庚儿，其时代当为春秋中期偏晚，因此上马村墓穴应为春秋中晚期之交的墓葬。

侯马窑址出土陶范多达3万余块，其中可辨器型者有1000块以上，可以配套的有100多件。其中属于早期的陶范纹饰较简素，以平面的蟠螭纹、绚纹为主，与晋公青铜器上细密的平面蟠螭纹正相合。

晋公青铜器做于公元前537年，代表了春秋中晚期的风格。晚期的陶范多有浮雕状纹饰，有的非常复杂富丽，与相传发现于河南省辉县的一对赵孟壶和一对智君子鉴上的纹饰风格相同。

智君子鉴上的浮雕状纹饰比赵孟壶更为发达，时代当更晚，铭文中的"智君子"，可能就是公元前453年被韩、赵、魏所灭的智氏末一代智瑶。因此，这种浮雕状纹饰当起于公元前500年左右的春秋末期，盛行于战国前期。

蟠螭纹 青铜器纹饰之一。图案表现传说中的一种没有角的螭龙，张口、卷尾。有的纹饰做两方连续排列，有的构成四方连续纹样。一般都做主纹应用。盛行于春秋战国时期。在当时的玉器上，也常见雕琢有蟠螭纹，表现形象有的有所不同。

春秋时期秦公簋

流光溢彩的金属宝器

晋国青铜器铸造工艺在春秋列国中居于领先地位，侯马的陶范上的图像和浮雕状纹饰，显示了晋国青铜器铸造工艺的先进。比如晋国鸟兽龙纹壶，器型圆体，宽颈，深腹外鼓。盖及两耳已失。器物主体纹饰是人首鸟体的怪兽和蟠螭纹龙相互缠绕。在纹饰之间还有虎、豹等动物的食人之像。腹下饰一周雁群纹，雁做昂首曲颈状，体现了晋国青铜铸造业水平之高。

秦公簋出土地甘肃省天水市秦州区秦岭乡，做于秦景公时，是秦公之祭器，在秦汉时被当作容器使用。敛口微腹，兽首耳较大。盖缘和口下饰兽目交连纹，器上兽首倒置，圈足饰鳞纹，余饰横条纹，盖沿和口沿每组纹饰间还设有上下相反的浮雕兽首，殊为奇特。

上有铭文104字，分铸于器及盖上。盖器同铭5字，记秦公做此簋。器和盖上又各有秦汉间刻款9字。铭文均由印模打就，青铜器的此种制作方法，仅见此例。铭文字体整饬严谨，微曲中求劲健，表现出强悍雄风，也是春秋时期秦国的传神写照。

在河南省淅县下寺楚墓中发现的王子午鼎，是春秋时期楚国的青铜器，是分铸后焊接而成，采用了榫卯、中介物等新型构思，技艺高超，在当时是世界一流的水平。

本来这是一套7件用失蜡法铸造的列鼎，鼎上铭刻有"王子午"字样；7鼎由大至小排列，称为列鼎，王子午鼎是其中最大的一件。

该鼎侈口、束腰、鼓腹、平底、三蹄形足，口沿上有两外侈的长方形耳，旁边攀附6条蟠螭纹龙形兽，兽口咬着鼎的口沿，足抓着鼎的腰箍，使鼎在香烟缭绕中有升腾的感觉。腹部满浮雕的攀龙和弦纹。内腹与盖内均有铭文。

该鼎是楚庄王之子、楚共王的兄弟、曾任楚国令尹之职的王子午，即子庚的器物。该器物又成为研究楚文化的标准器。鼎腹内壁均铸铭文共84字，记述王子午做器的用途和歌颂自己的功德。

春秋齐洹子孟姜壶，是齐侯为田洹子之父所做的祭器。高0.22米、口径0.13米，铜壶颈部内壁有铭

■ 王子午鼎

文142字，铭文记述田洹子之父死后，齐侯请命于周王，为死者举行多种典礼。

田洹子即田无宇，娶齐侯之女孟姜为妻。齐国自齐桓公死后，内部发生纷争，逐渐失去霸主地位。至齐景公之世，政权下移于卿大夫，卿大夫之间的兼并斗争愈演愈烈。

斗争中，田无宇先后消灭栾氏、高氏，壮大了自己的势力。公元前481年，田常杀齐简公，从此田氏完全控制了齐国政权。

这一时期，各地区之间逐渐交流。例如吴越地区流行的细线云雷纹在楚地也时有发现，而原先用于北方的带钩也传播到了南方，从物质文化角度反映出东周时期走向统一的历史趋势。

南方吴越地区春秋青铜器代表有吴王夫差鉴，高0.45米，口径0.73米，重45千克。

鉴是一种水器，在日常的生活中有时也用来盛冰。此器型如大缸，平底。器腹两侧有虎头状兽耳，

■ 吴王夫差鉴

两耳间的口沿旁有小虎攀缘器口，做探水状。通体饰繁密的蟠螭龙纹交相3周。器内壁有铭文两行13字，记吴王夫差用青铜做此鉴，为吴王夫差宫廷中御用之物。

这件鉴耳上兽面的额顶又饰一高出器口的长鼻兽。另两侧装饰了立体的卷尾双角蟠螭龙，两条龙攀缘器壁，咬住鉴口，炯炯有神的双目窥探鉴内，非常形象生动。除了立体的双龙，鉴的口沿、腹部均饰繁密的蛟龙纹。这种体躯交缠、盘旋的龙纹，盛行于春秋战国之际。

同一时期的吴王夫差青铜剑也为佳品，剑锷锋利，剑身满饰花纹，剑谭饰嵌绿松石兽面纹，剑身近格处镌"攻吴王夫差，自乍其元用"10字，为吴王夫差用剑。吴王夫差兵器已发现多件。

夫差是吴王阖闾的儿子，于公元前495年继王位，次年击败越王勾践，继而挥师北上，争霸中原。

公元前482年，吴王夫差与晋定公盟于黄池，即河南省商丘县南。春秋五霸之后，僻居东南的吴国和越国在中原地区的周朝王室衰微、诸侯争霸战争愈演愈烈的时候，吴越两国之间也爆发了激烈的战争。

公元前494年，吴王夫差亲自率领吴军攻打越国，越国战败，越王勾践屈辱求和，并到吴国侍候夫差。后来，勾践通过"卧薪尝胆"，3年后借助黄池

■ 吴王夫差矛

龙纹 又称"夔纹"或"夔龙纹"。在中国古纹样装饰中，龙纹占有十分重要的地位，被大量装饰在玉石、牙骨、陶瓷、织绣和服饰等许多方面。在封建时代，又将它与佛教、道教的神话结合起来，赋予新的神秘色彩。尤其在宫廷艺术中，更是充满了龙的装饰。

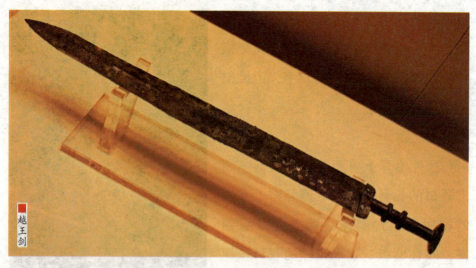

越王剑

之会攻占了吴国都城，杀死了吴国太子友。

就在这种不断的战争中，吴越两国建立了大规模的军队，大量地使用的兵器之一就是剑。剑是中国古代一种重要的近战短兵器，它由剑身和剑柄两部分构成。

剑身修长，两面都有利刃，顶端收聚成锋；剑柄则较短，用于手握。由于在格斗中其功能以推刺为主，故又称"直兵"。

越王剑是春秋时越王勾践请铸剑名师经历数年精心铸造出来的。据《吴越春秋》和《越绝书》记载，越王勾践曾特请龙泉宝剑铸剑师欧冶子铸造了5把名贵的宝剑，其剑名分别为湛庐、纯钧、胜邪、鱼肠、巨阙，都是削铁如泥的稀世宝剑。

据称，后来越被吴打败，勾践曾把湛庐、胜邪、鱼肠3把剑献给吴王阖闾求和，但因吴王无道，其中湛庐宝剑"自行而去"，到了楚国。为此，吴楚之间还曾大动干戈，爆发过一场战争。

历史上楚国和越国的关系曾经有一段非常亲密的时期，越王勾践还把自己的女儿嫁给了楚昭王。勾践的女儿生下了后来的楚惠王。

"越王勾践剑"发现于湖北江陵望山墓穴内棺中，位于墓主人的左侧，插在髹漆的木质剑鞘内。也许这就是越王勾践送给女儿的嫁妆。已在地下埋藏了2500多年的剑，却仍然完好如新，拔剑出鞘，寒光闪闪，毫无锈蚀。

越王勾践剑全剑长55厘米，柄长8厘米，剑宽4厘米。剑身修长，有中脊，刃锋利，前锋曲弧内凹。剑首外翻卷呈圆箍形，内铸11道同心圆，剑身上布满了规则的黑色菱形暗格花纹，剑正面镶有蓝色玻璃，背面镶有绿松石。

剑有两行鸟篆铭文，共铸8个金鸟篆体阳文："越王鸠浅，自作用剑"。剑身上两道凸箍，铸工精湛，为历代传颂的吴越名剑之一。剑身上装饰着菱形花纹，剑柄与剑刃相接处两面也用蓝色琉璃镶嵌着精美的花纹。无论就勾践剑的外形研制，还是质料搭配，这口剑都无疑是中国青铜短兵器中罕见的珍品。

越王勾践剑的含铜量为80％至83％、含锡量为16％至17％，另外还有少量的铅和铁，可能是原料中含的杂质。作为青铜剑的主要成分铜，是一种不活泼的金属，在日常条件下一般不容易发生锈蚀，这是越王勾践剑不锈的原因之一。

而且在同一剑上，各个部位的合金成分各不相同，这是根据需要配制的。剑脊需要韧性好，故含铜较多，可使剑不易折断；剑刃需要硬度大，故含锡多，可使剑锋利；剑的花纹处含硫高，硫化铜可防锈蚀并保持花纹艳丽。

据考证，这种复杂的复合金属工艺，是分两次烧铸后又复合成一体制作而成

越王勾践剑

■ 春秋晚期牺樽

的。这种工艺外国人近代才开始使用。古剑锋利无比，寒气逼人。是中国收藏的第一号名剑，享有"天下第一剑"的美誉。

越王勾践剑上的花纹是用金属锡制成的。春秋战国时期，青铜器的表面装饰有多种，采用锡是其中之一，青铜的亮黄色与锡的亮白色相互衬托，耀眼美观。

但锡有两点不足，一是硬度低，容易出现划痕，所以只能填在剑身的花纹内；二是在空气中容易被氧化而使光泽暗淡，失去了装饰的意义，所以这种方法并没有被较广泛地使用。

越王剑剑身的菱形暗格技术，是吴越之剑非常富于装饰性的一种工艺，这也是人们喜爱吴越之剑的一个原因。这把越王勾践之剑剑首用11道特别薄的铜片制作的同心圆。

在离发现越王勾践剑仅1千米处的另一座春秋时期的古墓中，又发现了吴王夫差矛。此矛也是通体装饰黑色菱形花纹，而且保存完好，铸技之精、工艺之美，堪与越王勾践剑匹敌。这一剑一矛被世人公认为是吴越青铜兵器中的双璧。

再来看这件春秋晚期的牺樽，高0.33米，长0.58米，重10.76千克，是以牛为器型，所以命名为"牺樽"。该樽的腹部中空，颈及脊背上有3穴，中间一穴套有一只锅形的器皿，可以自由取出。根据其构造的特点，可以确定这是一件温酒用的器物，锅形器容酒，前后两个空穴用于灌注热水。

此樽纹饰华丽繁缛，构图新颖，牛首、颈、身、腿等部位装饰有

流光溢彩的金属宝器

以盘绕回旋的蟠螭龙蛇纹组成的兽面纹，仔细观察为兽面衔两蟠龙，蟠龙的上半身从兽面的头顶伸出，后半身被兽面的双角钩住并向两边延伸。在牛颈及锅形器上饰有虎、犀牛等动物的浮雕，形态生动，铸造精美。

这件牺樽的牛鼻上还穿有一环，说明了至少在春秋时期，已经开始使用穿鼻的方法来驯服牛了。牛鼻环在当时称为"棬"。

在殷人观念中，体格健壮、有一双弯曲而有力的大角的水牛更具灵性，所以让它充当人与神沟通的媒介，担负通天地神兽的重要角色，主要用于祭祀。

同时牛樽的器身满饰动物纹，在商周时代的神话和美术中，动物或动物纹样占有很重要的地位，在祭祀中被视作神奇力量，扮演沟通天地的助手。

这件牺樽集铸造、设计、雕刻艺术于一身。既是精美的艺术品又是生活中的实用品，承载着大量的历史文化信息，是一件不可多得的青铜精品。

阅读链接

至春秋中晚期，列国金文在形体上均已形成较鲜明的时代特色，不同地理区域，甚至区域相邻的不同国家间的金文也有了较大的差别。

但当时大小国众多，所能掌握的金文资料，尚不足以逐一做细致的、分国别的研究。这一阶段金文大致分4个区域，即是东方之齐鲁、中原之晋、南方诸国和秦中。

同时，青铜铸造技术也有了长足进步。器物制作方面主要体现在合范法铸造的高度发达、失蜡法的应用、模印法制范、镶嵌工艺的普遍流行，以及兵器的表面处理技术等。

湖北省大冶县铜绿山的矿井遗址体现了东周时代青铜冶铸业的巨大规模，反映出春秋战国时期生产力的提高。

战国早期青铜纹饰达到新高峰

　　春秋晚期至战国早期，青铜器纹饰发展成浮雕状，繁复的镂空花纹则达到了东周时期青铜器制作的顶峰。

　　代表器物有河南新郑铜器群、安徽寿县蔡侯墓铜器群、山西浑源李峪村铜器群以及辉县山彪镇和琉璃阁、河南淅川、长治分水岭，湖北随州擂鼓墩等地的铜器群等。其中，最著名的是湖北随州擂鼓墩的

曾侯乙墓出土的编钟

曾侯乙墓发现的青铜器。这座墓的下葬年代为公元前432年，距今2410余年。

■ 曾侯乙墓出土的编钟

曾侯乙，姓姬名乙。战国时期曾国一个名叫"乙"的诸侯国君。他不仅是一位熟谙车战的军事家，也是一位兴趣广泛的艺术家。

曾侯乙墓中共发现随葬品15000多件。其中曾侯乙编钟一套65件，是最完整、最大的一套青铜编钟。

青铜礼器主要有镬鼎2件、升鼎9件、饲鼎9件、簋8件、簠4件、大樽缶1对、连座壶1对、冰鉴1对、樽盘1套2件及盥缶4件等。其中，樽盘系用先进的失蜡法铸造，表现出战国时期青铜冶铸业所达到的高水平。

曾侯乙墓随葬数量庞大的乐器，钟磬铭文中有大量乐理乐律铭文，显示了曾侯乙生前对于乐器制造与音律研究的重视程度。

失蜡法 是一种青铜等金属器物的精密铸造方法，在中国有悠久的历史。做法是，用蜂蜡做成铸件的模型，再用别的耐火材料填充泥芯和敷成外范。加热烘烤后，蜡模全部熔化流失，使整个铸件模型变成空壳。再往内浇灌金属熔液，使铸成器物。以失蜡法铸造的器物玲珑剔透，有镂空的效果。

墓内还有大量铸造极精的青铜器珍品及绘画、雕塑艺术、书法精品，并且大量器物并非冥器，而是曾侯乙生前所用之物，多为他亲自督造，说明他兴趣广泛，具有多方面的才华和较高的艺术鉴赏力。

曾侯乙墓的青铜共计钮钟19件，角钟45件，分三层悬挂在满饰彩绘花纹的铜木结构的钟架上，每层的立柱下都铸造成一个青铜佩剑武士。

流光溢彩的金属宝器

■ 曾侯乙墓出土的编钟局部

楚惠王（？—前432），为楚昭王之子，越王勾践外孙，后被子闾等人推上王位。楚惠王即位后，接受郢亡的沉痛教训，重用子西、子期、子闾等人，改革政治，与民休息，发展生产，使楚国得以迅速复苏，使楚国重新步上争霸行列。

编钟的形体和重量是上层最小，中层次之，下层最大。最小的一件重2400克，高0.2米；最大的一件重203.6千克，高1.53米。它们的总重量在2500千克以上。钟架通长11.83米；高达2.73米。气魄宏大而壮观。

钟在商朝时就已出现，最初只有三五件，至周朝增到9件至13件，战国时发展成61件。人们按钟的大小、音律、音高把钟编成组，制成编钟，演奏悠扬悦耳的乐曲。

而曾侯乙编钟共65件，其中一枚是战国时楚惠王赠送的镈。曾侯乙为表示对楚王的敬重而放在显要位置上。

钟上大多刻有铭文，上层19件钟的铭文较少，只标示着音名，中下层45件钟上不仅标着音名，还有较长的乐律铭文，详细地记载着该钟的律名、阶名和变化音名等。

钟及架、钩上共有铭文3755字，内容为编号、记事、标音及乐律理论。这些铭文，便于人们敲击演奏。

曾侯乙编钟音域宽广，有5个八度，钟的音色优美，音质纯正，基调与C大调相同。

编钟的悬挂有三种方式：下层环挂式，挂钩为爬虎套环和双杆套环两种；中层钩挂式，挂钩为框架钩和焊钩两种；上层插挂式，是以插销入孔、串钩钟钮。

全部甬钟的记事铭文均为"曾侯乙做持"5字，标明钟的制作和享用者是曾侯乙。镈钟的铭文则记载楚王熊章为曾侯乙铸宗彝一事。标音明文标示了钟的位置或敲击部位及其所发音的名称，它们构成了十二半音称谓体系。乐律理论记述了曾国与楚、晋、齐、申、周等国的律名对应关系。

钟铭所见律名28个、阶名66个，绝大多数都是前所未知的新材料。这套编钟的铭文，是中国古代一部重要的乐律理论专著。

全套编钟音域宽广，音律充实，音色优美。每件钟均有呈三度音程的两个乐音，可以分别击发而互不干扰，也可同时击发构成悦耳的和声，证实了中国古编钟双音的规律。

全套编钟具有深沉浑厚的低音、圆润淳朴的中音和清脆明快的高音。中心音域内具十二半音，可以旋宫转调，演奏七声音阶的多种乐曲。

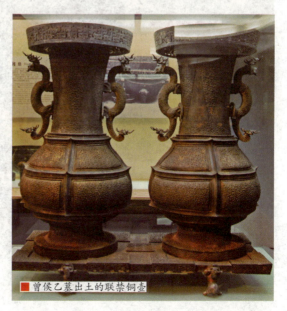
■ 曾侯乙墓出土的联禁铜壶

钟及钟架铜构件是铜、锡、铅合金，合金比例因用途而异。用挥铸、分铸、锡焊、铜焊、铸镶、金错、磨砺制作而成，工艺精湛。编钟的装配、布局，从力学、美学、实际操作上，都显得十分合理。

全套钟的装饰，有人、兽、龙、花和几何形纹，采用了圆雕、浮雕、阴刻、彩绘等多种技法，以赤、黑、黄色与青铜本色相映衬，精美壮观。

同时还有6个"丁"字形彩绘木槌和两根彩绘撞钟木棒，据此并经实验判定，这套钟的使用共需5人：3人双手执小槌掌奏中、上层钟；2人各持撞钟木棒，掌奏下层钟。

曾侯乙墓中还有一件珍贵的青铜樽盘，樽高0.33米，口宽0.62米，盘高0.24米，宽0.57米，深0.12米。

樽敞口，呈喇叭状，宽厚的外沿翻折，下垂，上饰玲珑剔透的蟠虺透空花纹，形似朵朵云彩上下叠置。樽颈部饰蕉叶形蟠虺纹，蕉叶向上舒展，与颈项微微外张的弧线相搭配，和谐又统一。

在樽颈与腹之间加饰4条圆雕豹形伏兽，躯体由透雕的蟠螭纹构

流光溢彩的金属宝器

曾侯乙墓出土的青铜樽盘

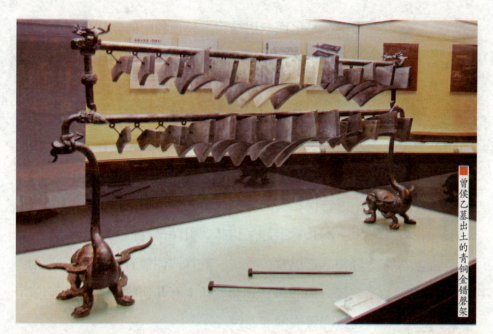

成，兽沿樽颈向上攀爬，回首吐舌，长舌垂卷如钩。樽腹、高足皆饰细密的蟠虺纹，其上加饰高浮雕虬龙4条，层次丰富，主次分明。

盘直壁平底，4龙形蹄足口沿上附有4只方耳，皆饰蟠虺纹，与樽口风格相同。4耳下各有两条扁形镂空夔龙，龙首下垂。

4龙之间各有一圆雕式蟠龙，首伏于口沿，与盘腹蟠虺纹相互呼应，从而突破了满饰蟠螭纹常有的滞塞、僵硬感。樽置于盘内，两件器物放在一起浑然一体。

樽是盛酒器，盘一般作为水器用，两者合为一器，樽内盛掺有香草汁的酒，祭祀时以献尸，宾礼时以饮客。整套器物纹饰繁缛，穷极富丽，其精巧达到先秦青铜器的极点。

尤其是器上镂空装饰，透视有若干层次，系用失蜡法铸造，这一发现，证实了在2400多年前的战国早期，中国的失蜡法铸造技术已经达到极高的水准。樽和盘均铸有"曾侯乙做持用终"铭文。

曾侯乙墓中青铜乐器还有一套编磬，通高1.09米、宽2.15米。青铜金错磬架，由一对圆雕怪兽及其头上插附的立柱为虡，两根圆杆作为

流光溢彩的金属宝器

涡纹 近似水涡，故为涡纹。其特征是圆形，内圈沿边饰有旋转状弧线，中间为一小圆圈，似代表水隆起状，圆形旁边有5条半圆形的曲线，似水涡激起状。商代早期的涡纹是单个连续排列的，商代中晚期至春秋战国时期，一般与龙纹、目纹、鸟纹、虎纹、蝉纹等相间排列。多用罍、瓿、罐、瓿的肩、腹部，它盛行于商周时代。

■ 曾侯乙墓出土的青铜鹿角立鹤

横梁，呈单面双层结构。兽顶插附的立柱从腰、顶两处与横梁榫卯相接。横梁底等距焊铸铜环，以串钩挂磬。磬架施线条流畅的金错云纹。

32块磬系用石灰石或大理石磨成，形若倨句，大小有异，分为两层4组。一磬虡兽舌上有"曾侯乙做持用终"铭文。

曾侯乙墓的青铜鹿角立鹤，通高1.43米，鹤高1.1米。鹤长喙上翘呈钩状，引颈昂首伫立，两翅展开做轻拍状。拱背，垂尾。鹤首两侧插有两支铜质鹿角形枝杈。鹤的头、颈和鹿角上有几何纹饰，其他部位有铸成和镶嵌的云龙纹。

此器造型别致，是一件独具风格的青铜工艺精品。鹤和鹿是长寿和吉祥的象征。把鹿角插入鹤头，将两者置于一身，可称为"瑞鹤"。古人把仙人乘车称为"鹤驭""鹤驾"。

曾侯乙墓的青铜大樽缶通高1.24米，口径0.48米，足径0.69米，重327.5千克。

樽缶为古代盛酒器，这件大樽缶是中国先秦酒器中最大、最重的一件，堪称"酒器之王"。它不但拥有足以傲视同类的巨大体形，而且在纹饰上也极尽精美。

器表由细密复杂的涡纹、重环纹、蟠螭纹、绚纹、雷纹、蕉叶纹、带纹、蟠蛇纹等构成，花纹花式统一，线条整齐划一。

大樽缶里面还存有酒液，历经2400多年没有泄漏，可见缶的密封性之好。这件大樽缶不仅对了解曾国的人文历史提供了珍贵实物资料，而且也让人感受到了当时贵族的豪饮之风。

还有一件青铜联铜禁壶，左边通高0.99米，口径0.33米，盖罩径0.53米，重106千克；右边通高0.99米，口径0.32米，盖罩径0.53米，重99千克；铜禁长1.17米，宽0.53米，重35.2千克。

壶为敞口，厚方唇，长颈，圆鼓腹，圈足。壶盖有衔环蛇形钮，盖外沿套装勾连纹的镂孔盖罩。壶颈两侧各有一攀附的龙形耳，器身饰蟠螭纹和内填蟠螭纹的蕉叶纹等。

两壶内壁均铸有"曾侯乙做持用终"铭文。铜禁在世界上仅见4件，而在湖北更是首次被发现。

墓中还有一件青铜冰鉴，通高0.61米，边长0.6米，重170千克。

鉴是古代用以冰酒或温酒的器具，它由内外两件器物构成。外部为鉴，鉴内置一樽缶，鉴与樽缶之间有较大的空隙，夏天可以放入冰块，冬天储存温水，樽缶内盛酒，这样就可以喝到"冬暖夏凉"的酒。

■ 曾侯乙墓出土的青铜大樽缶

蕉叶纹 青铜器常见纹饰，以芭蕉叶组成带状纹饰，特指以蕉叶图样做连续展开形成的装饰性图案。芭蕉直立高大，体态粗犷潇洒，但蕉叶却碧翠似绢，玲珑入画，兼有北人之粗豪和南人之精细，芭蕉冬死又复生，一年一枯荣，有的民族把它看成起死回生的象征。

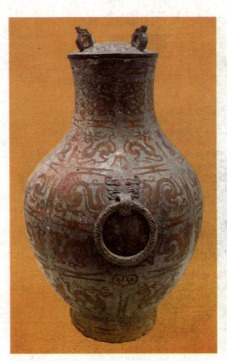

■ 战国时期青铜鸟
兽纹壶

琉璃　古法琉璃，也称脱蜡琉璃。采用古代青铜脱蜡铸造技术纯手工加工制成，经过10多道手工工艺的精修细磨，在高温1000度以上的火炉里将水晶琉璃母石熔化后而自然凝聚成高贵华丽、天工自拙的琉璃。其色彩流云溢彩，精美绝伦；品质晶莹剔透、光彩夺目。

鉴和樽缶均饰以变形蟠螭纹、勾连纹和蕉叶纹等，并均有"曾侯乙做持用终"铭文。此器结构复杂，造型奇特，工艺精湛，是具有特殊用途的大型酒具，同时发现有两件，造型、纹饰、大小均同。

除曾侯乙墓的青铜器外，比较著名的还有战国早期的铜鸟兽纹壶，通体满嵌紫红色花纹，如果连同三角形的格栏，从上至下共有16层之多。

壶身主纹带重点表现龙、虎、兽面及鹿等多种动物，它们颇具抽象意味，形态活泼。在动物的周围还辅之以云朵、蕉叶一类花饰。在深色的胎体上，这些紫红色图案格外突出，具有强烈的装饰效果。

这些紫红色的图案是镶嵌而成的，原料并不是什么贵重金属，而是铸造青铜器所必需的纯铜，也就是红铜。两种基本相同的金属材料何以能够达到如此精彩的装饰效果呢？

原来，纯铜色泽紫红，延展性又好，易于镶嵌；而青铜本身颜色青灰或呈金色，两者的色彩和光泽均形成强烈反差，从而具有极佳的装饰效果。

中华祖先在2500多年前就充分认识到这一点，并把它应用到所铸造的青铜器中。他们在铜器上铸造出凹槽，在这些凹槽中填嵌红铜丝，大面积的花纹则两次浇铸红铜熔液；在填嵌完毕后再加以精心打磨。这一富有创新意识的工艺一经出现，便迅速在各地推广。

与此同时，人们还用黄金、白银等作为镶嵌材料；有的高级铜器上还镶嵌绿松石、琉璃和宝石。比如1件鸟兽纹壶，有大面积红铜纹饰，应是采用两次浇铸红铜的技法铸造而成的。由于工艺相对复杂，发现的这类满嵌花纹的铜器数量很少，更多的是在铜器局部镶嵌上简单的花纹。

类似的如时代要略早于鸟兽纹壶的春秋时期铜兽纹樽缶，它的肩部用红铜嵌4组瑞兽，每组两个，一前一后，前者驻足回首，后者奋力追赶，两者相互顾盼，憨态可掬，活泼可爱。

阅读链接

1977年9月，在湖北省随州城郊，曾侯乙编钟重见天日。这是中国文物考古、音乐史和冶铸史上的空前发现。当时，随州城郊擂鼓墩驻军扩建营房时，偶然发现了曾侯乙墓。

当勘测小组赶到现场时，部队施工打的炮眼距古墓顶层仅差0.8米，只要再放一炮，这座藏有千古奇珍的古墓就会永远不复存在。

1978年5月22日凌晨5时，墓室积水抽干后，雄伟壮观的曾侯乙编钟露出了它的真面目，所有在场的人都被这座精美绝伦的青铜铸器惊呆了：历经2400多年，重达2567千克的65个大小编钟整整齐齐地挂在木质钟架上。

编钟出土后，文化部的音乐家赶到现场，对全套编钟逐个测音。检测结果显示：曾侯乙编钟音域跨越5个八度，只比现代钢琴少一个八度，中心音域12个半音齐全。

战国中晚期青铜器大量出现

　　至战国中晚期，许多铜器都变成素面的，而且服御器、日用器大量增加。代表器物有长沙、寿县等地发现的楚器、陕县后川发现的魏器等。

　　陈侯午敦，通高20厘米，口径17厘米。器呈素面圆球形。盖、器上对称分布3圈钮以为支点，在器口缘下两侧还各有一圈耳。器内底有画线界隔的铭文8行，共36字，记述了陈侯午用各诸侯所献青铜为其先母孝大妃做敦之事。

　　与齐桓公田午有关的还有陈侯午簋，高0.33米。由铭文可知，齐桓公田午在位第七年时，用诸侯送来的美铜铸了一件"陈侯午七年敦"；在位第

战国中期陈侯午敦

十四年时，又用各诸侯进献的美铜，铸了两件"陈侯午十四年敦"及一件"陈侯午十四年簠"。

关于战国时期中山国的历史，文献所载仅是片言只语，王室世系也不清楚。而遗留下来的中山王鼎、壶铭文为研究战国时期中山国的历史提供了重要资料。

在河北省平山山王墓中发现的中山国王所做铜鼎与方壶，与同时发现的嗣王所做圆壶合称"中山三器"，均有很长的铭文，记载了中山国的历史，补充了文献中的缺佚。

中山王鼎是中国发现的最大的铁足铜鼎，圆腹圆底，附耳，兽蹄足，覆钵形盖，顶有三环钮，通高0.51米，最大直径0.65米，顶盖及鼎腹部刻有铭文469个字，共刻有铭文77行，盖上两个字，腹部凸玄纹以上3个字，以下1个字。

方壶即通常所谓的钫，通高0.63米，腹径0.35米，腹的四面刻铭文450字。在壶盖上有4个抽象的龙形钮，在壶肩四棱上各雕塑有一条小龙，龙头冲上，独角大耳，颈背生鬃，长尾。

这些龙装饰的使用，为素光无花纹因而略显呆板的壶体增加了活泼气氛，而龙身无繁缛的花纹，与壶体协调相称，共同构成

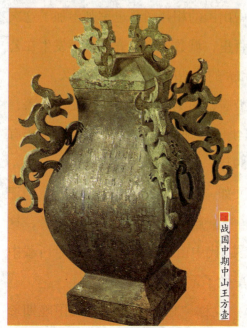

■ 战国中期中山王鼎

流光溢彩的金属宝器

一种素雅明快之美感。

该壶的4个光平的腹壁上，用纤细的笔道、工整优美的篆书，刻下了长达448个字的铭文。

根据铭文的记载，这是一件中山国王命令其相邦铸造的酒器，选择燕国优质铜，铸造铜壶，按照禋祀的礼仪规定装酒，用于祭祀上帝和祖先。在铭文中说该器叫彝壶，用来盛祭祀上帝、祖先的酒。

中山王鼎、壶的铭文内容相似，主要是赞颂相邦率师伐燕而建立的功勋，并谴责燕王哙让王位于燕相子之，因为"臣主易位，逆天违人，故身死国亡"。

文献记载，当时只是齐国乘机入侵，攻破燕都。据鼎、壶铭文，中山国的相邦司马也率师参加了这次伐燕，并夺地数百里，城数十座。齐伐燕事发生在公元前316年，鼎和壶的铸造时间当在此后不久。

圆壶为短颈鼓腹，两侧有二铺首，圈足，有盖，盖饰3钮，通高44厘米，腹径32厘米，腹与圈足皆有铭文，腹部铭文59行，182字。

鼎、壶的铭文如"皇祖文武、桓祖成考"，即记录了4位先王的庙号，连同做器者王，做圆壶者，这就衔接起了前后共6代中山王的世系，对文献所载中山武公前后的历史做了重要补充。

梁十九年鼎，也称"亡智鼎"，是战国晚期珍品，通高18厘米，口径17厘米，重4100克，容积3075毫升。扁圆体，附耳向外曲张，3条矮蹄足，浅腹圆底，盖隆起，上有3个凫形钮。腰上有一粗弦纹铭文字数，口下刻铭文35字。

青铜刀币是战国时期的货币，有"折刀"，也有"直刀"。折刀是燕国、中山国、齐国等地的铸币，分为弧折、磬折；弧折较早。面文有字，有释为"明"，有释为"易"，有释为"匽"。背文有纪地、纪数、纪炉座、纪名物等；直刀是赵国、中山国铸币。钱文多用于纪国地区。

战国时期楚文化得到蓬勃发展，因此这一时期的青铜器也很有代表性。如在安徽省寿县楚王墓发现的铸客铜鼎，又名楚大鼎或大铸客鼎。楚国青铜炊器，通高1.13米，口径0.87米，耳高0.36米，腹深0.52米，腹围2.9米，足高0.67米，重约400千克。

该铜鼎圆口，方唇，鼓腹，圆底，三蹄足。颈侧附双耳，耳的上部外侈。腹饰一周突起的圆箍。箍上饰模印花纹，双耳和颈部外壁饰模印菱形几何纹，足根部饰浮雕旋涡纹。鼎口平沿刻铭文12字，刻铭开头即是"铸客"两字。

铜鼎的前足和腹下均刻有"安邦"两字吉语，又因此鼎在数千件楚器中最为雄伟，堪称楚王重器，特冠一"大"字，是周代以来最大最重的鼎。

■ 战国镶嵌纹铜敦

■战国青铜刀

青铜器在此时发展越来越精致，比如在河北省平山县发现的一件铜器金银，通高0.36米，上框边长0.47米，环座径0.31米，重18.65千克。

铜器周身饰金银花纹。下部有两牡两牝4只侧卧的梅花鹿环列，四肢蜷曲，驮一圆环形底座。中间部分于环座的弧面上，立有4条神龙，分向四方。四龙独首双尾。龙身盘绕纠结之间四面各有一凤，引颈长鸣，展翅欲飞。上部龙顶斗拱呈一方形框，斗拱和框饰勾连云纹。

这件案面原为漆板，已腐朽不存，仅留铜案座。它的造型内收而外敞，动静结合，疏密得当，一幅龙飞凤舞图跃然眼前，突破了商、周以来青铜器动物造型以浮雕或圆雕为主的传统手法。

另外，4个龙头上各有一个斗拱，第一次以实物面貌生动再现出战国时期的斗拱造型。

流光溢彩的金属宝器

阅读链接

春秋晚期至战国时期，由于铁器的逐渐推广使用，铜制工具越来越少。

中国古代铜器，是我们的祖先对人类物质文明的巨大贡献，虽然从目前的考古资料来看，中国铜器的出现，晚于世界上其他一些地方，但是就铜器的使用规模、铸造工艺、造型艺术及品种而言，世界上没有一个地方的铜器可以与中国古代铜器相比拟。这也是中国古代铜器在世界艺术史上占有独特地位并引起普遍重视的原因之一。

秦汉及后青铜器

战国末至秦汉末这一时期，传统的礼仪制度已彻底瓦解，铁制品已广泛使用。至东汉末年，陶瓷器得到较大发展，把日用青铜器皿进一步从生活中排挤出去。至于兵器、工具等方面，这时铁器早已占了主导地位。

隋唐时期的铜器主要是各类精美的铜镜，一般均有各种铭文。自隋唐以后，青铜器便不再有什么发展了。正因为这样，秦汉至隋唐的千百年间，所遗留下的青铜器便更显得弥足珍贵。

秦朝体现帝王气概的青铜器

公元前221年，秦王嬴政扫平齐、楚、燕、韩、赵、魏六国，统一中国，建立了大秦帝国。

历史上，秦始皇及其仪仗队曾经5次浩浩荡荡巡视统一后的秦帝国。秦始皇坐在装饰精美华丽的车上，威风八面，在前呼后拥的皇后、嫔妃、宠臣、文武百官、皇子公主侍候下，踏上出巡征程。

秦始皇陵铜车马

■ 秦始皇陵铜车马

秦始皇坐的车称为"金银车"，由6匹马所驾，让太仆亲自赶车。前面的马以虎皮蒙着眼，警跸车开道；后面的马挂着豹尾，并用桃木制作的弓箭辟邪驱魔，其场面之大出乎常人想象。

铜车马，称立车，又叫高车，属仪仗中负责警卫性质的兵车。因为驭手的驾车姿势不同，而有"立为高，坐为安"的分别。

秦始皇做了皇帝之后，就开始修建自己的陵寝，按照"事死如事生"的观念，其陵寝中也有车马、兵器等陪葬品。而在秦始皇陵铜车马坑，便发现了两辆用青铜制作，以4匹马拉的战车。

被编号为1号的战车是立车、单辕双轮，车厢为横长方形，车门在车厢的后面，车上有圆形的铜伞，伞下站着御官，双手驭车，前驾4匹马。

2号车为安车，也是单辕双轮。车厢为前后两室，两者之间有窗，上车的门在后面，上有椭圆形车

太仆 指官名，始置于春秋，秦、汉沿袭，为九卿之一。是秦汉时主管皇帝车辆、马匹之官，后逐渐转为专管官府畜牧事务，车府主管皇帝乘坐的车辆，其余皆为主管马厩之官。太仆更重要的职责是兼管官府的畜牧业。

盖。车体上绘有彩色纹样，车马均有大量金银装饰。

秦始皇陵铜车马两乘总重量2.3吨，由6526个零部件组装而成，这两辆铜车马都是事先铸造而成，后又经过细部加工的。是造型最大、系驾关系最齐全、制作工艺最复杂的陪葬车马。因工艺过于复杂，陪葬物仅是实用物的二分之一大小。尽管如此，它依然堪称中国古代冶金史上的奇迹，被誉为"青铜之冠"。

1号战车为单辕双轮车，车内配置了弩、矢、盾等多种兵器。辕长2.46米，轮径为0.59米，通高1.25米，总重量1061千克，由3064个零部件组成。

车前套驾4匹铜马，中间的两匹服马举颈昂首正视前方，两边的骖马略视外侧，马口微起，鼻孔翕张，像是正在喘息一般。两侧马头微向外转，静中寓动，造型风格和秦陵陶马相似。

伯乐《相马经》一书中论述骏马时说：马头要方，目要明，背要平，胸要厚，腿要长。

这4匹马无一不符合这些条件，它们个个耳若削竹，目似悬铃，头方肚圆，脊干平整，胸部肌肉隆起，腿部筋腱隐隐可见，就连马口中的6颗牙齿都铸得清清楚楚，表明这些马正处于精力最充沛的青壮年时期。

车上立一御官俑，头戴鹖冠，身佩宝剑，身份相当于兵马俑坑中的将军俑。他目视前方，谨小慎微，体现出古代封建社会森严制度下"伴君如伴虎"的高度紧张感。

然而，严肃的表情中又透出一丝轻松。这是因为，他并不是为皇帝御驾而仅是护卫，表现了心理上的一种踏实。秦代雕塑家一丝不

秦代铜矛

秦代编钟

苟、入木三分的雕刻技艺，令人叹为观止。

车分前后，平面呈凸字形，凸出部分是驭手所坐之处。跪坐着的铜御者高0.51米，重52千克。其神态恭敬中又有一丝得意，充分表现出一个高级奴仆的心理。

车室的后面有门，左、右与正前辟有3个窗户。正前窗板为镂空的菱形花纹，窗板可以开启，便于主人与驭手互通信息。

两侧窗可以前后推拉，窗板也是镂空菱形纹，从室内可以观察到车外的情况，但外面的人难以看清车内。篷盖面积达2.3平方米，将驭手也罩在下面。篷用铜骨架、铜条支撑，上覆以绢帛。

4匹马的高度为0.91米至0.93米，长度为1.1米至1.5米。4匹马的重量也不相同，分别为177千克、180.7千克、183千克和212.97千克。耸立于马头之上的是车撑，用于支撑车辕，这样在长途中休息时可减轻马的压力。

2号战车通长3.17米，高1.06米，总重量为1241千克，由大小3462个零部件组装而成，其中，青铜制件1742个，黄金制件737个，白银制件983个。

铜车马是帝王之车，其装饰极尽豪华富贵。在这辆车上，所用的金银饰重达7500克之多。加之大量施以彩绘，使整个铜车马显得雍容华贵、光彩夺目。

尤其是铜车马的冶金铸造技术更是令人惊叹不已，采用了铸造、焊接、铆接、子母扣连接等10多种工艺方法制作而成。

如车上的伞篷盖，当初采用了浇铸和锻造两种工艺。伞盖最厚处有0.4厘米，最薄处仅仅0.1厘米，而且有一定弧度。如浇铸水平不高，就会在制造过程中导致铜液流动停滞不前的后果。而秦代工匠能做得如此完美，充分体现了他们高超的技术水平和卓越的创造力。

车窗两头的内孔滚圆，如车门、前窗用的活动铰页，系马肚子、马颈的套环采用了策扣连接。

值得特别提出的是错磨和彩绘相结合，大大增强了艺术效果。作者按马体的不同部位的毛向错磨，再涂彩色，形成真实的皮毛感。细部的真实和鲜明的质感是这乘铜车马造型艺术的一大成就。

车马通体彩绘，图案花纹风格朴素、明快、大方，以白色为基调的彩绘肃穆典雅，配以大量的金银构件，更显得华贵富丽，这套大型的人俑车马代表了秦代青铜铸造工艺的突出成就。

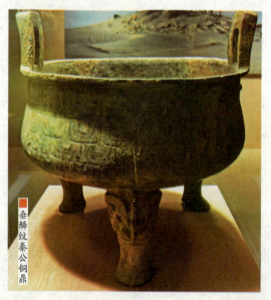

垂鳞纹秦公铜鼎

秦陵铜车马集各种工艺技术于一车，是秦代青铜制造、冶金工艺达到高度成熟的集中体现，是中华民族具有光辉灿烂古代文明的历史见证。

秦始皇陵有大型的兵马俑坑，在这里发现的青铜剑比春秋时代的吴、越王剑晚了近200年，两者最大的不同在于长度。春秋以前的剑很短，只有二三十厘米长，春秋时的剑发展到0.5米至0.7米，而秦陵完整的9把剑，最长的达0.94米，最短的也有0.81米。

这反映了剑的功能从主要以显示身份的象征物向战场上实用兵器方向发展。

另外，秦剑在设计上不仅长，而且薄、窄，状如柳叶，特别是剑身不完全平直，在离剑头的地方有束腰，即呈弧形内收，从而增加了穿刺的速度和力量。另外，秦剑全是铸造成型，然后进行错磨。错磨之后，采用抛光工艺，使剑身光亮平整，没有砂眼，经测试，光洁度很高。2200年前的加工技术能达到这么高的水平，令人惊异。

青铜剑一般都是短剑，它无法做长的原因是青铜材料易折断。在青铜时代，铸剑的关键是在冶炼时，向铜里加入多少锡。锡少了，剑太软；锡多了，剑硬，但容易折断。

秦兵马俑坑中发现了一把完全不同的青铜剑，这把剑的长度竟然超过了0.91米。秦王剑之所以长度超出0.6米，不仅仅是因为添加锡的比例，主要还是它的外形决定的。

秦王剑从正面看，由剑锷部开始到剑尖，整把剑的形状是呈梯形由宽至窄逐渐变窄；从侧面看，也是由粗变细的，剑身的形状略似于锥体，这样的形状可以减少剑身前端承受的应力，自然不容易折断。

秦剑的代表左剑通长0.93米，剑身长0.72米。右剑通长0.92米，剑

秦陵出土青铜鹤

秦代青铜镜

身长0.71米。两剑的形制相同，剑体长而窄薄，中部起纵脊，近锋处束腰，而且首、格、鞘附件齐全。特别是剑通体光亮，刃锋锐利。经检测，剑表面经过铬盐氧化处理。中国在2000多年前就发明了这种先进工艺，堪称冶金史上的奇迹。

除秦皇陵青铜车马和剑之外，秦朝比较著名的青铜器还有在陕西咸阳长陵车站发现的秦青铜蒜头壶，高0.37米，环形腹，细长颈，在壶的近口处鼓大呈蒜头状，分为6瓣。盖底，圈足，通体素面。

另外，还有双诏椭升、北寝壶、弦纹鋬等，也都是秦朝不可多得的青铜精品。

流光溢彩的金属宝器

阅读链接

秦朝时，铁器全部用来生产农具，那个时候铁的冶炼技术还不成熟，农具相比于武器显然对冶炼技术的要求更低，因此可以用最先进的铁器去生产粮食。

但武器要求的是可靠性和制造成本的低廉，还有大范围的普及，从这些方面来看当时的青铜冶炼技术最成熟，所以秦军武器多是青铜的。

汉代青铜器彰显匠心独运

公元25年，刘秀建立东汉，定都洛阳，开创了光武中兴和明章之治。汉朝时期，中国是当时世界上最先进最文明的帝国。而且文化的统一，为中华民族两千年的社会发展奠定了基础，为中华文明的延续和挺立千秋做出了巨大贡献，华夏族因此逐渐被称为"汉族"。

东汉铜轺车

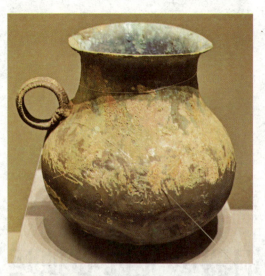

■ 西汉单环耳铜鍪

流光溢彩的金属宝器

刘胜（前165—前113），汉景帝刘启之子，汉武帝刘彻异母兄，母为贾夫人，西汉诸侯王。刘胜在前154年被父亲封为中山王，是第一代中山国国王，蜀汉皇帝刘备的第十三世先祖。刘胜死后葬于今河北省满城县陵山上。其墓穴开凿于山岩之中，为规模宏大的崖洞墓，墓室宛如一座豪华宫殿。

在汉朝，中国的青铜制造主要是以一些皇家和贵族用具为主。比较著名的有长信宫灯、错金云纹博山炉、马踏飞隼、镂空云纹壶、楚大官壶、弦纹镏金熊足樽、龙纹矩形铜镜、兽钮熊足鼎等。

西汉之初，刘揭在消灭吕后的势力中立下了汗马功劳，因此被封为阳信夷侯。汉景帝时期，刘揭的独生子因参与"七国之乱"而被废除爵位，他的财产被没收，进入了长信宫，其中就包括一盏做工精巧的青铜灯。

长信宫是汉景帝时皇太后窦氏居住的宫殿，这盏灯被送入长信宫浴府使用，故又增加了"长信宫"字样的铭文以示宫灯易主。后来，这盏灯又由窦氏送给她心爱的孙儿刘胜。刘胜之妻窦绾将铜灯视为珍宝，死后就将灯随她埋入河北省满城县中山靖王刘胜夫妻墓中。

此灯的形态为一跪地执灯的梳髻覆帼，着深衣的跣足年轻侍女，手持铜灯。整件宫灯通高0.48米，重15.85千克。由头部、右臂、身躯、灯罩、灯盘、灯座6个部分分别铸造组成，头部和右臂可以组装拆卸，便于对灯具进行清洗。

宫灯部分的灯盘分上下两部分，刻有"阳信家"铭文，可以转动以调整灯光的方向，嵌于灯盘沟槽上的弧形瓦状铜板可以调整出光口开口的大小来控制灯光的亮度。右手与下垂的衣袖罩于铜灯顶部。

宫女铜像体内中空，其中空的右臂与衣袖两片弧形板合拢形成铜灯灯罩，可以自由开合。燃烧的气体灰尘可以通过宫女的右臂沉积于宫女体内，不会大量散逸到周围环境中。灯罩上方部分残留有少量蜡状残留物，推测宫灯内燃烧的物质是动物脂肪或蜡烛。

灯盘有一方銎柄，座似豆形。宫灯表面没有过多的修饰物与复杂的花纹，在同时代的宫廷用具中显得较为朴素。灯座底部刻铭文9处，共65字，内容包括灯的重量、容量、铸造时间和所有者等。

宫灯通体镏金，光彩熠灼。宫女身穿长衣，衣袖宽大，她面目端庄清秀，凝眸前视，目光十分专注，头略向前倾斜，神情恭谨、小心翼翼，表现出一个下层年轻宫女所特有的神态。宫女双手持灯，左手持灯盘，右臂上举，宛如举灯相照的神态。

长信宫灯采取分别铸造，然后合成一体的方法，此灯设计之精巧，制作工艺水平之高，在汉代宫灯中首屈一指。

长信宫灯形象秀美，设计精妙，将灯的实用功能、净化空气的原理和优美的造型有机地结合在一起，整个造型自然优美、舒展自如、轻巧华丽，一改以往青铜器皿的神秘厚重，是一件既实用又美观的灯具珍品，体现了古代匠师的创造才能以及当时的科学技术水平。

长久以来，长信宫灯一直被认为是中国工艺美术品

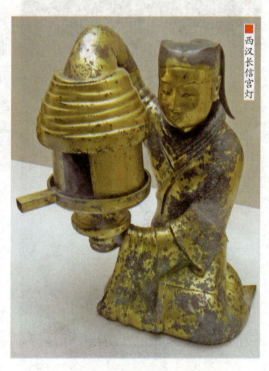

西汉长信宫灯

中的巅峰之作和民族工艺的重要代表而广受赞誉。这不仅在于其独一无二、稀有珍贵，更在于它精美绝伦的制作工艺和巧妙独特的艺术构思，堪称"中华第一灯"。

刘胜墓同时发现的一件金错青铜云纹博山炉高0.26米，腹径0.15米。炉身呈半圆形，炉盘上部和炉盖铸出高低起伏的山峦。博山炉汉代开始出现，多为铜铸，后代多有仿作。香炉的肇始起因于焚香习俗。

西汉初期，汉武帝之前，已经有了许多专用于焚香的香炉。古人多采用焚烧香料的办法驱逐蚊蝇或去除生活环境中的浊气。特别是在南越，熏香的风气更盛。但那时所用香炉造型大都非常简单。

汉代神仙方术流行，汉武帝嗜好熏香，也信奉道教。道家传说东方海上有仙山名曰"博山"。武帝即遣人专门模拟传说中博山景象制作了一类造型特殊的香炉，即博山炉，博山炉盖呈尖锥状山形，仿佛传说中的海上仙山。

汉代博山炉

刘胜墓发现的这件金错青铜云纹博山炉，炉盖呈尖锥状，博山，因山势镂孔，雕塑出生动的山间景色。通体用金丝和金片错出流畅、精致、舒展的云气纹，金丝有粗有细，细的犹如人的头发丝一般。座把呈透雕3龙出水状，龙首顶托炉盘，象征着龙为沟通天、地、人三界的神兽。

炉盘装饰以金错流云纹。盘上部铸出峻峭起伏的山峦，奇峰耸出，山林间饰金错线神兽出没、虎豹奔走，小猴蹲踞在高层峰峦或骑在兽身上嬉戏玩耍。

　　猎人们出现在山间，有的肩负弓弩，有的正在追捕逃窜的野猪，气氛紧张，画面生动。两三棵小树点缀其间，刻画出了一幅秀丽山景和生动的狩猎场面。

　　当熏香点燃时，香烟透过峰谷间铸有的空隙缭绕于山间，产生山景迷蒙，群兽灵动的奇异效果。炉器座较低，座把由透雕的3条蛟龙腾出波涛翻滚的海面，盘成圈足，以龙头擎托炉盘随风飘荡的流云。

　　被"金错银错"工艺装饰过的器物表面，金银与青铜呈现出不同的光泽，彼此之间相映相托，将图案与铭文衬托得格外华美典雅，色彩对比纹饰线条更加鲜明，艺术形象更为生动。该作品色彩黑、黄呼应，工艺精湛，装饰华美，是一件古代青铜珍宝。

　　汉代博山炉有竹节形长柄熏炉和短柄龙座熏炉等形制，而以短柄博山炉最为常见，其器身较短，较适合于当时席地而坐时置于席边床前或帏帐之中。而另一类长柄炉多

汉代蒜头嘴铜扁壶

适用于宴会等公共场合。

汉武帝之后，博山炉依然十分流行。据记载，汉宣帝时的博山炉上还刻有刘向作的铭文："嘉此王气，嵯岩若山；上贯太华，承以铜盘；中有兰绮，朱火青烟。"

据《西京杂记》记载，汉成帝时，长安的著名工匠丁缓，就曾制作了极为精巧的9层博山炉，镂以奇禽异兽，"穷诸灵异，皆自然运动"。丁缓还做出了更为著名的放在被褥里用的"被中香炉"，其原理与现代航空陀螺上的万向支架完全相同。

博山炉盛行于两汉与魏晋时期。后来，这种炉盖高耸如山的博山炉逐渐演变成香炉的一个固定类型。后世历代都有仿制，并各有变化，留下了各式各样的博山炉。

虽然在博山炉之前已经有了熏炉，但都不像博山炉那样特点明确，使用广泛，影响久远，所以人们也常将博山炉推为香炉的鼻祖，并常把"博山""博山炉"用作香炉的代称。

"金错银错"工艺到了战国时期已经发展得十分成熟，不仅容器、带钩、兵器等使用"金错银错"，在车器、符节、铜镜和漆器的铜口、铜耳等处，也大量使用精细的"金错银错"纹饰。

因为这种工艺制作复杂，材质昂贵，所以当时也只有贵族才能使用。而东汉以后，盛极一时的"金错银错"工艺逐渐被当时的战乱淹没了。

马踏飞隼，又名马踏飞燕、马超龙雀、铜奔马，发现于甘肃省武威市雷台的东汉墓。墓主身份，依考据马俑胸前的铭

西汉凤鸟纹铜豆

■ 马踏飞燕——铜
奔马

文，应为"守张掖长张君"陆墓，赙赠者为"左骑千
人张掖长"。

西汉初年，由于张骞开通了"丝绸之路"，大宛
国的特产大宛宝马也传入了中原，汉武帝非常爱好这
种宝马，称为"天马"。

马踏飞隼就表现了一匹躯体庞大的大宛宝马踏在
一只正疾驰的飞隼背上，隼吃惊地回过头来观望，表
现了骏马凌空飞腾、奔跑疾速的雄姿。真正形成了天
马行空的一种神奇的势态，产生一种强烈的动感，的
确是一件引人入胜的古代造型艺术精品。

奔马身高0.34米，身长0.45米，宽0.13米。形象矫
健俊美，别具风姿。马昂首嘶鸣，躯干壮实而四肢修
长，腿蹄轻捷，三足腾空、飞驰向前，一足踏飞隼着
地。这匹铜奔马以隼作为托衬，主要是为了表现马奔
跑的神速。因为隼飞行的速度可达每秒80米，只有大

汉武帝（前
156—前87），即
刘彻，西汉的第
七位皇帝，杰出
的政治家、战略
家、文学家。汉
武帝时期奠定了
中华疆域版图，
首开丝绸之路、
首创年号，兴太
学。汉武盛世是
中国历史上的三
大盛世之一。

摇钱树

宛宝马才具有这样的优良特性。

从力学上分析，马踏飞隼为飞隼找到了重心落点，形成稳定性。"马踏飞隼"虽然是静止的，但却给人以静中有动、半空虚蹈、一跃千里的感觉。铸造以娴熟精深的技巧，把所具有的力量和速度整合成充沛流动的气韵，并浑然一体地贯注在昂扬的马首、流线形的身躯和刚劲的马腿上。

这种浪漫主义手法烘托了骏马矫健的英姿和风驰电掣的神情，给人们以丰富的想象和感染。既有力的感觉，又有动的节奏。

马踏飞隼中的马同一侧的两条腿同时向一个方向腾起，这种姿态有一个专门的术语叫"对侧步"。这在一般马的奔跑中是看不到的。但是可以在野马及其他野生动物那里，欣赏到这种步伐的风采。难怪人们认为它反映的是天马的雄姿。

汉朝的青铜珍品，还有在山东淄博古墓陪葬坑发现的东汉齐王墓"龙纹矩形铜镜"，镜长1.15米，宽0.57米，重56.5千克。背部有5个环形弦纹钮，两短边又各铸两钮。每一环钮四周饰柿蒂形纹。背又饰有夔龙纠结图案，卷曲交错自如。

这件大型铜镜大概要用柱子和座子加以支撑，镜背面和边上的钮可能就是与柱子和座子固定时用的。另外，在四川省绵阳市汉墓发现的东汉青铜摇钱树也为青铜精品，通高1.98米。整体由基座、树干、树

流光溢彩的金属宝器

冠等共29种部件衔接扣挂而成。

基座为红陶质，树用青铜浇铸。树冠可分7层，顶层饰凤鸟为树尖；其下两层的树干与叶合为一体，饰西王母、力士和壁等图案；下部4层插接24片枝叶，向四方伸出。饰龙首、朱雀与犬、象与象奴、朱雀与鹿以及成串的钱币等图案。

特别有意思的是，树干上有造像，两侧各有一条飞龙。人像站立状，身着袍衣，双手下垂合于腰前，整体造型美观而大方。

细看枝叶，每两片为一对，有如芭蕉叶的，叶片上铸有圆形方孔钱，每钱相互连接，铸有一人做弯腰伸臂捡钱状，叶片外侧四周犹如太阳的光芒，延伸出许多长短不一的万缕细丝。有如椭圆形的，一头为核桃大小的圆环，两侧铸有飞龙，龙头顶着钱币，两龙之间用钱币连接，叶片外侧如同刺猬般的短刺所包裹。

阅读链接

1969年9月10日，甘肃省武威地区金羊乡新鲜大队的民工，在武威县北郊雷祖庙的雷台之下开挖战备地道时，无意间挖掘出了一座东汉的将军墓，出土文物共计231件，其中有一雄伟壮观的仪仗队，在仪仗队伍的最前面带头的，就是马踏飞隼。

开始时，考古人员认为这只飞鸟的原形是燕子，就把这匹铜奔马取名为"马踏飞燕"，俗称"马踏飞鸟"。后来大家再经过仔细辨认，发现这只飞禽尾部的羽毛不是分开的，而燕子的尾部是分开呈剪刀形状，所以它不应该是燕子。另外从马与飞禽身体比例来看，飞禽也显得很大，因此它应该就是隼。

1985年，武威市将"马踏飞隼"定为象征武威腾飞的城标。1986年，被定为国宝级文物。

汉代以后珍稀的青铜精品

两晋南北朝至隋唐时期，青铜器制作开始走向衰退，至宋元明清时期，流行的则是对古代青铜器的仿制，仍然坚持向前发展的只有铜镜的制作。三国、两晋、南北朝至隋统一前这300多年间，虽然战争长期不断，但期间也有相对的和平稳定时期。

这一时期的青铜冶铸业，南方较北方兴盛，在湖北鄂城曾发现了吴、晋时期的采铜和炼铜遗址，并红烧土和炼渣，但从总体看，比两汉时代衰退了。湖北鄂城是孙吴前期的都城，据传世或发现的铜镜镜铭看，当时在鄂城设有铜镜制造行业，当地冶铜业颇为兴盛。这一时期的青铜制品，从器物种类到风格特征，主要是沿袭两汉以来的传统，但一般较汉代铜器要粗糙许多。

魏晋时期铜独角兽

而由于各民族融合，在青铜器铸造上也表现了各民族相互学习和借鉴而形成的共同文化特点，当然，有些青铜器在一定程度上也反映了某一民族的特色。

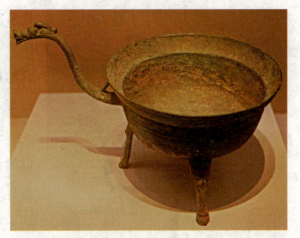

■ 晋朝龙首柄鐎斗

三国、两晋时期铜器种类仍以日常生活中使用的器皿为主，主要有釜、鐎斗、勺、酒搏、耳杯、洗、博山炉、灯、炭炉、熨斗、唾壶和铜镜等；武器主要有弩机、刀等；车、马器主要有镶、辖。

西晋时期比较有代表性的是一件龙首柄鐎斗，敞口，带流，曲折龙柄，竹节足。鐎斗的柄端做成龙首，口微开，口内含珠，龙角向后紧贴长颈，龙眼外凸炯炯有神地探视前方，长颈曲折，恰似蛟龙横空腾飞，形象生动。此器仍完好无损，弥足珍贵。

鐎斗又称"刁斗"，是古代青铜炊具，盛行于战国汉及魏晋时代，一般认为鐎斗为温羹器，是军队用的一种铜制的锅，白天用它烧饭做菜，夜里做打更的柝用。器身做盆状，腹较深，可储食物。

腹下三足临空着地，供堆放柴火燃料加热之用。这一时期，鐎斗形体常常较先前瘦高些，腹沿伸出一长柄，柄端常做成龙首形或兽头形，便于握提。

两汉时代的酒樽，多做圆形，直壁或圆形鼓腹，下均有3短足，有的在腹壁有两铺首。两晋时期的酒

孙吴 三国时期由孙权建立的政权。在三国之中，水军最强，占据扬州与荆州大部地区及交州全境。孙权以其地古为吴国，而封为"吴王"，国号以此得名。所统治地区古称江东，因此又称"东吴"，以皇室姓孙，又名"孙吴"。

樽有的则做成长筒形、平底。

铜洗在江苏宜兴晋周处墓和其他地区的晋墓都有发现，其特点基本上沿袭汉代作风。

这时期铜灯上常有纪年，传世的西晋元康元年雁足灯即是，而且雁足灯是三国两晋时期铜灯的主要类型。这一时期青铜弩机相当发达，在形制上与两汉不易区别，但许多弩机均具铭，有的还有纪年，因而可确定其绝对年代，如魏青龙三年弩机。

■ 南北朝青铜饰件

三国两晋时代的青铜生活用器已进一步被陶瓷器、铁器所代替。青铜器以素面为主，外表较粗糙，仅少部分青铜器具有简单的弦纹，铜洗中饰有鱼纹，也有少数制品镏金。

铜镜的制作这时得到全面发展，如做于273年的神兽镜，属西晋宫廷器具，发现于河南省淇县。镜面圆形，球形钮，钮外浮雕环绕式神兽，结跏趺坐仙人，外有钤印式铭文。

虎符 是古代皇帝调兵遣将用的兵符，用青铜或者黄金做成伏虎形状的令牌，劈为两半，其中一半交给将帅，另一半由皇帝保存，只有两个虎符同时使用，才可以调兵遣将。

■ 折沿双耳铜洗

南北朝对峙时代，南、北两方的经济都有一定程度的恢复发展，在各族人民的长期交往中，加深了民族间的融合。这时的青铜冶铸业虽已衰落，但在很大程度上表现了民族文化交流的特点和某些民族的特色。

南朝宋、齐、梁、陈四朝，青铜器的主要种类有锥镳斗、勺、熨斗、碗、杯、盘、唾壶、虎符等。在湖北省当阳市长坂坡一座南北朝墓发现的铜制品种类较多，有一瓶、一盆、一唾盂、一高足杯、一铜熏。随葬铜制品种类如此丰富，在南北朝墓葬中是少见的。

■ 唐代狩猎纹方镜

这时期镳斗造型多微侈口，盆形平底，直腹或斜腹，口上一侧常有一流，三高蹄形足，直柄或折柄。

在江苏省镇江发现的548年的青铜熨斗特征是直腹、平沿、直柄。共有4件，最大的一件熨斗上有朱书文字"一千太清二年二月十六日张"。

青铜碗为扁圆腹、矮圈足。如广东省韶关的一件在器身与口沿还饰有4道弦纹。

隋朝时，各种手工业部门主要在官府控制下制作产品。国家设少府监，"由少府监统左尚、右尚、司织、司染、铠甲等署"。

唐朝朝廷也设有管理各种手工业的机构，其中矿冶业与隋朝一样仍由少府监下的掌冶署管理，掌冶署"掌熔铸铜铁器物之事"。从文献记载看，唐朝采

结跏趺坐 坐法之一。即互交两足，将右脚盘放于左腿上，左脚盘放于右腿上的坐姿。在诸坐法之中，以此坐法为最安稳而不易疲倦。又称交一足为半跏趺坐、半跏坐；交两足为全跏趺坐、大坐、莲花坐，此为圆满安坐之相，诸佛皆依此而坐，故又称如来坐、佛坐。

矿冶铸业非常发达，冶铜的处所已达96处。从这时期的青铜器实物资料看，铜镜铸造业此时得到高度发展。隋唐统治者对铸造铜镜颇为重视，如唐中宗时曾"令扬州造方丈镜，铸铜为桂树，金花银叶，帝每骑马自照，人马并在镜中"。

文献还记载扬州要对朝廷进献，"土贡：金、银、铜器、青铜镜。"江苏省扬州市西扫垢山有一处多种手工业作坊遗址，其中即包括冶铸造坊。

唐代景云钟铸于711年，故名。此钟原为唐长安城内的景龙观钟楼所用，明初移至西安钟楼用以报时。

景云钟高2.47米，腹围4.86米，口径 1.65米，重6吨。用铜锡合金铸成，铸造时分为5段，共26块铸模，钟体可见铸模痕迹。钟形上锐下侈，口为六角弧形。

钟身有可调节音律的"蒲牢"形钟乳32枚，钟声纯美优雅，清脆洪亮。钟身周围铸有纹饰，自上而下分为3层，每层用蔓草纹带分为6格，共18格。格内分别铸有飞天、翔鹤、走狮、腾龙、朱雀、独角独腿牛等图案，四角各有4朵祥云，显得生动别致。

钟身正面有骈体铭文一段，共292字，分为18行，每行17字，空格14字，字体为篆隶的楷书。此铭文由唐睿宗李旦亲自撰文并书写，内容是宣扬道教教义，阐述景龙观的来历、钟的制作经过以及对钟的赞扬，是李旦传世极少的珍贵

碑林唐代景云钟

■ 明代永乐大钟

书迹。

　　几百年后，明代永乐年间，又出现了中国最大的青铜大钟，即永乐大钟，明永乐年间在北京德胜门铸钟厂铸成，铸造工艺精美，为佛教文化和书法艺术的珍品。撞击之，音色好，衰减慢，传播远。充分显示铸造工艺高超，奇妙独特。

　　初创于2000多年前商周时代的陶范法，至明代，在能工巧匠手中早已成为驾轻就熟、炉火纯青的工艺。他们能够制作出精美实用的大钟。

　　明成祖朱棣登基之后，想通过铸佛钟来超度死去将士的亡灵，并假借佛祖之名为自己篡位找到一个借口。道衍和尚猜出了明成祖的心思，请旨铸钟，于是诞生了"永乐大钟"。

　　永乐大钟上的铭文据说是大书法家沈度率京中名士先在宣纸上把经文写就，然后用朱砂反印到钟模上，

飞天　意为飞舞的天人。在中国传统文化中，天指苍穹，称为天意。在佛教中，娑婆世界由多层次组成，有诸多天界的存在，这些天界的众生为天人。飞天原是古印度神话中的歌舞神和娱乐神，他们是一对夫妻，后被佛教吸收在天龙八部众神之内。

明代人物多宝纹铜镜

再由工匠雕刻成凹陷的阴文。剩下的事，便是以火为笔，以铜为墨，将这光洁挺秀、见棱见角的22.7万金字一挥而就了。

1420年前后，永乐大钟铸成，朱棣传旨把大钟悬挂于汉经厂。汉经厂位于紫禁城的边上，属于皇家宫殿群的一部分。

永乐大钟可以说是一口集中国各类古钟之大成的巨钟。它通高6.75米，最大直径3.3米，钟壁厚度不等，重约46吨。钟体内外遍铸经文，共22.7万字。

铜钟合金成分为：铜80.54%、锡16.40%、铝1.12%，为泥范铸造。除含有铜、锡、铅、铁、镁外，还含有金和银，而且含量很高，其中含金18.6千克、含银38千克。

金铸在铜器中，可防止锈蚀；银则可提高浇铸液的流动性，这正是永乐大钟500多年保持完好，钟声依然洪亮悠扬动听的原因。

永乐大钟有"五绝"。第一绝是形大量重、历史悠久。第二绝是永乐大钟是世界上铭文字数最多的一口大钟。第三绝是大钟奇妙优美的音响，有人给永乐大钟的钟声下了8个字的评语："幽雅感人，益寿延年"。第四绝是大钟科学的力学结构。永乐大钟的悬挂钮是靠一根与钟体相比显得很小的铜穿钉连接的。别看穿钉很小，却恰恰在它所能承受40多吨的剪应力范围之内。第五绝是大钟高超的铸造工艺。

最为举世罕见和引人惊叹的奇迹，莫过于将22.7万字的佛教经文和咒语上上下下、里里外外铸满了大钟的每一寸表面。明成祖晚年潜心撰写《诸佛世尊如来菩萨尊者神僧名经》40卷。其中，前20卷便铸在永乐大钟上。

钟上的铸字还有许多其他汉文佛经和梵文佛咒。23万字的版面，安排得如此匀称整齐，从头至尾绝无空白，又一字不多一字不少，真要经过一番精心的运筹和计算。

永乐大钟作为一个发声装置，体现在几何形状大致固定的情况下，单靠厚度的变化就能带来极为丰富的泛音。重击一次，钟声持续时间可达3分钟之久，可以传出四五千米之远。最后绕梁不绝的余音是最低的基音，总带着庄严的嗡嗡之声。

永乐大钟外形设计简洁、流畅，外壁"中宫"均匀地铸有6道平行环形线，最上面的一道环形线在"钟肩"位置，最下面的一道平行环形线与钟裙上沿波曲弧弦纹局部呈有规律靠近但并未重叠状。

区分钟体的"中宫"与"钟裙"，可以用以划分"铭文圈"和美化"合范缝"。划分铭文圈的实用性是为了方便经文排版布局和句读的需要，能够增强佛经铭文感染力；美化合范缝指的是铸钟工艺的需要，运用若干条规整的平行环形线把其美化了。

永乐大钟上各个佛经的布局安排、起讫部位十分考究缜密，一些重要佛经的起讫部位大多安

313

重器瑰宝

秦汉及后青铜器

■明代梅花纹铜插花

万历平播鼎

流光溢彩的金属宝器

排在钟体的东方，不仅如此，《诸佛名经》在钟体外壁各"铭文圈"的衔接部位，以及在钟壁内外"三进三出"的出发点和回归点，大多也在各铭文圈的东方。

1577年，北京西郊新的皇家寺院万寿寺建成，万历皇帝想起了沉寂150多年的永乐大钟，他下令把汉经厂的永乐大钟迁到万寿寺。

1733年，北京城北的觉生寺建成，有一位大臣想起了万寿寺里的永乐大钟，就建议把永乐大钟移至觉生寺。雍正皇帝立即颁旨迁大钟至觉生寺，后称大钟寺。

明、清两朝，每逢辞旧迎新之际，大钟寺的和尚都要敲钟108下。据说一是因为一年有12个月、24个节气、72个候；二是因为佛教认为人有108种烦恼，敲108下钟，人听了钟声便可消忧解愁。

阅读链接

唐代诗人李颀在《古从军行》中写道："行人刁斗风沙暗，公主琵琶幽怨多。野营万里无城郭，雨雪纷纷连大漠。"

说的是军人们背着镳斗在刮得昏天黑地的风沙中艰难行进，这时联想到汉代从这条路远嫁乌孙王的公主一路上弹奏的琵琶曲，一定是充满幽怨的。在荒无人烟的地方野营过夜，飘起弥漫天地的大雪，和远处的沙漠朦胧连成一片。

这是作者对边塞和军旅生活的亲身体验，足以证明青铜镳斗是古代军队"昼炊饮食，夜击持行"随身携带的军旅炊器。

珐琅精工

珐琅器与文化之特色

唐元时期

唐朝时期始有了珐琅，源于西域地名拂菻而有珐琅之名，珐琅器的制作，最早是从阿拉伯传入中国的。其实名为珐琅器，实际上是珐琅彩的各种胎器，如金、银、瓷及玻璃等。

元朝统一全国后，随着对外交流的增多，许多身怀绝技的工匠纷纷来到中国，此时，阿拉伯地区流行的华丽的金属胎珐琅制品，也成为蒙古贵族的重要需求。

唐朝首开珐琅工艺启蒙

珐琅器的制作，最早是从阿拉伯传入中国的。珐琅器的制作是集冶金、铸造、绘画、窑业、雕、錾、锤等多种工艺为一体的复合性工艺过程。

珐琅釉料的主要原料是石英、长石、瓷土等，以纯碱、硼砂为助熔剂，用氧化钛、氧化锑、氟化物为乳化剂，以金属氧化物为着色剂，经过粉碎、混合、熔融、冷却后，再经过细磨制成珐琅粉。珐琅属硅酸盐类物质，烧结温度在800摄氏度至1000摄氏度。

唐代掐丝团花金杯

其实"珐琅"两字，源自外来语"佛郎"，也就是"拂菻"，拂菻是隋唐时西域大秦国的名称。在古罗马帝国和西亚地中海沿岸诸地，有一种搪瓷嵌釉，称为拂菻嵌，后简化为拂菻。

■ 累丝镶嵌金羊

由此推断，说明隋唐时就有珐琅了。事实也是这样，当时古罗马掐丝珐琅工艺多半用于十字架、圣体盒、圣餐杯等宗教礼器上的小型皇室徽识，也有被基督教圣徒以及个人用作装饰品。

这些器物由传教士和阿拉伯商人传入中国，被称为"佛菻嵌"，也有按波斯文称为"大食窑"。明代《格古要论》提到的"大食窑、鬼国窑、佛郎嵌"，就是指唐代的掐丝珐琅。

其实，掐丝和珐琅工艺在中国出现得很早，掐丝工艺战国已有，汉代墓中有一件工艺精湛的集圆雕、镶嵌、拉丝、缀珠于一体的饰品"累丝镶嵌金羊"，在湖南长沙五里牌东汉墓、广州郊区东汉前期墓，以及魏晋南北朝墓葬中，都发现有掐丝缀珠的饰件。因此，掐丝缀珠工艺在中国非常古老，流传已久。

至于珐琅工艺，在春秋时期越王勾践剑剑柄上已嵌有珐琅釉料，满城汉墓中的铜壶上也饰有珐琅。

但是，在很长一段历史时期，珐琅工艺一直未形成规模，没有得到很好的发展。

到了唐代，随着经济的繁荣，丝绸之路的畅通，中国吸收了西域古国粟特、萨珊金银钿作工艺，使金

勾践 春秋末期越国国君。因为是大禹的后代，所以姓姒，名勾践，又名菼执。曾败于吴，屈服求和。他唯恐眼前的安逸消磨了志气，在吃饭的地方挂上一个苦胆，每逢吃饭的时候，就先尝一尝苦味，他还把席子撤去，用柴草当作褥子。这就是后人传诵的"卧薪尝胆"。勾践发愤图强，终使越国成为强国。

■ 唐代镏金铜锁

流光溢彩的金属宝器

唐三彩 是一种盛行于唐代的陶器，以黄、褐、绿为基本釉色，后来人们习惯把这类陶器称为"唐三彩"。它吸取了中国国画、雕塑等工艺美术的特点，采用堆贴、刻画等形式的装饰图案，以造型生动逼真、色泽艳丽和富有生活气息而著称。

银器发展积累的巨大能量得以爆发。

日本正仓院有一件中国唐代的铜镜，镜背饰有各色珐琅银片金丝花瓣，称为银胎金掐丝珐琅镜。该镜正面光素闪亮，背面隐起六出莲瓣花纹。

莲瓣由外及里，大小3层，中心处凸起花蕊式圆钮。花瓣周边轮廓线采取掐丝起线的方法，并以金丝掐成花瓣筋脉，内填黄、绿、紫3种色釉。釉面光亮，略显凝滞，似未做抛光处理。呈色较浓重，只是颜色不甚纯正，颇似唐三彩陶器上的低温铅釉效果。

不过，这件银胎掐丝珐琅镜纯是烧瓷术与中国掐焊丝艺术品相结合，以低温釉料代替了镶嵌宝石之类，而产生的一种新型艺术品。

银胎金掐丝珐琅镜因为是银胎，不需要大面积施釉覆盖美化，又因为是极规格的金掐丝，不用打磨，也不能打磨，更谈不上镏、镀金；既然称为镜，那必然又要经过一次窑的焙烧，保留了釉质烧后的天然光亮度。

由于历史的原因，这件银胎金掐丝珐琅镜确是一件稀世珍贵的艺术品，但它还不能说就是掐丝珐琅艺术品，而是"嵌丝描绘珐琅"或叫"银胎金丝画珐琅"以及"有丝珐琅"。

这种"嵌丝描绘珐琅"尤其更不能与"原始烧瓷时期"的"嵌丝外镶珐琅"或外镶珐琅等同视之，它们之间是有根本区别的。

鉴于此，说中国掐丝珐琅"启蒙"于唐代较为确切。

另外，还有著名的唐代镏金立马，这件立马的表层镏金，颜色偏黄。马的高度和长度均为45厘米，宽18厘米。立马体壮膘肥，雄健非常，马头右偏，马勒紧扣，额扬金络，双目圆睁，凝视下方，神态十分安详；额毛分梳耳后，颈鬃柔顺右披，另有一缕鬃毛左拂，驯顺中透出几分飘洒；四腿挺立，短尾上翘。马鞍垂锦，马鞯雕彩，加上马身四围繁缛的掐丝缀珠与珐琅点饰，整体金光闪烁，富丽华美。

可以说，工匠高超的锤揲塑物能力，成功地展示出唐代汗血马形象，令人叹赏。但真正夺人眼球的，是其掐丝缀珠工艺及其珐琅烧蓝工艺。因前者工艺精致无比，而后者工艺为唐代所罕见。

唐三彩兽头驼包骆驼

■ 唐三彩马

缀珠工艺，应是金银器点缀、铺地的一种辅助工艺，同时也是唐代纹饰满地装的一个主要手段。它与锤揲、錾刻、掐丝工艺的组合，营造出对比强烈、富有变化又和谐适中的唐器装饰的典型效果。

缀珠工艺的关键是要制作出极为细小浑圆的金珠，立马纹饰一平方厘米内有金珠625颗，可见金珠之小，制作难度之大。

金珠的制作只是第一步，在这些金珠制成以后，古代工匠才可以开始对器物点缀、铺地等装饰工艺。从实物情况看，金珠的满地装，密集地铺满在纹饰周围，再撒上硼砂掺铜而成的焊药加热焊牢。

这种从炸珠到缀焊金珠的复杂工艺流程，一直是一个谜，但工艺所达到的精细华丽、精美绝伦的效果，却使每个见到器物的人都赞叹不已。

因为金珠密集的衬托，粒粒金光闪烁，完全改变了以往传统铺地的形式，变平面为立体，变单调为丰富，变简易为精致，变平常为华丽，充满了新意奇致和异域风采，一下子把器物推向富贵华丽的极致，显得流光溢彩，璀璨耀目。这种无与伦比的装饰效果，更是象征了一种财富和地位。

珐琅工艺也称烧蓝，从这件立马的实物，就可确

烧蓝 是以银做胎器，敷以珐琅釉料烧制成的工艺品，尤以蓝色釉料与银色相配最美而得名。烧蓝工艺不是一种独立的工种，而是作为一种辅助的工种以点缀、装饰、增加色彩美而出现在首饰行业中。烧蓝工艺是中国传统的首饰工艺之一，由于这种"蓝"只能烧制在银器表面，因此也称"烧银蓝"。

定后世的景泰蓝珐琅工艺源于唐代。应该说，珐琅烧蓝工艺同缀珠工艺一样，它是为金银器点缀、装饰、增加色彩的辅助性工艺。

珐琅是用玻璃粉、硼砂、石英等加铅、锡的氧化物烧制成的釉状物，涂在金属器物的表面，可以起到防锈和装饰作用。

唐代以后，珐琅烧蓝工艺分别向两个方向发展。一个发展方向是应用于饰品方面，成为后来以"银蓝釉"为主的烧蓝工艺。

另一个发展方向是在铜、银胎的基础上，逐渐扩展到瓷胎，制作工艺既利用了青铜工艺，又利用了瓷器工艺，也结合了传统绘画和雕刻技艺，创造了一种以蓝为主的风格，最终形成闻名于世的"景泰蓝"珐琅彩工艺。

从这件立马的工艺角度看，唐代的珐琅蓝釉工艺相对要原始一点，主要反映在两个方面：

一是色釉虽然也有大蓝、大黄、深绿以及复色的绛紫，但紧密度不够，表面都出现气孔和开片。

二是工序不同，后世成熟的珐琅工艺要经过清洗、烘干，在纹饰上敷点釉料，将胎体一起入炉烧制、打磨、抛光等工序。

其工艺十分繁复，首先将石英、长石等原料，加入纯碱、硼砂等熔剂，

景泰 明朝第七位皇帝代宗朱祁钰的年号。朱祁钰为明英宗朱祁镇弟，明英宗被蒙古瓦剌军俘去之后朱祁钰继位，重用于谦等人组织北京城保卫战，打退了瓦剌的入侵。即位后整顿吏制，使吏治为之一新。

■ 唐三彩灯

氧化钛、氧化锑、氟化物等乳浊剂，再加入金属氧化物等着色剂，经过粉碎、混合、熔融后，倾入水中急冷成珐琅浆。

将其涂敷于金属制品表面填满，拿到炉中烘烧，使色釉由沙砾状固体熔化为液体，冷却后成为固着胎体的绚丽色釉。为使色釉与掐丝的高度一样平，需反复四五次这样的填色和烧结。

而从实物来分析，唐代的珐琅烧蓝工艺相对简单，工序只有清洗、烘干、在胎体上直接敷点熔融好的珐琅色釉。因此，珐琅会出现在掐丝纹饰内敷点不全、釉面高低不平的现象。

这说明珐琅工艺在唐代尚处在启蒙成长阶段，它的覆色釉料不匀，形成同一釉面上出现颜色深浅的不同和色度的变化，但也由此显得釉色更丰富、更自然，增添了一种原始美。故而这件立马，已为人们研究珐琅色釉的发展提供了宝贵的实物资料。

流光溢彩的金属宝器

阅读链接

景泰蓝，亦称"铜胎掐丝珐琅"，它是一种特种工艺品，是用细扁铜丝做线条，在铜制的胎上捏出各种图案花纹，再将五彩珐琅点填在花纹内，经烧制、磨平镀金而成。外观晶莹润泽，鲜艳夺目。

关于景泰蓝的起源，考古界至今没有统一的答案。一种观点认为景泰蓝诞生于唐代；另一种观点认为元代忽必烈西征时，从西亚、阿拉伯一带传进中国，先在云南一带流行，后得到京城人士喜爱，才传入中原。

初具特色的元代珐琅器

在中国宋元以来的史料中，大食属波斯之别称。《宋史·外国列传》："大食国，本波斯之别种……市肆多金银、绫锦，工匠技术咸精其能。"

元人吴渊颖诗《咏大食窑瓶》："西南有大食，国自波斯传，兹人最解宝，厥土善陶埏……"

史料记载表明，"大食"是宋元时期中国对西亚阿拉伯地区的称谓，并与之来往甚密。大约在12世纪，东罗马帝国先后流行的金属胎掐丝珐琅和錾胎珐琅工艺传入西亚地区，并盛极一时。

如斯布鲁克·裴狄南德拉姆美术馆收藏的"铜胎掐丝珐琅盘"，以红、黄、蓝、白、绿色珐琅釉，描绘亚历山大大帝驾驭天马升天的故事。

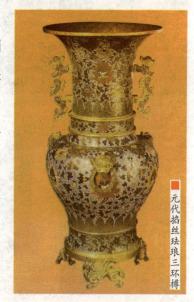

元代掐丝珐琅三环樽

流光溢彩的金属宝器

从作品上的铭文可知，该作品是12世纪前半叶两河流域东北地区的阿米德地方制造的，是典型的阿拉伯风格掐丝珐琅制品，也是研究"大食窑器皿"历史渊源的重要佐证。

13世纪，蒙古军队远征，横跨亚欧大陆。进攻大食国，每每攻下一城，往往保住工匠。成吉思汗重视工匠，并广设工场来发展手工业。

元朝统一全国后，随着对外交流的增多，阿拉伯地区流行的华丽的金属胎珐琅制品，不断流入中国，烧造"大食窑器"的阿拉伯工匠，也就随之来到中国。他们带来了烧造珐琅的技术和主要原料，在内府中协助中国工匠烧造了精美典雅的铜胎珐琅制品。

这些珐琅制品的造型和图案风格，多按中国传统的艺术形式制造，同时，又带有比较浓厚的阿拉伯风格。以元明之际流行的缠枝莲纹为例，珐琅之上的缠枝莲纹，枝叶肥厚，展卷自由流畅，并衬托着小的花苞。这种风格近似波斯艺术之特点。

这时，主要是以生产錾胎珐琅和锤胎珐琅为主。

錾是一种金属装饰工艺，多用于金器和银器的装饰。将这种工艺用于珐琅制作，更丰富了珐琅器的装饰。錾胎珐琅是在金属胎上按图案设计要求描绘纹样轮

■ 元代掐丝珐琅鼎式炉

廓线，然后运用雕錾技术在轮廓线以外的空白处进行雕錾减地，这样使纹样轮廓凸起。再在地子上点蓝焙烧，经过磨光镀金而成。錾胎珐琅的特点是使主题纹饰更加突出。

■ 元代掐丝珐琅象耳炉

锤也是金属的装饰方法，是从背面锤出起线、纹饰、图案，然后将凸出部分施珐琅釉料，下凹部分镀金。锤胎珐琅的特点是用珐琅釉料的颜色来突出主题纹饰。

元朝典型的珐琅蓝色花瓶，整体造型很是规整，色调也并不显鲜艳，很是典雅，还有些许保留着蒙古族牧民特有生活用品的气息。

如元代掐丝珐琅缠枝莲纹龙耳瓶，高36.8厘米，口径10.7厘米，足径12.9厘米，瓶通体以蓝釉为地，饰掐丝花卉纹。颈部为绿釉蕉叶茶花纹，颈下凸起莲瓣一周。此瓶珐琅釉色丰富，透明度强，尤其是晶莹的绿釉宛如翠玉。

细观瓶体，花卉纹结构颇显异常，颈下部加套凸起的一周莲瓣纹装饰，其釉色同整体晶莹亮泽的釉料有别，颈部两侧嵌饰的镀金飞龙双耳既可遮掩拼接的痕迹，又使整器光辉夺目。

据历史记载，蒙古人合赞在元成宗时期册封为伊儿汗国中统治波斯一带的呼罗珊汗，合赞除精通蒙古

缠枝莲纹 又称为串枝莲、穿枝莲，是一种中国传统文化中的植物纹样。缠枝莲以莲花为主体，以蔓草缠绕成图案。缠枝莲纹广泛应用在建筑、纺织、石雕、木雕、珐琅器、瓷器上。

流光溢彩的金属宝器

■ 掐丝珐琅印盒

母语之外，也略悉阿拉伯、波斯、印度、中国、富浪等国语文。凡百工技艺，皆亲手为之，制品尤较工匠为佳，又习知化学及一些较难艺术，如制作珐琅、解化滑石、熔解水晶及凝缩、升华之术。

在此不但可知珐琅工艺在13世纪后期仍然属"较难之艺术"，同时由高居可汗之尊的合赞也研习珐琅制作技艺的事实，凸显此项技艺已获重视。

当时的掐丝珐琅器可能尽为皇家服务的，由于烧造技术的不成熟，故生产规模并不大，产品并不多。从仅存的几件元代掐丝珐琅器来看，中国工匠在学习、掌握烧造珐琅技术后，为符合当时的审美趣味，生产出了具有民族风格的制品，但装饰品方式仍保留着一些阿拉伯的艺术韵味。

掐丝珐琅，顾名思义，是在金、铜胎上以金丝或铜丝掐出图案，填上各种颜色的珐琅之后经焙烧、研磨、镀金等多道工序而成。

而关于珐琅器的取名，最初则被叫作"奇宝烧"，这里还有一个传说：

在元朝初年，当时北京城里已经建了皇宫。突然有一天夜里，皇宫里起了一场大火，把摆满奇珍异宝

莲瓣纹 莲花为中国传统的花卉，古名芙渠或芙蓉，从春秋战国时就曾用作饰纹。自佛教传入中国，便以莲花作为佛教标志，代表"净土"，象征"纯洁"，寓意"吉祥"。莲花因此在佛教艺术中成了主要装饰题材，在石刻、陶瓷、珐琅器和彩绘上到处可见。

的金銮殿都给烧成了一片灰烬。

于是龙威震怒，宫女、太监就成了皇帝的撒气筒，有的挨棍棒，有的进牢门。过了好久，皇上才撒够了气儿，就吆喝来一帮宫女、太监，给他从灰烬中过筛过箩地清点大火余烬中的宝贝。他站在旁边亲自监督。

忽然，有个太监捧来了一只很特别的瓶子，接着又有一个太监捧来一个小罐儿。皇上一见到这两样东西，紧锁的双眉一下子便舒展开了。咦！这是什么宝贝？怎么从来都没有见过呀！

皇帝询问了左右近身的几个侍臣，也都连连摇头。只见这瓶子和小罐儿，色彩斑斓，晶莹闪耀。皇上爱不释手，当即传下一道圣旨，调集京城能工巧匠，限期三月仿造成这样的瓶与罐，如若不然，绝不轻饶。

皇上的圣旨一下，这下子可忙坏京城里九九八十一家手工艺作坊的工匠们了。大伙儿围着两件奇宝翻来转去看了半天，只见这瓶罐上是用金银做胎，胎外裹着一层瓷釉，瓷釉间又有金丝缠绕。这样精美的宝贝是怎样制作出来的呀？大伙儿揣摩来揣摩去，怎么也揣摩不出个所以然来。

满京城里边的工匠们可真犯难了，只好各自盘算各自的主意，有的用铜或铁围成圆圈，抠胎型；有的在胎型上一圈又一圈地绕金银丝。可是甭管怎么鼓捣，那胎型和金银丝就是不能黏结在一起。至于那绚丽的彩釉是怎么烧结的，更是

元代画珐琅蓝釉瓶

摸不出个门道。

日子一天天过去了，急得大伙浑身出汗，眼冒金星，心里憋闷透了。

一天，正当有位老工匠双眉紧锁，对着瓶罐冥思苦想，两眼紧盯着瓶罐琢磨时，看着看着，忽然，那瓶罐放射出五彩的光环，旋转起来，越旋转越快。

流光溢彩的金属宝器

■ 元代浅蓝珐琅釉三足炉

猛然间，光环中现出一个头戴珠翠、身披彩衫、脚踏祥云的美丽仙女。她抑扬顿挫地说道："宝瓶如花放光彩，全凭巧手把花栽，不得白急花不开，不经八卦蝶难来，不受水浸石磨苦，哪能留得春常在。"

老工匠听了那仙女的话，一时弄不明白是什么意思，想问问，却张不开口，说不出声来。眼看着那仙女一闪身就融入光环中不见了。

老工匠心急如焚，迈腿就追，只听见"哗啦"一声，把身边的瓶罐撞倒，把他吓出一身冷汗，睁开蒙胧的双眼，原来刚才做了一个梦。

这梦做得可真蹊跷，他赶忙把身边的几个工匠喊来，把梦中遇到的事讲给大伙听。大伙儿听了都觉得挺奇怪，于是，你一言我一语地议论开了。

这个说："那头两句说的，是夸这瓶罐好呗！可后几句是什么意思呀？"

圣旨 是中国古代帝王权力的展示和象征，圣旨两端有翻飞的银色巨龙作为标志。圣旨作为历代帝王下达的文书命令及封赠有功官员或赐给爵位名号颁发的诰命或敕命，圣旨颜色越丰富，说明接受封赠的官员官衔越高。

一个机灵的小伙子抢着说："仙女说的'不得白急花不开'，这话很明显，是让咱们得有'白急'，这'白急'是什么呀？"

一听这话，老工匠恍然大悟："噢，是不是指中草药'白芨'呀！"

"对，准是。您想，白芨用水一泡，跟胶似的，过去，我们就用它来粘东西。咱们干吗不用它来黏结胎上的金丝？不妨试试看。"

另一老工匠说："还有'不经八卦蝶难来'，这又是怎么个意思呢？"

"这句的意思是不是说，那宝瓶上的五颜六色釉彩，如彩蝶纷飞，"一个中年工匠若有所思地说，"莫不是像李老君用八卦炉炼仙丹的办法炼出彩釉，再烧结到金丝上的呀！"

"哎呀！那梦中仙女，别不是炼石补天的女娲娘

■ 珐琅盖盒

■ 元代珐琅带饰

流光溢彩的金属宝器

娘，显灵指点咱们，叫咱们搭起八卦炉熔炼石头。"

又是那个机灵的青年工匠抢着说。"嗯、嗯，是有点儿意思。"

老工匠手捋着胡须，连连点头，"你们想啊，皇宫那把大火，不就是把金銮宝殿里收藏的各种宝石金银都烧熔在一起的吗？这珍奇的宝贝瓶罐兴许就是这么烧出来的呢！"

"还有，那水浸石磨，不用说就是嘱咐咱们烧结之后，还得像琢玉一样，把那瓶罐经过磨砺才会大放光彩呀！"

就这样，工匠们紧张地搭起了八卦炉，捡来石头和金银铜铁锡的粉末放进去。经过七七四十九个时辰的冶炼，果真熔炼出来了晶莹的七彩釉色。那白芨把丝和胎牢牢地黏结在一起。宝瓶终于制作出来了！

从这以后，凭着工匠们的心灵巧手，北京开始有了前所未见的珐琅彩釉金银丝瓶。但是，在那时候，不管制作多少，全归皇宫所有，所以人们就管它叫"宫廷艺术"。因为这种珍品是皇宫里一场大火烧出来的，有些人就管它叫作"奇宝烧"。

"奇宝烧"其实是"七宝烧"工艺的谐传。七宝烧是一种古老的传统工艺，以金属为胎，外表施以石英为主体的各色釉料，再经烧制而成。七宝烧胎体轻薄，珐琅釉料细腻，光泽清亮，颜色艳丽，是珐琅器

老君 中国道教对老子的神化称呼，又称"太上老君"。多种道教经典对老子有各种神化说法，大致说老子以"道"为身，无形无名，生于天地之先，住于太清仙境，长存不灭，常分身化形降生人间，为历代帝王之师，伏羲时为郁华子，神农时为大成子，祝融时为广成子。

工艺种类中优秀的品种。

从造型上看，元代珐琅器的造型风格与同时代瓷器造型风格相同。如元代掐丝珐琅凤耳三环樽，器身中间的主体部分为元代掐丝珐琅罐，器物的口、颈、耳、环、足均为后配。

这种组配现象，在元、明两代器物上表现较多。尤其是元代器物，各部位原配的器物较少，基本上都出于后代风俗的要求而装配上其他零件。

如掐丝珐琅凤耳三环樽，高71厘米，口径36.3厘米，底径23.1厘米，樽为后改器，由颈、腹、足3部分组成，颈两侧有掐丝珐琅镀金双兽耳，肩部凸起三兽首衔珐琅环，下呈三铜镀金翼兽足。

此樽通体施浅蓝色珐琅釉为地，饰掐丝珐琅花卉纹。腹部依次以紫、白、黄、红、白、黄色6朵缠枝莲大花构成的主题图案，颈、口沿与肩部分饰缠枝莲和垂云纹，颈下与足上部均饰葡萄纹和蕉叶纹各一周。圈足内正中凸起镀金双龙，环抱阳文"大明景泰

■ 元代珐琅饰品

流光溢彩的金属宝器

凤耳 是瓷器耳的式样之一，即器物的耳做成凤形。此式样最早见于宋代龙泉窑青瓷瓶上，其造型为盘口，细长颈，折肩，直腹。颈部置对称的双凤耳。清代景德镇窑瓷器上亦有所见。典型器如康熙茄皮紫釉凤耳蒜头口瓶、乾隆豆青釉青花凤耳瓶等。凤是古代传说中的鸟王。

■ 元代掐丝凤耳三环樽

此樽腹部、颈部及底足处釉色明显不同。腹部釉色鲜艳明快，尤其是墨绿色及紫色晶莹亮泽，为明以后各朝所不见。而颈部及足部的釉色灰暗干涩，且装饰图案的风格也与腹部不同。由此可断定，此樽是在元代珐琅罐的基础上后配颈、耳、环、足等改制而成，底款亦为后刻。

元代珐琅器在制作工艺上是单线掐丝，即只以一条铜线表现图案的轮廓，不像以后的双线掐丝。

元代珐琅器器型端庄大方，构图舒朗流畅，釉色明艳温润，具有宝石般的半透明光泽。唯原配珐琅器较少，大部分被后人改装过，存量稀少，弥足珍贵。

在纹饰题材的表现上，元代器物具有当时的时代风格特点。如缠枝莲的图案、花卉的叶子、花蕊、扁菊花、器物主体肩部的垂云装饰等，都与元代瓷器上的绘画风格相一致。

在有的颜色上，元代珐琅器也有着自己的特点。如紫色和墨绿色是透明色，这是由于原料进口的缘故。这两种颜色在清代的珐琅器上是不透明的，正是这一点，明显地显示出同一器物上各部位的不同制作年代。

元代的黄色为杏黄色，红色像鸡血一样浓艳，白色纯净鲜明洁白，蓝色湛蓝，器物中还使用了藕荷色，这种颜色在以后不再使用。

珐琅器的颜色特征与当时使用的釉料有关，元代珐琅器与后世珐琅器相比差别较大，据此鉴别组合器各部位的年代也比较准确。

另外，元代珐琅器的花丝比较粗，是因为掐丝用的铜片厚；釉面出现较多的孔洞，是工艺制作上填料不实造成的缺陷，也成为鉴别元代掐丝珐琅的要点。

元代珐琅饰品

同时，元代珐琅器与元代瓷器一样，不写款识。

如掐丝珐琅缠枝莲纹碗、掐丝珐琅花果纹盘的釉色，就具有明显的元代珐琅的特征。

元掐丝珐琅缠枝莲纹碗为两只一对，均口径13.5厘米，底径7厘米，高11厘米。此对碗，造型古朴，色浆自然。制胎、掐丝、烧焊、点蓝、磨光、镀金每道工序皆制作得精益求精，一丝不苟，具有很高的欣赏价值。

元代掐丝珐琅器的图案装饰多以盛开的缠枝莲为主题纹饰，其特点是缠枝莲花朵舒展饱满，枝叶肥厚，并衬以小花苞。图案布局疏朗，掐丝线条奔放有力。

珐琅质地细腻洁净，釉面光亮，有水晶般的透明感，尤其是葡萄紫、草绿、绛黄等几种颜色更为耀眼夺目，似用进口珐琅釉料烧造。

如元代掐丝珐琅缠枝莲纹鼎式炉，通高28.4厘米，口径17.1厘米。炉为圆形，双冲耳，鼓腹，三圆柱形足，造型似青铜鼎，朴实庄重，炉内置铜镀金胆。炉腹上部以一道镀金弦纹线将炉体图案界为两部分，线上部以绿色珐琅为地，饰白色菊花纹12朵；线下部以蓝色珐琅为地，饰缠枝莲花纹6朵。三足均以蓝色珐琅为地，饰彩色菊花纹。此炉是元代掐丝珐琅器的代表作。

因为元后明代时期的掐丝珐琅非常受推崇，所以也经常会将元代的景泰蓝作品进行修整。

如元代掐丝珐琅缠枝莲纹象耳炉，制作于元朝，炉通高13.9厘米，口径16厘米，足径13.5厘米。炉为铜胎，圆形，并且是鼓腹，象首卷鼻耳，圈足。

炉颈部是施加的浅蓝釉地，并装饰有黄、白、红、紫4个颜色的菊花共有12朵。腹部宝蓝釉地，装饰红、白、黄三色掐丝珐琅缠枝莲花6朵。其下饰莲瓣纹一周。

这件元代掐丝珐琅器釉质莹润，有的部分釉质呈玻璃般的透明状，垴垴色泽浑厚谐调，富丽典雅，是一件高水平的元代掐丝珐琅作品，而景泰蓝铜胆、象耳和圈足为后配。

阅读链接

中国金属胎起线珐琅工艺制品，是在吸收外来文化的基础上发展起来的。由于中国金属铸造和焊接技术、金属丝的切削和镶嵌技术，以及琉璃釉的烧造技术等方面，不仅历史悠久，而且成就辉煌，所以，当金属胎起线珐琅烧造技术传入之后，很快就熟练地掌握了其制造方法。

"他山之石，可以攻玉"，这个中国传统的哲理，几乎可以运用于社会生活的各个方面。元代的珐琅制品由于采用了阿拉伯的釉料，才呈现出特殊的光泽。

正是由于这些诸多有利的因素，才使得金属胎起线珐琅工艺迅速完成了民族化的过程，成为具有中华民族传统风格的工艺美术门类之一，放射出耀眼的光彩。

明代时期

到了明朝代宗朱祁钰时候，他特别喜欢珐琅工艺品，因此传旨大量制作，工艺水平提高很快。

由于当时正是景泰年间，产品又大多以孔雀蓝色为主，所以人们就把这种工艺品叫作景泰蓝。这个称呼后来就一直传下来了。

明朝景泰蓝是珐琅器的一个巅峰时期，明朝景泰蓝的特点：色泽暗而凝重，器物表面布满了砂眼。原因就是因为釉料中的调和剂黏度不够，在景泰蓝的制作过程中经过高热处理时产生了爆釉而形成的。

朴实庄重的明早期珐琅器

明代掐丝珐琅玉壶春瓶

虽然明初掐丝珐琅工艺已逐渐被朝廷重视，但是真正引起文人注意与仕宦商贾珍藏，已经是明代晚期的事了。因此，真正早期的器物传世不多，工艺技法也不是十分成熟。

明代珐琅器有掐丝和錾胎两种。据记载，最早珐琅器多为宫廷妇女赏玩，以后受到皇家重视才逐渐登上大雅之堂，因此珐琅器的制作早年，也只是由皇宫御用监负责管理烧造。

明朝初年的北京掐丝珐琅制品有香炉、花瓶、盒、盏之类，仅供妇人闺阁中用，在文人心目中不够高雅，不能充作文房赏玩。

这时，云南掐丝珐琅工匠善制盏杯，在京贩卖；而明内廷的御用监担负着皇家掐丝珐琅器的烧造。此期掐丝珐琅的色彩和装饰尚与元代接近而略有变化。有一种珐琅器变得淡雅，透明度减弱，显示了这50年间出现的变化。

如这件明初期的掐丝珐琅花卉纹玉壶春瓶，花瓶高27.1厘米，上口径7.4厘米，底足径9厘米。该玉壶春瓶器型端庄优美，釉色明艳，表面打磨细腻光亮，小朵花饰星罗棋布，繁而不乱，堪称明初御用监所造掐丝珐琅的精品。瓶肩部的兽耳和口、足均为后配，款识亦为后刻。

还有一件元末明初掐丝珐琅缠枝莲纹冲耳炉，高9.5厘米，口径12厘米，足径10厘米，折边口，扁圆腹，双冲耳。附有紫檀木炉座及盖，盖钮为珊瑚雕玉兰花，系清代所配。

此炉通体，施天蓝珐琅釉为地，口沿饰红、绿、白、黄各色如意云纹；腹部饰红、白、黄及青点石色缠枝莲6朵；炉底部饰红、白两色菊花纹，正中一朵稍大为白色，尤为醒目。

明早期的洪武、永乐没有署款的标准器，但在实物中确有一些珐琅器具有早于宣德而又不同于元代的特点风格，如掐丝珐琅缠枝莲纹贯耳瓶、掐丝珐琅缠枝莲纹簋式炉等。

明代掐丝珐琅鱼耳炉

掐丝珐琅缠枝莲纹簋式炉，高9.7厘米，口径15厘

米，足径12.3厘米。炉敞口，铜镀金龙首吞彩色云纹双耳，垂腹，圈足。

炉身通体以蓝色珐琅为地，掐丝填红、黄、蓝、白等色珐琅的缠枝莲纹计2层，呈"∽"形上下相间排列，足上以彩色莲瓣纹为衬。

足底镀金光素。此炉胎壁厚重，造型规整，珐琅颜色纯正，色泽蕴亮，有宝石般光泽，器型仿自青铜器"簋"的形制，"簋"原是商周时期的盛食器，后世作为香炉之用。

宣德年间，宫廷掐丝珐琅工艺相当发达，此时的珐琅有浅蓝、宝蓝、大红、墨绿、娇黄、砗磲白等色，浓郁醇厚，呈现出和田玉的温润光泽。

最典型的一件是掐丝珐琅云龙纹盖罐，御用监造，精工细作，体积丰硕，器身上奔戏宝珠的行龙，大有呼风唤雨之势，宛然如生，堪称明代掐丝珐琅的重器。

宣德掐丝珐琅云龙纹盖罐为圆形，通高62厘米。腹下部饰蕉一周，其上做云龙纹，二龙蜿蜒于云朵之间，健壮而又凶猛。盖上亦饰云龙纹。

颈部有镀金"大宝宣德年制"和"御用监造"双款，其足底亦阴刻有相同的款文，这种做法在珐琅器

■ 明代掐丝珐琅龙纹长方炉

340

流光溢彩的金属宝器

卷云纹 是古代器物纹饰之一。起源于战国时期，至秦时得到进一步发展，汉、魏时期流行的装饰花纹之一。通过粗细、疏密、黑白和虚实等对比手法，组成各种卷云纹。由卷曲线条组成对称的图案，大都作为瓦当或金银珐琅器物上的边饰。云纹寓意高升和如意。

中是绝无仅有的。此罐之大，在明代也是第一。由此可见宣德朝在珐琅器制造上，确有过人之举。

该大罐铜胎质地厚实，包浆古旧，造型敦实古拙，丰肩收腹，配有圆钮卷沿圆盖。色调浓郁且对比强烈，具有明早期掐丝珐琅的典型特点。

以宝蓝色珐琅为底，上面有珐琅彩极少使用的紫黑色，通身满布黄、绿、蓝、白、赭、红各色交映的卷云纹，龙身为大面积的黄彩，呈轮状五爪张弛有力，红焰绿发，须发前冲，体现标准明代龙形。

掐丝珐琅缠枝莲纹出戟觚也是明代宣德珐琅器中的精品。它高28.4厘米，上口径16.4厘米，足径9.6厘米，此件花觚端庄大方，釉色鲜明，镀金厚重。只是出戟和底足是后世装配的。

宣德时期的掐丝珐琅器，整体看上去图案纹饰比较活，做花丝用的铜片薄了一些，这使得掐丝较前朝

341

掐丝珐琅

明代时期

■ 缠枝莲纹簋式炉

的细，弯曲回折不拘一格。除具有本朝瓷器造型的风格外，釉料的颜色也有特性。这时的颜色，红、白、蓝色与前朝区别不大，但黄色不如前朝鲜艳而变得发灰暗一些了。器物上的纹饰与边饰，与本朝瓷器的画法一样，具有宣德时期的一般特征。

如明代掐丝珐琅缠枝花卉纹盏托，是明朝宣德年间宫内御用监制造的，这件盏托釉色丰富，色彩纯正，缠枝四季花卉等纹饰掐丝活泼流畅，繁密而有章法。此件掐丝珐琅缠枝花卉纹盏托高1.3厘米、口径19.2厘米，足径15厘米，盏托呈圆盘式，折边口，盘中心凸起盏槽。底足中心阴刻楷书"大明宣德年制"6字款。

流光溢彩的金属宝器

■ 掐丝珐琅缠枝莲纹出戟觚

■ 明代掐丝珐琅鱼藻纹高足碗

此盏托以浅蓝色珐琅釉为地，盏槽内饰盛开的莲花一朵，周围以绿叶相衬。盏槽外饰珐琅彩莲花、菊花等花卉纹5组。折沿上装饰着红、黄、蓝、白8只蟠螭纹，其间用菊花纹填充，外壁光素。

此盏托继承了元代掐丝珐琅的风格特点，以蓝色珐琅釉做地色，单线勾勒花叶枝蔓，花朵饱满肥硕，图案布局规范，讲究对称。珐琅釉色纯正，表面温润光泽，气泡较

少。此花卉纹盏托胎体厚重，色彩纯正，为宣德时期掐丝珐琅的上乘之作。

明代早期珐琅器的特点主要表现在：

番莲及莲瓣等图案式纹饰，为当时最主要的装饰纹样。而且番莲花瓣丰满而瓣尖短，花心形状并不固定但花瓣紧包。叶片具形，形状与大小不规则；用单根掐丝表达枝与卷须，与清朝的双钩方式不同。

如明宣德铜胎掐丝珐琅缠枝莲纹碗，高13.9厘米，口径29.7厘米，足径13厘米。碗直口，收腹，圈足。内壁通施蓝色珐琅釉为地，在朵朵祥云和杂宝纹之中掐饰双龙追火球纹。

外壁一周施白色珐琅釉为地，以S形串联起的6朵红、黄、墨绿色缠枝莲花，布局规矩对称，纹饰绚美富丽。足内饰彩釉菊花纹，中心处有红釉"宣德年造"篆书4字款。

明代宣德款掐丝珐琅器，是中国古代掐丝珐琅器最早有纪年款识的制品。宣德款的掐丝珐琅器胎体厚重，器物成型规整。明早期落款方式自右至左一列横排楷书款最为可靠。

宣德时期，金属胎起线珐琅制品，有年款者分两种类型：

一种在器物的某个部位用珐琅釉烧成款识，款识内的釉色同整体器物的釉色浑

343

■ 明代掐丝珐琅杯托

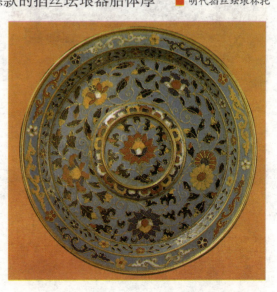

然一体。这种款识是造器时，已包括于总体设计之中，属于原款。这类用釉烧成的年款，多置于器物的底部和肩部。

另一种年款则是在铜胎上铸或錾刻出来的，多置于器物底部。宣德时期款的形式有"宣德年制"4字款、"大明宣德年制"6字款和"大明宣德御用监造"8字款。也有"宣德"2字款者，但很少见。字体以楷书居多，兼有隶书和篆书体。

宣德款识的处理方式有：阴线双勾、单线刻画、錾刻阳文和铸款。这些宣德年款的作品，是铜胎珐琅器中有时代标志的最早制品，为识别宣德时代金属胎起线珐琅的风格特点提供了重要依据。

如宣德铜胎掐丝珐琅缠枝莲纹大碗，外壁是施以白色釉为地，用双线勾勒缠枝莲的枝干，串联起数朵彩色釉硕大花朵，颇显富丽。碗内壁是以浅蓝釉为地，饰彩釉龙戏珠纹。底足内为浅蓝釉地，饰彩釉缠枝菊花纹，中心处施红釉篆书"宣德年造"4字款。

在明代早期的珐琅制品中，采用浅色釉为地和双线勾勒花卉枝干的技法都是少见的，年款字体的处理亦不甚清晰，特别是碗内的龙纹图案不似其他宣德时代器那

■ 明代掐丝珐琅双陆棋盘

样典型。

■ 宣德掐丝珐琅莲
纹三足炉

宣德款掐丝珐琅的器型与同时期的瓷器、漆器、铜器相似，有罐、碗、盘、盒、花瓠、炉、双陆盘等；纹饰以勾莲花为主，并出现了龙、凤、狮及四季花卉图案。

这件掐丝珐琅缠枝莲纹直颈瓶即是明朝宣德年间的器物，高22厘米，口径2.9厘米，足径9厘米，全瓶铺的大蓝底色，纹饰仍旧是缠枝莲纹，花色以大黄，大红为主。

此掐丝珐琅缠枝莲纹直颈瓶造型秀丽，纹饰活泼，色彩纯正。瓶底也是镀金的，并且阴刻双线"宣德年制"楷书款。

而有件掐丝珐琅缠枝莲纹龙耳炉的掐丝与釉色也为典型的宣德风格。掐丝珐琅缠枝莲纹龙耳炉，口径14.7厘米，底径12.2厘米，高9.6厘米。在金、铜胎上以金丝或铜丝掐出图案，填上各种颜色的珐琅后经焙

双陆 古代博戏用具。是一种棋盘游戏，棋子的移动以掷色子的点数决定，首位把所有棋子移离棋盘的玩者可获得胜利。在游戏中，每位玩者尽力把棋子移动及移离棋盘。虽然游戏有很大的运气成分，但游戏的策略仍然十分重要。每次掷色子，玩者都要从多种选择中选出最佳的走法。

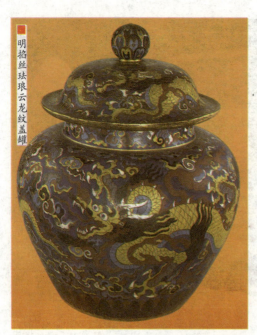

明掐丝珐琅云龙纹盖罐

烧、研磨、镀金等工序，它有着五彩斑斓、华丽夺目的魅力。此炉呈圆形，两侧附龙首耳。

该炉虽没有款识，但其胎体厚重、器物成型规整、番莲纹饰布局疏朗、掐丝活泼豪放、釉色纯正、釉质细腻等特征，与宣德珐琅器特点一致，为宣德时期掐丝珐琅的典型器物。

明代早期珐琅器纹饰的叶片内常填两三种色釉，但釉料没有混杂使用，釉层较后期的厚。其品种、器型多为《格古要论》中所载的"香炉、盒儿、盏子、花瓶之类"，大多器型小、胎体由铸造成型，且较后期的厚重。当时的掐丝珐琅器一般没有锦地，掐丝粗细不匀，掐丝末端多以叠接隐藏的方式处理。

如明掐丝珐琅兽耳瓶高 29.5 厘米，口径13.2厘米，铜胎，束颈，双兽环耳，鼓腹，圈足。外体饰掐丝珐琅缠枝莲纹，口内有蓝珐琅釉书写一楷书"王"字。釉厚体重，造型端庄稳重。

明初，珐琅常与高度发展中的明代家具相结合，产生极强的配合艺术。如红漆嵌珐琅面梅花式香几，通高88厘米，面径38.5厘米。

香几通体髹红漆，几面为五瓣梅花式，中心打槽，嵌珐琅面心。高束腰上植以5根短柱，分5段嵌装绦环板，绦环板上开长方形委角透光，束腰下有托腮。壶门式牙子，5条腿为三弯腿式，腿子中下部起云纹翅，足端做成如意头并雕饰向上翻卷的卷草纹。

足下踩圆珠，落在台座上，台座面下亦有束腰，开长方形透光，其样式与香几上部呼应，体现了明式家具的风格特点。

流光溢彩的金属宝器

再如明宣德掐丝珐琅狮纹双陆棋盘，御用监制造，此器造型规整，纹饰新颖，尤其是盘内锦地上的七狮对舞戏球纹样生动活泼，此种罕见于明早期的珐琅纹样，显示出珐琅工艺的新发展。

此棋盘胎体厚重，造型规矩，装饰精美，为明代御用监所造之重器。这种盘传世仅此一件。

此掐丝珐琅狮纹双陆棋盘为长方形，通高15.7厘米，长53.3厘米，宽33厘米。四壁直立，束腰，下承六足带托底座。盘内底沿四边有镀金长方框，两长边上各有12个小圆点，内嵌螺钿，是为棋位。

框内卍字锦地上饰七狮戏球纹。盘内壁饰缠枝花，外壁共10开光，开光内宝蓝地上饰各种花果。盘座饰缠枝花。

据说开光这个词最初是从古代建筑窗户的某种形状演变而来。开光的目的是使器物上装饰变化多样，或为了专门突出图画中的某一形象，往往在器物的某

■ 明代掐丝珐琅龙凤耳炉

一位置留出如扇形、菱形、心形等某一形状的空间然后在该空间里装饰花纹，称为"开光"。

后来，开光是指佛像落成后，择日致礼而供奉之，谓之开光。亦为开眼，或为开眼供养。《佛说一切如来安像三昧仪轨经》道："复为佛像，开眼之光明，如点眼相似，即诵开眼光真言二道。"

而随着工艺品的不断发展，在工艺手法中的"开光"则是装饰的方法之一。开光这种手法常见于珐琅器、雕漆、陶器等器皿上的图纹装饰。

这几例铜胎掐线珐琅制品展现出宣德时期珐琅工艺的基本特征：

首先，多以浅蓝釉为地色，亦有少量用白色釉为地者，其上由宝石蓝、鸡血红、车磲白、墨绿、草绿、绛紫、娇黄等多彩釉色组成缠枝花卉和云龙戏珠图案，釉色纯正稳重，釉面蕴亮，但有砂眼。

其次，习惯用缠枝莲作为主体装饰图案，缠枝莲的枝干多用单线勾勒，以"〜"形的弯曲转折串联起不同色彩的盛开的花朵。花头硕大，在肥厚的多层花瓣衬托下，中心处形成类似桃形的花蕊。

流光溢彩的金属宝器

■ 明代掐丝珐琅缠枝莲炉

这种缠枝图案的组成，似乎已成为定式，变化不大。也有以单线勾勒枝叶连缀多朵小花者，颇显新颖活泼。亦有用双线勾勒花卉的作品，但流行不甚普遍。

明代铜胎掐丝珐琅香熏

同时，掐丝的粗细，略显不匀，勾勒出来的花纹图案轮廓线衔接处不甚紧密，往往露出掐丝衔接的痕迹，铜胎的制造比较厚重，给人以自然朴实的美感。

依据这些基本特征，对没有时代款识，而艺术风格相似的作品，当可确定为明宣德时期。

铜胎珐琅缠枝莲双耳炉、掐丝珐琅蕃莲纹出戟觚等作品，胎体厚重，釉色纯正稳重，以单线勾勒花卉枝干，花朵硕大，自身虽然没有制造的年代款识，但其艺术风格及釉色特点，均具宣德时期珐琅制品的特征。

阅读链接

景泰蓝，它不仅是明朝景泰年间这个狭义的名称。而是演化成一种具有中国民族传统的艺术品名称，掐丝珐琅在整个珐琅艺术领域已成为景泰蓝的代称或专称，同样它在起着对掐丝珐琅这一珐琅分支系统的规范作用。

也就是说，凡是按照掐、点、烧、磨制作出来的掐丝珐琅艺术品都应称为景泰蓝。这里面的时空观念已完全脱开"景泰朝时期"，而是景泰蓝艺术由启蒙期到成熟繁盛期的整个发展过程，在这个过程中的每个时期的掐丝珐琅制品都应称为景泰蓝。

日趋繁缛的明中期珐琅器

到了15世纪以后的明朝中叶，掐丝珐琅工艺取得极大发展，不仅造型、品种、釉色都显著增多，而且工艺技巧也明显进步。

传说当时京城第一名匠"巧手李"，自己说他是女娲后人，因其善做奇巧工艺，才被人们誉为"巧手李"。不久，"巧手李"称女娲娘娘身披霞衣、脚踏祥云给其托梦，"巧手李"参透此梦，遂聚集众工匠，用白及把一件金丝瓶胎牢牢地黏结在一起，又用炼制女娲补天石的技艺在八卦炉里炼制金银铜铁铝与众多宝石，终于得到晶莹的七彩釉。后将七彩神釉涂在金丝胎上再次烧制，出炉经水浸石磨，终于打造成了宝瓶。

明代中期，到了明

■景泰蓝花卉钵

朝代宗朱祁钰时候，他特别喜欢这种工艺品，传旨大量制作，工艺水平提高很快。珐琅器最典型的代表就是"景泰年制"的铜胎掐丝珐琅。

由于景泰年款的铜胎掐丝珐琅器传世较多，产品又大多以孔雀蓝色为主，所以人们就把这种工艺品叫作景泰蓝。这个称呼后来就一直传下来了。故有"景泰蓝"之美誉。

而这种工艺，其实就是珐琅生产中的"烧蓝"技术。烧蓝是一种透明珐琅器。以银胎为主，俗称"银烧蓝"，少量铜胎。

先在银胎上用錾刻和锤打出浅浮雕纹饰，再罩一层透明或半透明的珐琅釉，烧成后显露出胎体上的粗细纹饰，与蓝色为主的釉上下辉映，精致美丽。银烧蓝器物多为小件胭脂盒、粉盒、头簪等。

孙承泽《天府广记》中记述：景泰御前的珐琅，可与永乐朝果园厂的剔红、宣德朝的铜炉、成化朝的

■ 掐丝珐琅花盆

女娲 中国古代神话人物。她和伏羲同是中华民族的人文初祖。女娲是一位美丽的女神，身材像蛇一样苗条。女娲时代，随着人类的繁衍增多，社会开始动荡了。两个英雄人物，水神共工氏和火神祝融氏，在不周山大战，结果共工氏因为大败而怒撞不周山，引起女娲用五彩石补天等一系列轰轰烈烈的动人故事。

斗彩瓷器相媲美。似乎在景泰时期的珐琅制器，已发展到"黄金时代"。

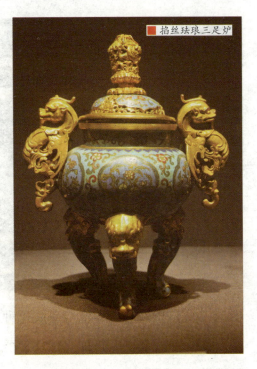

■ 掐丝珐琅三足炉

北京是中国景泰蓝的发祥地，也是最为重要的产地。北京景泰蓝以典雅雄浑的造型、繁复的纹样、清丽庄重的色彩著称，给人以圆润坚实、细腻工整、金碧辉煌、繁花似锦的艺术感受，成为驰名世界的传统手工艺品。景泰蓝工艺的艺术特点可用形、纹、色、光4字来概括。

如明景泰铜胎掐丝珐琅三足香炉，高10厘米，直径10厘米。外底署"大明景泰年制"6字3行楷书铸款，炉身圆筒形，下呈三兽足。狮首衔环耳。器腹用铜胎掐丝珐琅装饰缠枝莲，口沿一圈勾连云雷纹。该器型制规整典雅，铜材灿烂，珐琅工艺一丝不苟，色泽鲜亮。

此炉品相佳美，十分罕珍，从缠枝莲纹风格和填彩工艺，以及色泽的发色，可以表明它的年代早至元代晚到明代宣德，而景泰年间制作的珐琅器是利用早期遗存的珐琅器重新改制而成，其改制的功力，几乎看不出什么破绽，且造型更加美观，故被视为珐琅器的黄金时代。

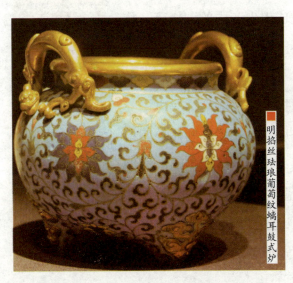

■ 明掐丝珐琅葡萄纹螭耳鼓式炉

流光溢彩的金属宝器

此件珐琅炉往往容易让人理解为香炉，其实这种形制的器物，作为蟋蟀罐使用的可能性更大，何况在明代宫廷，斗蟋蟀成为帝王热衷的一项娱乐，清代蒲松龄在其名篇《促织》中，开篇第一句话即说"宣德中，宫廷尚促织之戏"。

再如掐丝珐琅葡萄纹螭耳鼓式炉，此炉纹饰舒朗，色彩写实，在树枝的处理上运用了晕染手法，增加了艺术效果。炉的耳、足系后配，款识亦为后刻。

孙承译《天府广记》中载：后市"在玄武门外，每月逢四则开市，谓之内市。"交易奇珍异宝：

■ 明铜珐琅双耳三足炉

至内造如宣德之铜器、成化之瓷器，永乐果园厂之髹器、景泰御前作坊之珐琅，精巧远迈前古，四方好事者，亦于内市重价购之。

从这段记述中可知，景泰御前之珐琅器已成为"时玩"。

明中期珐琅器造型一般端庄古雅，纹饰繁缛丰富，有番莲、饕餮、蕉叶、龙凤、云鹤、菊花、山水、楼阁、人物等。借鉴锦、玉、瓷、漆等工艺传统

饕餮　饕餮是一种想象中的神秘怪兽。为一种图案化的兽面，这种怪兽没有身体，只有一个大头和一张大嘴，十分贪吃，见到什么吃什么，由于吃得太多，最后被撑死。它是贪欲的象征。是东海龙王的第五个儿子。饕餮纹也为中国古代常见纹饰。

明珐琅八宝面盆

手法，突出了勾边填色的图案程式。

珐琅颜色丰富，而且混合色种类多，有蓝、红、黄、绿、白、天蓝、宝蓝、鸡血红、葡萄紫、紫红、翠蓝等，釉色变化多而艳丽。

一件精美的景泰蓝器皿，首先要有良好的造型，这取决于制胎；还要有优美的装饰花纹，这决定于掐丝；华丽的色彩决定于蓝料的配制；辉煌的光泽完成于打磨和镀金。

所以，它是集美术、工艺、雕刻、镶嵌、玻璃熔炼、冶金等专业技术为一体，具有鲜明的民族风格和深刻文化内涵，是最具北京特色的传统手工艺品之一。

如一件精美的珐琅器称为掐丝珐琅狮戏球海马纹碗，它是明朝中

明代掐丝珐琅双龙纹盘

期宫内御用监制作的，高10厘米，口径22.2厘米，足径9.1厘米，此狮戏球海马纹碗内外壁都是以动物为主题的纹饰，而且对动物的动作形态把握得比较准确，

是明中期烧制较为成功的一件掐丝珐琅器。

碗圆形，直口微撇，敛腹，圈足。足内镀金，足外缘阴刻楷书"景泰年制"4字。内外口沿处均饰锦纹。内壁下部饰绿色海浪，上有黄、白、红、深蓝、浅黄、墨绿色海马各一只。外壁以浅蓝色珐琅釉为地，饰六只不同颜色的狮子，舞红色飘带做戏球状。

明朝中期珐琅器的特点，还表现在番莲的花瓣增多、趋瘦且尖端呈钩状，花心下方的花瓣松垂并于上下出现云头纹或五瓣花形装饰，叶片变小并简化，或呈逗点状。

掐丝的末端卷成一小圆圈。明中期以后，掐丝珐琅器的图案装饰日趋丰富多样。缠枝莲花纹虽仍是主要装饰，但各种各样的瑞兽纹样也普遍出现，布局风格日渐繁缛。

如明景泰掐丝珐琅番莲纹盒，高6.3厘米、口径12.4厘米，重634.6克。铜胎，器身莲瓣饰纹细部铜胎掐丝珐琅圆盒，造型取材自莲花。平顶，以莲花心含莲蓬图案为装饰。

盒身与盒盖之弧形外壁，模铸仰覆莲瓣形，莲瓣周棱凸起，瓣尖微卷外扬。在各莲瓣框棱内，各饰有一朵折枝莲，各莲之花心图案及细部线条不尽相同。

全器入手沉重，制作精雅，掐丝线条严整，在线镀金痕犹明晰。所施

■ 明代掐丝珐琅梅瓶

鹅黄、靛蓝、浅蓝、鲜红、莹白诸珐琅色料均厚实鲜亮。器里及底均镀金，盒内底心中央横刻细字楷款：大明景泰年制。

此盒纹饰中的花瓣丰满、同一叶上往往施两三种颜色、胎体厚重、釉层深厚以及掐丝末端以隐藏的方式处理，均具早期掐丝珐琅的特色，而且落款的方式与当时漆器、瓷器的落款的特色相同，是景泰年间制作之珍品。

还有一件掐丝珐琅花鸟纹方樽，算是明代中期珐琅器中的大件了。此珐琅樽通高63.3厘米，口径长方形，宽17.6厘米，窄的地方有17.3厘米，腹部直径长宽径30.1厘米和29.7厘米，足径22厘米和22.2厘米，略像正方形。

此珐琅樽纹饰题材丰富，不过布局略显松散，而且掐丝线条粗细不甚均匀，釉色已经没有了明早期珐琅釉那种温润的光泽。

中国最早的梅瓶是唐朝时期的，当时称为经瓶，用作储酒之器；明代以后被用作陈设器或用来插花，后来人们认为这种小口短颈的瓶子，其口径之小，只适合插细枝梅花，所以被称为梅瓶。

如一件明代景泰年款景泰蓝花卉梅瓶，瓶高27.4厘米，肩宽15.6厘米，厚重铜胎，侈缘小口，短颈，丰肩，敛腹，底外撇。

流光溢彩的金属宝器

樽 是中国古代的一种大中型盛酒器。樽的形制圈足，圆腹或方腹，长颈，敞口，口径较大。樽盛行于商代至西周时期，春秋后期已经少见。较著名的有四羊方樽。商周至战国时期，还有另外一类形制特殊的盛酒器——牺樽。牺樽通常呈鸟兽状，有羊、虎、象、豕、牛、马、鸟、雁、凤等形象。牺樽纹饰华丽，在背部或头部有樽盖。

此珐琅瓶内露铜胎，器外蓝釉地并布云纹锦，瓶腹两面分别装饰红、蓝菊丛和一把莲纹饰，蝴蝶、蜻蜓和白鹤飞翔其间，并点缀五彩的品字云朵，近底处饰湖石。

此件掐丝珐琅花卉梅瓶文物的风格，与掐丝珐琅三多瓶相同，根据锦地、纹饰、紫蓝色釉和掐丝末端的细致处理方式等特征，是16世纪后期制作之景泰蓝器物。

景泰款掐丝珐琅小觚也是御用监所造，通身掐丝缠枝宝相花，浅蓝地，填以大红、浅黄、砗磲白、宝蓝、豆绿、黄绿等7色，色调淡雅、失透、细润可爱。其后的成化、弘治时不见纪年掐丝珐琅器，可能是沿着景泰珐琅继续发展。

珐琅和釉一样是玻化物质，是薄地、均质的矽酸盐和硼酸盐的混合物，一般珐琅可分为有色、无色、透明、半透明和失透5种。

明中期，珐琅器的釉层较早期的薄，且有些釉料呈半透明状，比前后期的釉色都要透而亮丽。透明珐琅器是金属胎珐琅工艺的一种，主要是利用釉料的透明特性，涂施在经过加工工艺处理后的金属胎上，经烧制后可显现出金属胎表面的图案花纹。

如明代铜胎透明珐琅面盆，口径15厘米，高5.3厘米，该器造型规整，沿边一周回纹，填色幽静，花卉舒展，线条优美，典型工艺精湛，分量凝重。同时，明中期珐琅

梅瓶 是一种小口、短颈、丰肩、瘦底、圈足的瓶式，以口小只能插梅枝而得名。因瓶体修长，宋时称为"经瓶"，作盛酒用器，造型挺秀、俏丽，明朝以后被称为梅瓶。梅瓶最早出现于唐代，宋辽时期比较流行，并出现了许多新的品种。宋元时期各地瓷窑均有烧制，以元代景德镇青花梅瓶最为精湛。

■ 明代掐丝珐琅长颈瓶

珐琅喜字盒

景泰蓝缠枝莲纹瓶

器的云纹锦尚未规则化，行云纹与如意云头纹掺杂应用。

如明代镏金铜掐丝珐琅云纹耳杯，口长17.5厘米，通宽16.5厘米，高4.2厘米。杯口椭圆形，有对称的双耳，弧壁，平底。耳面和杯口两端用红、黄漆绘鸟云纹，线条流畅。

这件云纹耳杯双耳呈羽状，古称"羽觞"，是古时的饮酒器。这件器物做得轻便灵巧，云纹流动，龙飞凤舞其中。

晋时与耳杯相关的最著名的一个故事便是"曲水流觞"，王羲之的《兰亭集序》里清晰地记录了当时的盛况：

永和九年，岁在癸丑，暮春之初，会于会稽山阴之兰亭，修禊事也。群贤毕至，少长咸集。

此地有崇山峻岭，茂林修竹，又有清流激湍，映带左右，

引以为流觞曲水，列坐其次。虽无丝竹管弦
之盛，一觞一咏，亦足以畅叙幽情。

■ 景泰蓝福寿葵花杯

文中说的是一个古代习俗，每年农历三月初三，大家都要聚集在水边，举行仪式，祈求吉祥，叫作"修禊"。永和九年，即354年三月初三，王羲之和当时的多位名士就在兰亭这个地方参加修禊。

大家列坐在水边，把羽觞放入水里，沿着弯曲的水道任其漂流，流经谁那儿停住，谁就要作诗一首，作不出来就要罚酒。这就是"曲水流觞"的典故。

明中期的制胎水平已达到了相当的高度。胎型有方有圆，并向实用方面转化。除了瓶、盘、碗、盒、熏、炉、鼎之外，还有花、花盆、面盆、炭盆、灯、蜡台、樽、壶等器物，有龙戏珠、夔龙夔凤等寓意吉

王羲之（303—361，一说321—379），东晋书法家，兼善隶、草、楷、行各体，精研体势，心摹手追，广采众长，备精诸体，冶于一炉，摆脱了汉魏笔风，自成一家，影响深远，创造出"天质自然，丰神盖代"的行书，被后人誉为"书圣"。其中，王羲之书写的《兰亭集序》为历代书法家所敬仰，被称作"天下第一行书"。

罗汉床 又称弥勒榻，一般体形较大，又有无束腰和有束腰两种类型。有束腰且牙条中部较宽，曲线弧度较大的，俗称"罗汉肚皮"，故又称"罗汉床"。罗汉床一直是备受欢迎的实用家具。

祥的题材，也有云鹤、火焰等表现道教、佛教内容的题材。

如明景泰年间的珐琅罗汉床，床长1.96米、宽0.97米、高0.96米，整体由紫铜铸造而成，采用掐丝、填各色珐琅料的制作工艺，该罗汉床以红龙为主角，左右配以两条腾飞状的黄龙作簇拥红龙状。

这件珐琅床上配有同样珐琅材质和图案的茶几，这套珐琅罗汉床的总重量达一吨多。床脚和茶几柱上均有"大明景泰年御制"落款。

还有一件掐丝珐琅龙纹床，是明朝景泰年间御制掐丝珐琅龙纹床，是全铜制龙图案床，长2.6米，宽1.17米，高2.24米，重逾2吨。

前沿居中为一条形似盘踞的红龙，左右各有两条黄、绿色龙相拥。床身有8个竖形柱，柱上为盘绕而上的红色龙，通身彩云缭绕，龙头依柱向前方瞭望。床脚为兽脚形状，其上铸有兽头。

表现佛教内容的有明铜胎珐琅上师造像，高30.5厘米，器身有许多小眼。此上师像面相方正，大耳垂肩，躯体高挺，着僧袍，双手结说法印坐于一台上。

整尊造像除露肤处镏金，其他部位均以珐琅花卉

■ 珐琅牛樽

进行装饰。底部露铜胎，刻以金刚杵暗花款，铜胎薄，掐丝细，填金具有早期风格，花纹图案繁复多样，镀金部分的金水较薄，金色美观漂亮。

同时，明中期花鸟虫草图案更加生动多姿，龙凤图案越显刚柔相济，大明莲的纹样也日趋丰满，演变成精美细秀的钩子莲，枝蔓形状活泼有层次，釉色也出现了葡萄紫、翠蓝和紫红新色，并出现了利用历代文人名画掐制的作品。

这个时期的釉色具有内涵的亮度和纯度，放射出宝石的光芒。在以后任何时期也没有达到这种水平。在装饰手法上，非常重视金工的处理。器物的顶、盖、耳、足边线等部位，多有錾活装饰。

如景泰年间的掐丝珐琅八狮纹三环樽，为后改之器，拼接处焊接痕迹明显，上为原器，腹接一碗，加足扣合而成。上下釉色差别明显，底镌景泰款。

此八狮纹樽通体为浅蓝色珐琅地，通体高28.7厘米，上口径21.4厘米，足距15.6厘米。

颈部和腹部共饰掐丝八狮戏球纹及杂宝纹，尊圆形，撇口，长颈，丰肩，肩部饰3只铜镀金兽首衔环耳，底置3个铜镀金辟邪形足，底中心镌阳文楷书"景泰年制"4字款。

这件景泰蓝八狮纹樽掐丝线条纤细婉转，但略

■ 明代铜胎掐丝珐琅葫芦瓶

杂宝纹 一种典型的瓷器装饰吉祥纹样，始见于元代，流行于明清。所取宝物形象较多，元代有双角、银锭、犀角、火珠、火焰、火轮、法螺、珊瑚、双钱等，明代又新增祥云、灵芝、方胜、笔、卷书、磐、鼎、葫芦等。因其常无定式，任意择用，故而称杂宝。

明代掐丝珐琅蒜头瓶

流光溢彩的金属宝器

显凌乱。此樽的颈和腹原为两个掐丝珐琅碗，后人将二者拼接成一器，并加配耳、足等，其款识也为拼器时镌刻。

珐琅器在景泰年间兴盛这种现象的确很奇特，因为景泰皇帝朱祁钰，是在英宗正统皇帝被也先入侵掠走之后登上皇帝宝座的，在位不足7年。

这期间内忧外患连年不断，国力处于极度衰败之中，工艺美术的发展遭受严重破坏，众多美术门类均已陷入困境，毫无成就。

在这种境况下，造价成本高、工艺难度大的金属胎掐丝珐琅工艺，何以能在短暂的6年多的时光里得到巨人发展呢？

原来，"景泰年制"款的珐琅制品中，许多都是依赖早期遗存的旧器，重新加工改作而成的。也有部分"景泰年制"款的珐琅作品，是后世慕名仿制和改款的。

朱祁钰登上皇位之后，为了满足内廷的需求，把先朝遗存的大量金属胎珐琅器进行改制，然后镌刻"景泰年制"款。

从而，"景泰御前的珐琅"便以崭新的面貌出现在宫廷之中，并传于后世。

这种改作的方式可分为两种类型：

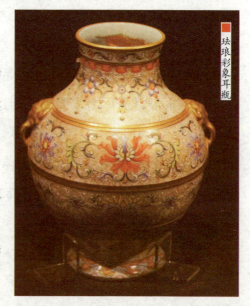

珐琅彩象耳瓶

一是利用各种不同样式的旧器物，截取不同部位，经过拼装焊接重新组装成器，镌刻年款后，再行镀金。这类通体各个部位都用旧器拼装组合的制品，整体釉色一致，设计亦十分巧妙，看不出明显的拼接痕迹。但器身上的图案花纹缺乏完整性，造型比例亦不甚规范，辅助装饰常有异样。

如铜胎掐丝珐琅花卉纹龙耳瓶，阔腹、细颈、洗式口、圈足。器腹中间饰铜镀金弦纹一道，把腹部划分为上下两组，并以不同的图案作为装饰。

腹之下部施浅蓝釉地，饰彩釉茶花纹，近足处饰莲瓣纹一周。器腹上半部亦为浅蓝釉地，饰彩色釉缠枝莲纹。腹和颈部的衔接处，凸起彩色釉莲瓣一周。长颈之上饰绿色釉蕉叶，上压折枝花卉。颈部两侧附弓身回首龙形铜镀金耳。

器底镌阳文楷书"景泰年制" 4 字双行款。整体造型端庄大方，通体釉色光洁明亮，具有水晶般晶莹透明之感，颇为富丽。

通观全器，总体花纹图案富于变化，具有元明之际流行的风格特点；但器腹中部以一道镀金弦纹作为分界，显得过于生硬。

器腹下半部装饰茶花纹，上半部装饰缠枝莲纹，亦感不甚和谐。腹、颈结合部位凸起的莲瓣上，釉色灰暗，填釉不饱满，明显与整体釉色不同。

■ 铜胎掐丝珐琅花卉纹龙耳瓶

洗 是文房四宝笔、墨、纸、砚之外的一种文房用具，是用来盛水洗笔的器皿，也是历朝代皇宫贵族文人收藏和使用的佳品。洗最早见于西晋青釉制品，敞口、宽折沿、阔腹直壁、平底。洗沿和里心多刻画水波纹。宋代以后均有烧制。如仿古铜器式样的青釉双鱼洗、鼓钉洗、圆洗、单柄洗、葵瓣洗、委角洗、蔗段洗、莲花洗、桃式洗、叶式洗等。

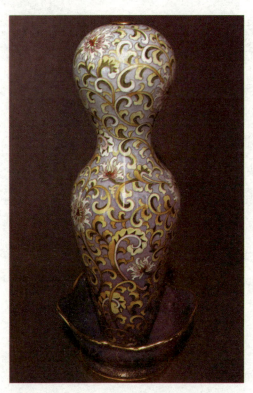

■ 景泰蓝摆件

龙耳 陶瓷器耳的式样之一。也就是将器物的耳做成龙形，最早见于隋、唐白瓷及唐代三彩釉陶上。隋代典型器如陕西西安李静训墓出土的白瓷双龙耳双连瓶，器呈盘口，口沿与肩之间有两龙形耳成对称分布。唐代白瓷双龙耳瓶与三彩双龙耳造型相似，系由隋代白瓷双龙耳双连瓶演变而来。

一是对这些现象进行仔细推敲，即可发现器腹的下半部原是一件茶花纹盌，被截去碗口之后，与另一件缠枝莲瓶的上部拼接，再配一节长颈，就形成一件新式样的珐琅瓶了。

器腹上半部与颈的衔接处，由于两件原器的口径稍许不相吻合，故新加了一道凸起的莲瓣，经过这样处理，使衔接处巧妙地重合，且掩盖了拼接痕迹。

显然，这件珐琅器是利用多件旧器改装成新器的典型例证，只是新配制了两只龙耳和铜质镀金口足。

二是利用早期遗存的珐琅重器，截取其主要部位，再重新烧配造型所需要的其他局部，组装成新的器物，镌刻"景泰年制"款。

这类经过重新烧配改装的器物，其造型和图案均可参照旧器局部形式，按需要加以配制，使通体的风格特点相吻合，整体上看不出有何异样。

但是，由于各个时代所用珐琅釉的配方不尽相同，烧造出来的色泽存在明显差异，这是仿造者所无法回避的难题。故这类重新烧配组装的器物，可以比较容易地从珐琅釉色中看出破绽。

如一件铜胎珐琅缠枝莲兽耳三环樽，阔腹、敛颈、敞口、平底、三兽形足。腹上部等距离凸起3个兽面，口衔铜镀金环。器底铜质无釉，中心处隐起双龙，环抱"大明景泰年制"楷书阳文款。

樽体施浅蓝釉为地，饰彩釉缠枝莲及花卉、葡萄纹。腹部釉料充实饱满，呈色光洁明亮，特别是葡萄紫、青草绿和绛黄色釉，更是光泽闪烁，具有晶莹的半透明感，色彩非常纯正。掐丝起线粗壮，颇为流畅自然。

而器之颈、口和足上部的釉色，与器腹显然不同，浅蓝釉地灰暗无光泽，红、紫色釉干涩不纯正，更无晶莹透亮的质感。釉面凹凸不平，不甚饱满。掐丝规整严谨，粗细较匀。

在同一器物上，釉色特点、掐丝技巧、烧造水平反差如此之大，可以充分断定该器的腹部是旧器改造的，而颈、足和兽衔环，均为后期烧配组装的。

通观器腹的造型和图案装饰风格，极似元代青花瓷罐特征。当然，这种相似绝不是雷同，因为各类工艺制品都有各自不同的工艺要求，在时代总体风格的规范下，必然展现出多样性的变化。

陶瓷制胎和铜胎珐琅器的成型，手法各异，必定会在造型上出现某些区别。瓷器上图案的绘制和珐琅工艺掐丝、填釉的技法更不相同，所显示的风格亦会有所区别。

正如元代瓷器上的缠枝花纹，缠枝间很少有装饰小花苞的现象，而元代的

葡萄纹 佛教艺术中菩萨手持葡萄是表示五谷不损，所以葡萄纹带有五谷丰登的寓意。此外，葡萄枝叶蔓延，果实累累，也特别贴近人们祈盼子孙绵长、家庭兴旺的愿望，所以成为人们喜闻乐见的装饰题材。

365

掐丝珐琅

明代时期

■ 缠枝花卉贯耳瓶

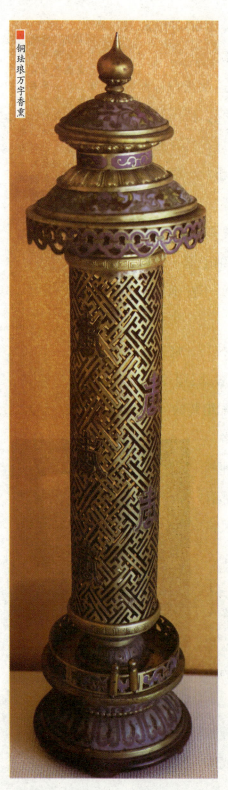

铜珐琅万字香熏

流光溢彩的金属宝器

纳失失锦和掐丝珐琅制品上，则较普遍流行。这种风格似乎保留了较多的外来影响。

还有铜胎珐琅缠枝莲三环樽，重新组装和配制技巧也很见功力，采用几道凸起的镀金弦纹作为过渡，把新旧不同部位间隔开来，使釉色上的区别不过分显眼，也掩盖了衔接处的痕迹，并增强了造型的力度，使器物形体显得高大壮观，气魄宏大。

不言而喻，这种艺术上的成果，原是建立在旧有的珐琅缠枝莲纹大罐基础上的。

重新改装增添了造型的美感，但在釉色烧造和工艺技术方面，却远逊于原来的水平。从记载中可知，明末清初时，"景泰御前珐琅"名声已经很高了。所以，后世常把万历时期的珐琅制品改成"景泰年制"。也有的作品是按照"景泰珐琅"的风格特点进行仿造的。

如铜胎掐丝珐琅缠枝花卉折沿口盘，通体施粉白釉地，以单线掐丝枝条串联起彩釉小花朵。图案比较细密，掐丝略显细腻。盘底施彩

釉缠枝莲纹，中心处以彩釉如意云头装饰成长方框栏，框内铜质镀金携"大明景泰年制"款。

该制品的总体风格应是万历时期的特点，特别是款识周边装饰的彩釉如意云头框栏，是万历年造珐琅器惯用的方法。原本"大明万历年造"珐琅釉烧款，被后世改款时剔掉，露出铜胎，刻上"大明景泰年制"假款。

再如掐丝珐琅云龙纹菊瓣式口大盘，盘内饰是彩釉二龙戏珠，其间布施如意云纹，口边饰缠枝菊花纹，外底施浅蓝釉地，彩花缠枝莲纹，中心处以如意云头装饰成长方框栏，框内贴着铜镀金的长方形薄片，上刻双龙环抱"大明景泰年制"款。

该作品的造型和图案风格均为万历时期特点，原珐琅釉烧制的"大明万历年制"款，已被镀金铜片所掩盖，这种做法显然也是清人所为。

诸多后改款或加款的珐琅制品，都采取上述两种手段。而景泰年间有确切判断年代的，其代表器物如铜胎掐丝珐琅花蝶图香筒，器表外部以浅蓝色釉为地，颜色略显青灰。地上用珊瑚红、草绿、深蓝、白、娇黄等色

明代景泰蓝笔洗

明代掐丝珐琅香薰

缠枝莲象足熏炉

釉烧成花蝶图。

这类颇具写实风格的装饰手法，较前期富于夸张的图案式装饰特点迥异。珐琅釉的色彩虽然比较纯正，但表面缺乏光泽，更不具有晶莹的透明感。釉料虽较饱满，却多点点细小砂眼。

器之底部饰彩釉缠枝莲纹，中心处嵌铜质方块，其上阳文楷书"景泰年制"4字款。铜质的口沿及底部三羊足，均显露本色，不见镀金痕迹，这种现象也是其他时代少见的。

视其图案风格，釉料特点，均与早期不同，又有别于嘉、万时代的特征。故把这种类型的珐琅制品，作为宣德之后、嘉靖之前过渡时期的特征，才符合实际情况。

这个过渡时期的珐琅器，只有"景泰年制"的制品留下了明确的

掐丝珐琅双鱼耳碗

流光溢彩的金属宝器

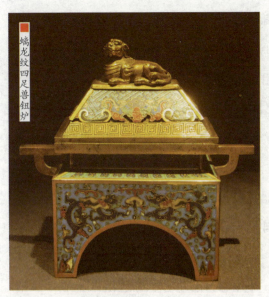

蟠龙纹四足兽钮炉

痕迹和记录，其他几个朝代均不见珐琅制品的任何蛛丝马迹。据此，可以确认铜胎掐丝珐琅花蝶图香筒为"景泰御前珐琅"中比较典型的器物。

纵观"景泰年制"款的3种不同类型，展现出"景泰御前珐琅"的烧造成就并不高，只是在改制早期遗存珐琅器中获得了声誉。这种利用旧器改制成的新作设计得十分巧妙，并且是在内廷中的"御用监"控制下进行的，除参加改制的工匠外，很少有人知道内情。故"景泰御前珐琅"之虚名，在后世得以长期流传。

"景泰年制"款的掐丝珐琅器中，除部分后世改款和仿造者外，多数是景泰时期改制的。因此才在明末清初获得了"景泰御前珐琅"的称谓。

从清代雍正、乾隆时期《造办处各作成做活计清档》中，亦可看到"景泰年制"款珐琅制品被皇帝喻旨重新作款或按旧款式样仿造的记录。

这些情况说明"景泰年制"款的珐琅器，多数是景泰时期做成的。而后期改款、加款和仿制者，数量不多，一般也比较容易区别。

如明代铜胎掐丝珐琅

花卉纹盖盒

"三羊开泰"盘，铜胎掐丝珐琅盘，直径16.4厘米，重320克。其胎骨厚实，口沿和底足镏金浑朴有厚度，珐琅釉色彩丰富，尤其是蓝釉呈宝石光彩，釉面砂眼气泡多且粗大。

盘撇口，腹弧壁，圈足微外撇；口沿及足部皆露铜胎。通身以墨绿珐琅为地；盘心主体以金彩绘饰"三羊开泰"图，图中掐饰一雄两雌3只羊，其中两只雌羊或啃食青草，或引颈而鸣，神态悠然，而雄羊正回首观望雌羊，画面背景搭配青草、山石。

明中期掐丝珐琅菊花纹螭耳瓶，高36.3厘米，口径10.5厘米，足径11.5厘米，通体遍饰菊花纹。

所谓螭耳的螭，是传说中一种没有角的龙。古建筑或器物、工艺品上常用出现它的造型。这个炉上就有它的身影。

与此类似的还有掐丝珐琅云鹤纹蟠螭耳炉。

阅读链接

珐琅器的制胎、起线、釉料配制、入窑之后温度的控制等多道工序，均需要专门技术。特别是入窑之后，经高温，釉料由粉末状熔解成黏稠状的液体，并凝结于胎体之上。

釉料经熔解和冷却后即收缩，表面会凹陷于起线高度之下，需再次填敷釉料入窑。如此反复三四次，釉料始能饱满，才可抛光、镀金。由此可知，珐琅制品的造价成本高，工艺难度大，技术性要求强，故不易在民间流行，主要应用于皇室和少数贵族中。

刻意求变的明晚期珐琅器

中国金属胎珐琅器的生产，到16世纪中后期，产生了前所未有的变化，其中以明嘉靖之后，尤其是万历年间的作品为代表。

明嘉靖时期，工艺美术出现了新的繁荣景象，瓷器、漆器和纺织品等，都有了新的发展，实物遗存十分丰富，铜胎掐丝珐琅制品的烧造虽然并不十分景气，但也有自己的特点。嘉靖年间的掐丝珐琅器特点是釉色对比强烈，图案风格粗犷豪放，与嘉靖时期的瓷器、漆器风格一致。

如一件明嘉靖掐丝珐琅龙凤纹盘，高5.1厘米，口径24.2厘米，足径16厘米。盘圆形，

明代掐丝珐琅香炉

松石绿 即绿松石的颜色，绿松石因其形似松球且色近松绿而得名。是中国"四大名玉"之一，自新石器时代以后历代文物中均有不少绿松石制品，是有着悠久历史和丰富资源的传统玉石。古人称其为"碧甸子""青琅玕"等。据专家考证推论，中国历史上著名的和氏璧即是绿松石所制。

撇口，圈足。通体施浅蓝色珐琅釉，掐丝勾云纹做锦地，盘内心圆形开光内一条黄龙蜿蜒腾飞，神态威猛，空间点缀彩色流云纹。

盘边彩云间瑞凤、仙鹤成双展翅飞翔。盘外壁饰云龙、凤鹤纹，盘底镏金，正中镌刻填金"大明嘉靖年制"6字双直行款。

此盘原来自民间，因土蚀较重，盘上的珐琅釉色和镀金表面多已失去光泽。从盘底镀金的锈蚀斑驳状况看，此器显然是墓中之物，尽管锈蚀较重，但红、黄、绿、白、蓝等珐琅釉色仍不失纯正艳丽之美，尤其是镀金，仍有个别地方可见光泽闪烁。

盘通体掐丝较工整流畅，填釉准确，尽管珐琅釉已失去温润的光泽，但此盘是国内唯一有明确嘉靖款的金属珐琅标准器，因此弥足珍贵。

嘉靖时掐丝珐琅还发现有云龙纹圆盘，掐丝跌宕无羁，而稍显潦草，珐琅色调类似景泰器，而黄珐琅略淡，大红珐琅、墨绿珐琅又显深邃并有一定的透明度。

这时，炉瓶之类的室内清供增多。珐琅色调、掐丝风格、造型图案与景泰掐丝珐琅有不少区别，如暖色调珐琅稍有增强、掐丝粗放、吉祥图案增多等，但其变化并非十分突出。

如嘉靖掐丝珐琅鱼藻纹高足

■ 明代掐丝珐琅方壶

碗，高10.4厘米，口径14.9厘米，足径4厘米，撇口高足；碗的整体为白色地，通体用鱼藻纹装饰；碗的外侧为天蓝色珐琅地，装饰的是西番莲纹。

掐丝珐琅器，是在金属胎体上，用细铜丝铆焊成图案，加填各种珐琅彩釉料；经高温成色，最后磨光成器。

明代官府在南京和北京设立官办作坊，而由于宫廷的使用对工艺和器型的高水准要求，使得景泰蓝工艺制品出现了非常多的精品。

明代珐琅方壶

明万历年间的掐丝珐琅器，铜胎掐丝珐琅的制造有了新发展，风格和特点发生了明显的变化，珐琅颜色品种丰富多彩，除蓝、红、白、绿、黄、紫等几种基本颜色外，出现了豆青色、松石绿色、茶褐色等新的颜色。

在色彩搭配上，器物的颜色除了继续以蓝色为地以外，盛行以白色、暖色或中间色等浅淡颜色的珐琅做地，还出现了在同一件作品之上，同时使用两种或者两种以上颜色做地色，这时的珐琅色彩偏淡，流行使用大面积的暖色或中间色。

如明万历掐丝珐琅花卉纹菊瓣式烛台，御用监制造，高9.6厘米，盘径18厘米，足径13.3厘米。烛台铜胎镏金，圆盘形，菊瓣式边，盘心置一宝瓶式镏金

西番莲纹 清代引进的一种花卉纹样。花朵如中国的牡丹，颜色淡雅，自春至秋相继不绝。一般多作缠枝花纹。西番莲纹经常与中国的吉祥纹样题材如蝙蝠、云龙等相结合，和谐地融入到中国红木家具的经典纹样之中，非常具有代表性。

长阡。盘内壁掐丝珐琅天蓝地上压缠枝菊花纹。盘外壁及底蓝地上饰多色釉勾云纹，盘底中心绿地长方框内刻朱红楷书"大明万历年造"6字款。

此烛台为照明用具，共用了红、紫、宝蓝、天蓝、海蓝、白、黄、绿、墨绿、藕荷等十余色釉料，鲜艳明丽，是明万历年间掐丝珐琅的标准器皿之一。

明朝后期景泰蓝与瓷器一样，大型的器皿烧制日盛。釉色丰富，但明亮度不及前期。

万历珐琅器的图案丰富，有龙戏珠、松竹梅、鱼藻、岁寒三友、蝠鹿、缠枝勾莲、牡丹、栀子花等。宫廷所制掐丝珐琅，器胎厚重，镀金足赤闪烁耀目。

如万历年间制作的掐丝珐琅栀子花纹烛台，通高9.6厘米，盘口径18厘米，盘底径13.3厘米，样式如同一个圆盘子，折边，底承3个铜质镀金垂云足。

盘中央为一铜质镀金宝瓶，瓶上出蜡扦，盘内为浅蓝色珐琅地，装饰红、黄、绿等色的折枝花卉纹，折边以绿色珐琅为地。整个画

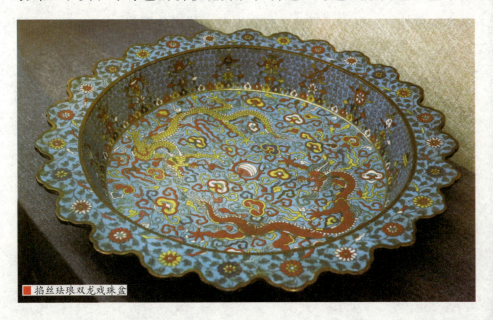

掐丝珐琅双龙戏珠盆

面装饰着掐丝填红、黄、白色珐琅折枝栀子花纹，外底中心阴刻竖行楷书"大明万历年制"6字款。

万历珐琅一般是番莲花心分成上下两个，并于花心上方的如意云头纹上，再加圭纹。转枝番莲纹呈规则的横S形旋转，叶片小而整齐，或是呈逗点式对生排列。

如铜胎掐丝珐琅八宝纹长方熏炉，御用监制造，通耳高9.1厘米，盖面26.8厘米×14.4厘米，底面25.5厘米×13.2厘米。长方体，平盖面，朝冠式双耳，垂云形四足。器身四壁以灰白色釉为地，饰彩釉勾莲八宝纹。盖面无釉，边框为一周"卐"字纹，边框内饰绣球纹。

底部施珐琅釉彩花，中心处以掐丝填白釉如意云纹组成长方形框栏，框内绿地掐丝填红彩"大明万历年造"双行楷书竖款。

作品以浅淡釉色做地，饰折枝小花和双线勾缠枝八宝纹，颇为新颖。胎体较薄，成型规矩，釉面比较平滑，砂眼细小。这些特征展现出万历时期珐琅烧造工艺的进步与发展。明万历时期，由于当时的宗教氛围，八宝纹、卐字纹等吉祥纹饰充斥在珐琅器的装饰中，此熏炉即是一例。

此时，图案中龙纹的背脊由早期的锯齿状，逐渐

八宝纹 又称"八吉祥纹"，是一种典型的含有宗教吉祥意义的装饰纹样，指法轮、法螺、宝伞、白盖、莲花、宝瓶、金鱼、盘肠结八种图案，分别代表佛法圆轮、佛音吉祥、覆盖一切、遮覆世界、神圣纯洁、福智圆满、活泼健康和回贯一切，被藏传佛教视为吉祥象征。

流光溢彩的金属宝器

变成连珠状，或于3个珠纹中，间一锯齿；龙的下腭有一排略呈三角形的短须；龙眉则呈"山"字形。

如掐丝珐琅双龙戏珠盆，平底、直壁、菊瓣式折边口缘。内外均施浅蓝釉为地，内饰彩釉如意云纹，其间有红、黄巨龙各一，在云天之际追戏一颗滚动的喷着火焰的宝珠。神态威猛。器外壁及底部饰彩釉缠枝莲纹。

底部中心处由红、黄、白、绿釉的如意云头组成长方形框栏，框内贴镀金铜板，上阴线刻双龙环抱"大明景泰年制"6字款。显然，这类镀金铜板是后来所加，铜板之下仍有"大明万历年造"珐琅釉款。

这件菊瓣口盆，形体较大，式样笨拙，釉色灰暗，砂眼颇多，图案装饰过于烦琐。

同时，万历珐琅器的锦地也在逐渐演变成单纯的

■ 珐琅粉盒

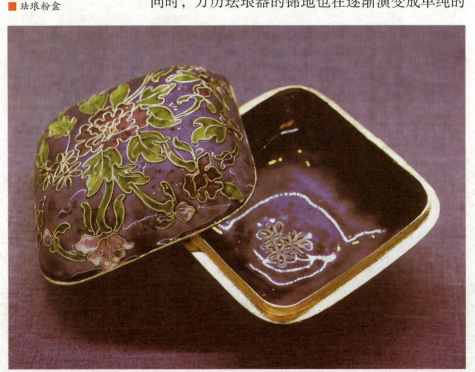

图案式云纹锦，或草莓形锦。开始出现豆绿色釉，图案式龙凤纹、璎珞纹，也在这时期出现。

自万历年间始，仿动物、植物等"仿生"造型的掐丝珐琅器开始盛行，如角端式香熏、鹅形匙、狮式香熏、菱花式炉、梅花式缸等。

如万历时期由御用监制作的掐丝珐琅角端式香熏，头部内镌刻着楷书"大明万历年制"的款识，独角昂首，双目圆睁，四爪直立，足下踏蛇。

通体以豆绿色为地，填饰红、黄、蓝、白等色的纹样。这件摆放在宝座边的用端同时也是一个香炉，它的头下有一个旋钮，能使头部转动开启以便放置熏香。

这件掐丝珐琅角端是明代万历年间制作的，后藏于故宫之中，角端在紫禁城宫殿中皇帝的宝座前多有陈设，使殿堂中的气氛更加肃穆威严。

与此类似的还有明掐丝珐琅鸳鸯式香熏，高20厘米，长17.3厘米。鸳鸯式香熏，昂首，直立，口微张，一掌踏在一片掐丝珐琅荷叶之上，作单腿站立状，背开一洞，上置镂空古钱式盖，用以放置香料和散香。

分别用红、蓝、绿、黄、白等颜色的珐琅釉装饰

■ 明代的掐丝珐琅花瓶

377

掐丝珐琅

明代时期

璎珞 古代用珠玉串成的装饰品，多用为颈饰。璎珞原为古代印度佛像颈间的一种装饰，后来随着佛教一起传入中国，唐代时期，被爱美求新的女性所模仿和改进，变成了项饰。它形制比较大，在项饰中最显华贵。

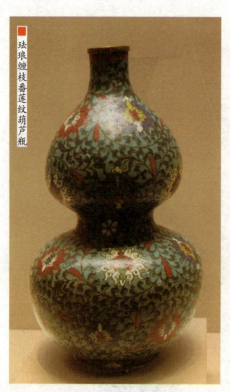
珐琅缠枝番莲纹葫芦瓶

鸳鸯的羽毛纹。此香熏为一件仿生造型掐丝珐琅器的代表性作品。

这时常有将"大明万历年造"的款挖掉，换成"大明景泰年制"6字两行款，但挖改的痕迹比较明显。不过万历年代款识的表现方法具有时代特征。

通常多在器物底部中心处，用彩釉如意云头纹组成长方形框栏，框内以绿釉为地，填红釉"大明万历年造"款。

这种在款识周围装饰彩釉如意云头的方法是其他各时代所未见的。如明万历掐丝珐琅兽面纹大方鼎，通高64.5厘米，口长45.6厘米，口宽32厘米，重24.9千克。铜胎，胎体厚重。口沿外折，上立宽大的双耳，长方形腹，直腹壁，底平，下设夔龙式四扁足。

梯形盖，盖顶为莲瓣座镂雕龙纹球形钮，盖四面镂雕云龙纹，四隅镶山形棱脊。器内露胎，器表以浅蓝色珐琅釉为地，盖与立耳饰菊花纹。

口沿下分饰夔龙及凤鸟纹。器腹四隅及每壁中间均镶饰山形棱脊，腹面饰兽面纹，足饰夔龙纹。鼎底饰云纹锦地及双龙戏珠纹，中间镶嵌镏金铜片，其上楷书阳文"大明景泰年制"双行伪款，四周饰以掐丝变形云纹。

此鼎纹饰华丽，用色丰富艳丽，共用红、黄、蓝、松石绿、白、墨绿、草绿等釉色。钮、盖、耳、口、棱脊及足露胎处皆镏金。

根据釉色、龙纹及款识四周装饰掐丝变形云纹，具有万历时期的

流光溢彩的金属宝器

特点，其镶嵌款下应是"大明万历年造"掐丝填红。

大红珐琅在明晚期更为鲜艳，使用较多，为天启、崇祯时所承继，在掐丝珐琅史上别具一格。这时的制作工艺，以双线掐丝技法的使用比较普遍，图案丰富，装饰题材更为广泛，龙凤、灵芝仙鹤、荷鹭鱼藻、松竹梅、山水人物、八宝纹等，成为时尚。

明晚期掐丝珐琅缠枝蕃莲纹梅瓶，通高31厘米，口径5.7厘米，足径11.5厘米，重2.1千克。铜胎。侈口，短颈，圆肩，敛腹。圈足外撇。

器内露胎，器表施蓝色珐琅釉为地，颈部饰一周花叶纹，肩及腹部饰大朵缠枝蕃莲花，腹下部饰变形莲瓣纹。此瓶器型规整，纹饰略显粗糙，所用釉色有红、白、蓝、绿、黄及红白混合色，釉色略显灰暗。

如明晚期掐丝珐琅缠枝番莲纹葫芦瓶，通高39.5厘米，口径4.7厘米，足径12.1厘米，重2.8千克。铜胎。口沿微侈，器身为亚腰葫芦形，底部有矮圈足，束腰，上下二腹比例适当，造型端庄。口及圈足皆镀金。器内露胎，通体以蓝色珐琅釉为地，口沿下饰红色如意云头纹一周。葫芦瓶的肩及器腹饰红、白、蓝、紫、黄、绿色大朵蕃莲花。腰部饰红、黄、绿、白色六瓣花

镂雕 亦称镂空、透雕。指在木、石、象牙、玉、陶瓷体等可以用来雕刻的材料上透雕出各种图案、花纹的一种技法。距今5000年前的新石器时代晚期，陶器上已有透雕圆孔为饰。汉代到魏晋时期的各式陶瓷香熏都有透雕纹饰。清乾隆时烧成镂空转心、转颈及镂空套瓶等作品，使这类工艺的水平达到了顶峰。

■ 明代珐琅瓶

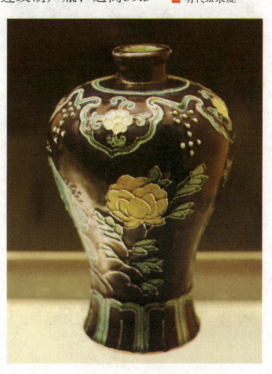

叶纹。圈足饰红、白、蓝、黄色变形云纹。

器底饰五瓣花叶纹，中间以白釉为地，掐丝填红"大明景泰年制"双行6字楷书伪款。此瓶器型较少见，纹饰遍施器体，釉色灰暗无光泽，具有明晚期的特点。

此外，这时还有许多将文字与图案相结合，寓意"福寿吉祥"的装饰纹样，如"福寿康宁""双龙捧寿""万寿如意"等，也开始盛行起来，并基本上是用双线勾勒技法来完成。

如明朝晚期的掐丝珐琅福寿康宁字圆盒，通高10厘米，口径16厘米，足径11.4厘米。圆形，盖面微隆，圈足。盖面以白色珐琅釉并掐丝镀金勾云纹为地，上有掐丝填红色珐琅釉"福""寿""康""宁"4个字，周围点缀彩色杂宝纹。

盒盖及盒体外壁均以浅蓝色珐琅做地，饰各种掐丝折枝花卉纹。此盒纹饰有松、竹、梅、勾莲、灵芝及杂宝纹等。

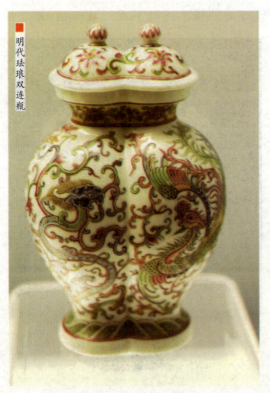

明代珐琅双连瓶

明晚期还流行一种胎薄体轻，填釉不甚饱满，釉色灰暗不纯，砂眼较多，工艺比较粗糙的珐琅制品。多见盆、碗、盘、炉等器物，应是民间烧制的。

《新增格古要论》在论述"大食窑"时，末尾新增"今云南人在京多作酒盏"一句，这类水准不高的珐琅制品，或许与滇工制造有关。

如明晚期掐丝珐琅兽面纹方壶，通高29厘米，口径9.6

厘米，足径10.6厘米，重2.15千克。器型仿战国青铜器的方壶形制。铜胎。方口，束颈，垂腹，方足外撇。肩部镶一对掐丝彩釉铺首衔环耳。

器内露胎，通体以蓝色珐琅釉为地，四面纹饰均相同。自口沿至方足分为八个部分，其中，第二、第四、第六部分均为五瓣花朵纹带，其余依次为蕉叶纹、凤鸟纹、兽面纹、掐丝云纹锦地花朵纹。外撇方足饰蕃莲纹。方壶形制古朴，所用珐琅釉有红、蓝、白、绿、黄等色。

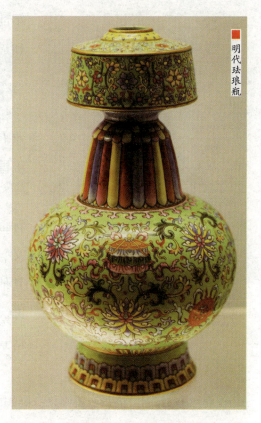

明代晚期，由于千百年的文化积累，儒家思想更加深入士子之心，孔子的思想里把"仁"作为最高的理想和准则，在"仁者爱人"原则的指导下，继承和发展了前代的伦理思想，从而形成了一套完整的伦理思想体系：

仁，仁者，人也。心之德，爱之理；

义，义者，宜也。心之制，事之宜；

礼，礼者，谐也。别尊下，序等级；

智，智者，知也。辨善恶，知是非；

信，信者，诚也。守诚信，实不欺。

在一件精品景泰蓝尚德尊花瓶中，其内容全方位地展示了2000多

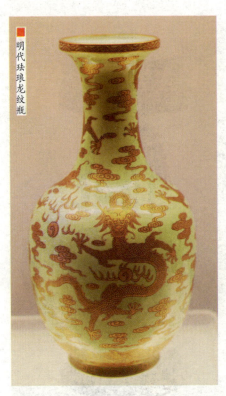

明代珐琅龙纹瓶

年前孔子的儒家理论思想中最为重要和最高的道德规范。

这件景泰蓝花瓶的整体样式统一，颈部设德凤双耳，寓孔子圣德并兼五德之意，配两组象征仁德君子的玉璧图。腹部中央的大景泰蓝图。

正面是"万世师表"之孔子像，背面每件各缀一字，分别是"仁、义、礼、智、信"五德，除去主图的其他的画面是混有战国时期的各种图饰，包括战争、狩猎以及人与动物等情景。

明代晚期的珐琅精品还有掐丝珐琅摩羯纹双螭瓶、掐丝珐琅狮戏球纹炉、掐丝珐琅婴戏纹花觚、掐丝珐琅山水人物图圆盒、掐丝珐琅花卉鼓鹅形匙、掐丝珐琅鸳鸯形香熏、掐丝珐琅花鸟图方盖壶、掐丝珐琅五伦图梅花式大缸、掐丝珐琅池塘秋色图梅瓶、掐丝珐琅荷塘白鹭图缸等，均为精美绝伦的古代珍品。

阅读链接

万历款掐丝珐琅在器型、图案、釉色、款识等诸多方面具有独到之处，形成了鲜明的时代风格。

出现了烛台、角端等新的器型；珐琅釉基本失透，不再具有半透明的光泽；款识改为"大明万历年造"掐丝填红釉款和"大明万历年造"阴刻双线款。

据不完全统计，世界范围内带有万历款的掐丝珐琅仅有20余件。掐丝珐琅双狮戏球长方盘，在珐琅釉色上具有万历朝珐琅风格。

清代时期

清代署有官方年款的掐丝珐琅有康熙、雍正、乾隆、嘉庆、同治、光绪各朝出品。

康熙朝掐丝珐琅基本有三种风格：其一是具有晚明风格的大器；其二是珐琅釉失透，釉色灰暗无光泽，器物表面欠光滑；其三是掐丝细腻活泼，釉色纯正鲜亮。

康熙朝掐丝珐琅有五供、炉、瓶、盘、盒、暖砚、笔架、香熏等，款识有"大清康熙年制""康熙年制"楷书、篆书阴刻款、铸款和镂空款，还有很多无款的康熙风格作品流传于世。在整个清代晚期掐丝珐琅制品，一度呈现出较为繁荣的景象。

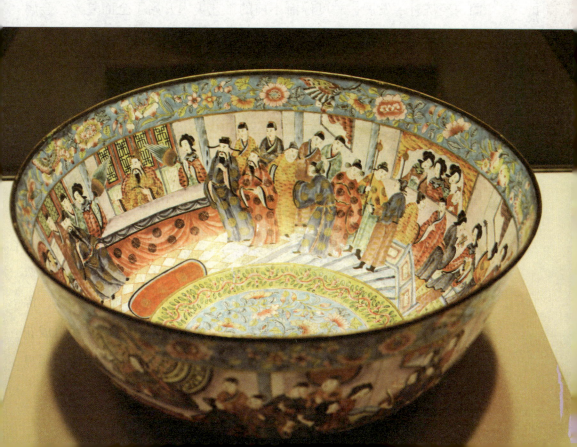

承前启后的康熙时珐琅器

流光溢彩的金属宝器

    清朝建立后，经过顺治年间的恢复期，至康熙时代，政权得到巩固，经济有了发展，一度停滞不前的工艺美术开始了全面复兴。金属胎掐丝珐琅制品主要由清宫"匠作"承造。开始时釉料色彩很少，颜色也不稳定。

    其后烧制出一些新色釉，显色也比较纯正。掐丝技术有了改进，掐丝线条纤细而流畅。其烧制的掐丝珐琅制品主要有三种不同类型。

    铜胎成型规矩，以小型器物居多。通常仍采用浅蓝色釉为地，饰红、绿、深蓝、黄、白、紫色釉组成花卉图案。但浅蓝釉地子颇显

清代珐琅方夔纹熏炉

干涩灰暗，缺乏光泽。
其他釉色亦不纯正。釉
的表面凹凸不平。

显然，釉料的配制
方法和烧造技巧都不够
成熟。图案多以缠枝花
卉为主，掐丝纤细均
匀，刚劲流畅。这类釉
色干涩缺乏光泽和掐丝
纤细刚劲的特点，是康
熙时代掐丝珐琅工艺的鲜明特征，有别于其他各个历
史时期。

■ 清代回文珐琅器皿

如康熙时铜胎掐丝珐琅缠枝花卉纹炉，圆形，阔
腹，口外撇，冲耳，乳足。器外施浅蓝釉地，饰彩釉
缠枝花卉纹。釉色不纯净，缺乏光泽，特别是浅蓝色
釉更显灰暗干涩。掐丝很细。以单线勾勒花卉枝干，
串联起多朵盛开的鲜花。

底部中心饰双方圈，内镌阳文楷书"大清康熙年
制"款。这类制品是康熙时代珐琅烧造技术尚不完全
成熟时的代表性作品。

康熙时的铜胎制造很规矩，珐琅釉的色泽纯正光
洁，彻底改变了灰暗干涩的质感。填料也较饱满，釉
层表面平滑，砂眼较少，图案多采取双线勾勒的技
法，掐丝纤细流畅。显然，珐琅制造工艺已经恢复到
成熟时期。

如康熙时掐丝珐琅丹凤纹长方小盘，通体施浅蓝

康熙 清圣祖仁皇
帝爱新觉罗·玄
烨的年号，康熙
帝是清朝第四位
皇帝、清定都北
京后第二位皇
帝。他8周岁登
基，14岁亲政。
在位61年，是中
国历史上在位时
间最长的皇帝。
他是中国统一的
多民族国家的捍
卫者，奠下了清
朝兴盛的根基，
开创出康乾盛世
的大局面。

流光溢彩的金属宝器

清代掐丝珐琅三足盖鼎

釉地，饰红、蓝、绿、白、黄釉组成的缠枝莲纹，花卉间一只变形的凤凰展翅飞翔。盘底部无釉，镌刻阴文楷书"大清康熙年制"。这类作品展现出康熙时期掐丝珐琅工艺的成就。

同时，造型、图案及釉色特点均仿造"景泰御前珐琅"的特征，有的器物底部镌刻"景泰年制"款，釉色纯正，亦可乱真。但掐丝纤细，釉料饱满，砂眼很少。图案装饰手法有所变化。这些特征明显有别于明代珐琅制品的风格。

如康熙时铜胎掐丝珐琅狮戏纹高足盌，通体施浅蓝釉地，内饰彩釉龙凤串花图，外壁饰彩釉三狮戏球图。高足上以单线勾勒缠枝莲纹，足内镌刻阳文楷书"景泰年制"。然而该器掐丝纤细，填釉饱满，砂眼很少。

足上的缠枝虽以单线勾勒，但枝叶细小繁密，不同于明代风格。特别是龙的图案，高额宽颊，长眉下垂的形象，显现出康熙时代的风

掐丝珐琅博古几

格特点，是康熙时仿明代珐琅制品的代表作。

康熙年间的掐丝珐琅器，风格多样，其中，以细丝粗釉和匀丝浓釉两种风格的珐琅制品最为重要，基本上反映了康熙朝在清代掐丝珐琅器生产上承前启后的作用。

清代初期，清政府成立了最大的皇家工厂"造办处"，下设几十个作坊，1684年所设珐琅作是

珐琅缠枝莲纹香熏

其中规模较大的作坊之一。以明景泰时内廷珐琅为榜样，生产了大量景泰款掐丝珐琅和康熙时本色的掐丝珐琅。

在艺术和色调上逐步放弃了明万历掐丝珐琅的暖色格调和掐丝不匀，恢复了景泰掐丝珐琅的风格并有长足的发展。此外，扬州、广州、九江、北京等地也制作具有地方风格的掐丝珐琅。

细丝粗釉是以单线勾勒图案轮廓的掐丝方法和以缠枝莲纹为主题，大花大叶，花朵硕大的图案装饰特点，均追仿明代早期的风格。

纹样线条纤细流畅，掐丝刚劲有力。器物的地色多为不透明的浅蓝色，质地干涩，灰暗无光，反映出珐琅质量尚待提高。

这一类型的掐丝珐琅器，多是康熙年间内廷珐琅作建立之初，以遗存于宫内，明御用监制造的掐丝珐琅器为基本原型和样板烧制的。

如清掐丝珐琅缠枝莲纹球形香熏，即是仿明朝早期的珐琅作品制造，又称"悬心炉"，制作时间为清朝康熙年间的早期。

清掐丝珐琅香熏

此炉珐琅釉色淡雅，掐丝纤细，纹饰流畅，显然有别于明代珐琅风格，为清宫造办处珐琅作制品，是康熙前期掐丝珐琅器代表作品。

康熙景泰蓝缠枝莲纹球形香熏球体的直径为16.2厘米。香熏由两个半圆体以子母口相衔接呈一球形。内设套合的大、中、小3个活轴相连的同心圆机环，使悬于三环中心的盛器总能保持平衡状态，小圈内置一铜炉，球体无论怎样转动，铜炉口始终向上，以使香料不致泄漏。

香熏通体为浅蓝色珐琅地，上饰掐丝缠枝莲纹，掐丝线条纤细均匀，刚劲流畅，花朵硕大饱满。珐琅质地干涩无光，系康熙前期珐琅工艺的特征。此香熏虽系仿造明代器型，但构思奇巧，设计巧妙。

再如掐丝珐琅缠枝莲纹胆瓶，也是清康熙年间的清内务府造办处珐琅作制造的珐琅器，很有欣赏价值，胆瓶高12.3厘米，口径1.2厘米，腹径6.7厘米，足径5厘米。瓶直口，细颈，垂腹，高圈足，口、足沿镏金。

瓶颈以蓝色珐琅釉为地，饰掐丝珐琅缠枝莲纹。圈足上以一周莲瓣纹做装饰。足底錾刻有"康熙年制"4字款。

此珐琅瓶造型、图案、釉色均仿"景泰御前珐琅"，是康熙年间仿明代景泰蓝的作品，有很多明代珐琅制品的特点，但掐丝纤细，图案显繁缛，地色也略灰暗，釉色很饱满，砂眼也很少，有别于明代珐琅制品，然仍属不可多得的康熙款掐丝珐琅瓶。

此瓶以单线技法勾勒花叶枝蔓，莲花朵肥叶硕，掐丝线条纤细流畅，这种掐丝纤细的技法是康熙掐线珐琅的特征之一。

棒槌瓶本来是康熙时期青花瓷中最具代表性的一个创新器型，而景泰蓝花瓶就是从造型上借鉴前朝青花瓷器中的器型与整体色调感觉。

康熙青花瓷器又被赞誉为"青花五彩"，就是仅仅利用前朝瓷器的一种颜色，通过其中的浓淡变化来渲染出景物的阴阳向背，远近疏密，虽然颜色单一但不单调，而且还非常有立体感。而康熙掐丝珐琅蓝地卷草棒槌瓶就将康熙青花的这一特点完整地表现出来了。

青花 又称白地青花瓷，常简称青花，是中国瓷器的主流品种之一，属釉下彩瓷。青花瓷是用含氧化钴的钴矿为原料，在陶瓷坯体上描绘纹饰，再罩上一层透明釉，经高温还原焰一次烧成。钴料烧成后呈蓝色，具有着色力强、发色鲜艳、烧成率高、呈色稳定等特点。

绚丽多彩

清代时期

■ 铜珐琅盖碗

这件掐丝珐琅蓝地卷草棒槌瓶所用的色调非常少，这点很不同于平常的景泰蓝作品，因为一般的景泰蓝作品都是以色彩艳丽为主的。

而这件景泰蓝花瓶则是反其道而行之，将珐琅的另一个特点发挥到了极致，那就是珐琅色彩给人的立体感，而这一点也是景泰蓝吸引人的一个重要的方面。

流光溢彩的金属宝器

康熙时的匀丝浓釉，是按习惯以蓝色珐琅为地，用红、黄、绿、白、蓝、紫、赭等颜色的珐琅做装饰，质地细腻，色彩纯正，表面打磨平整光滑。

纹样线条均匀规整，主要以双线勾勒技法来完成，技法娴熟，修正了明代晚期掐丝潦草不均匀的缺点，但早期那种苍劲的风格逐渐消失。此后清代掐丝珐琅器基本上是沿着这一风格和路子发展的。

如康熙景泰蓝镇宅方鼎，高42.8厘米，长42.3厘米，宽24.5厘米。此景泰蓝鼎花纹为仿明代龙凤连理图，其主色为绿色。

鼎体四面有用翡翠精雕而成的四方神嵌在中央。鼎肩有16粒翡翠和红玛瑙精制圆点嵌制而成，给人总体感观体现了景泰蓝古雅华贵与金碧辉煌。

因为此景泰蓝镇宅方鼎的主要原料都是名贵材料，精雕四神活灵活现，玲珑剔透珠光宝气。寓意象

镇宅 一种民俗活动，主要以法术或符箓、器物驱除邪鬼，以安定家宅，保护家里平安。自春秋以来，悬镜以辟鬼邪的习俗也在民间盛行起来。汉代起，即有埋石镇宅之风俗。魏晋以后，道教的兴起，渐渐有了悬符镇宅的风俗。中国明清时出现了民族融合，将各民族的风俗中的镇宅文化混合起来，形成了明清镇宅文化。

保平安、螭虎助力、四神在此力保万年。是一件空前难得的镇店、镇宅之宝。

粗丝淡珐琅和匀丝浓珐琅器，均以浅蓝珐琅为地，色调偏冷，器型有盒、碟、炉、香熏尊以及桌、椅、屏等家具陈设，配色绚丽如锦，形成了清代掐丝珐琅发展史上的第一个高潮。

至康熙后期，掐丝珐琅作品胎壁较早期变得轻薄，但器型规整，种类有了一定的增加，出现了一些如花篮、鼻烟壶、暖砚盒等新的品种，但仍以小件器物为主。

如铜胎掐丝珐琅鼻烟壶，壶身扁平，垂腹，通体施黑色珐琅彩，中有掐丝回纹。颈部一周装饰花瓣纹。主体两面开光处，绘相同的夏日小景：一只鸣蝉爬上柳枝，柳枝随风轻摆，颇有趣味。烟壶色彩沉稳，掐丝工艺精良，釉色纯正，色彩变化多样，甚是美观。

另外一件铜胎掐丝珐琅鼻烟壶也为铜胎掐丝珐琅制成，口颈垂直，上饰如意纹及莲花蔓草。肩部一周亦饰如意纹，壶身两面蓝天祥云为底，上各有翔龙一条。半球形盖钮上饰蓝底卷云宝珠。烟壶制作精美，掐丝纤细规整，珐琅釉色纯正，造型小巧可爱。

而掐丝珐琅夔龙纹暖砚盒，是清朝康熙年间由大清内务府造办处珐琅作制造的，制成后一直收藏于清宫中，此珐琅暖砚盒高5厘米，长14.7厘米，宽11.5厘米，盒内可以盛放热水或炭火，使盒子上边的墨汁在冬天不致冻结。砚盒长方形，内置长方形松花石砚一方。

铜胎掐丝珐琅鼻烟壶

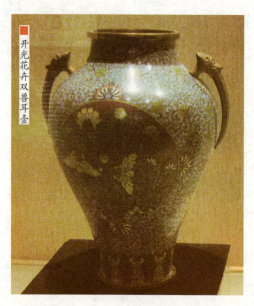

开光花卉双兽耳壶

该暖砚盒造型典雅，纹饰规整，浅蓝色釉地色泽较纯正，砚盒口部饰铜镀金錾花螭纹一周，四立面为浅蓝色珐琅地，每面中间用桃纹做装饰，两旁饰相向的掐丝螭纹一对。盒底中心镌刻篆书"康熙年制"4字款。

这件清康熙掐丝珐琅夔龙纹暖砚盒的制作工艺已比康熙早期有所改进，掐丝线条较为工整，珐琅质地细腻，色彩淡雅，具有康熙后期掐丝珐琅作品的鲜明特征。

康熙时期的珐琅器中铸胎的器物分量很重，龙的样子接近万历风格，正面龙，面目苍老。釉色有的颜色较成熟，但有的蓝色发灰，不够鲜艳，更重要的是，其中的紫色、绿色已经非常明显不透明，而且也不漂亮。

康熙时较大一些的掐丝珐琅器，代表物为开光花卉双兽耳壶，也是清代宫廷景泰蓝中的典型作品，整个器型也较古朴，类似于一个小坛子，双耳有龙头吐水而做成的两耳，一下就显出了整个景泰蓝作品的雅致，开光处是几朵各种形态的菊花，有的含苞待放，有的开得非常鲜艳，给整个画面添加了一丝灵动。该耳壶做工精致，而且造型独特，画面生动形象，颜色搭配非常得雅致，绝对是景泰蓝精品。

康熙年间，随着造

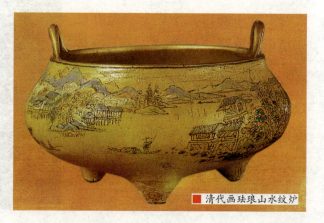

清代画珐琅山水纹炉

流光溢彩的金属宝器

办处珐琅作的建立和海禁令的废弛，清宫造办处和广州的珐琅工匠，吸收并借鉴瓷器、料器和西方的画珐琅制作工艺，试制成功了金属胎珐琅工艺中另一个重要的品种，就是画珐琅器。

远在公元前1800年的古埃及，就已出现用珐琅釉做装饰的器物。不过那时的珐琅釉还是一种相当粗糙的产品，它与后世所说的珐琅之间还有相当距离。

近代画珐琅技法在15世纪中叶起源于法国。到17世纪初，法国工匠铮一世发明了画珐琅的新方法，即在一种较软的玻璃料内，加上不同的金属氧化物作为呈色剂，并用油调和之后，便成为珐琅料。以这种珐琅料装饰器物，能取得如油画般和谐的色泽效果。

1551年，当葡萄牙军队赶走了澳门海域的海盗，并将之占为己有后，随着大批传教士和商人不断涌入中国，西方的宗教、天文、历法、数学、物理学、医学、音乐、绘画以及各类工艺美术品也纷纷传入中国，对中国产生了极大的影响。

面对这股来势汹涌的西学传入之风，康熙帝经过审时度势的研究后，决定对外来文化采取既不排斥，也不盲目推崇的态度，学习其先进的科学技术，并利用传教士的技艺，支持他们从事有益于中国文化发展

■ 西洋风景纹瓶

龙　在中国古代神话与传说中，是一种神异动物，具有九种动物合而为一之九不像的形象，为兼备各种动物之所长的异类。传说其能显能隐、能细能巨、能短能长。上下数千年，龙一直是华夏民族的代表，是中国的象征。

■ 清代画珐琅牡丹纹碗

流光溢彩的金属宝器

紫禁城 中国明、清两代的皇宫。明朝第三位皇帝朱棣在夺取帝位后，决定迁都北京，即开始营造紫禁城宫殿，至1420年落成。依照中国古代星象学说，紫微垣即北极星位于中天，乃天帝所居，天人对应，是皇帝的居所，又称紫禁城。

的学术交流。

在这种社会背景下，诸如铜胎画珐琅器、望远镜、钟表、洋酒、油画、鼻烟壶等物品，就在康熙时期进入了紫禁城。

一位法国传教士洪若在康熙二十六年（1687）写信回法国，要求以"画珐琅器作为赠送官员的礼物"，并坚持不要裸体画，只要求小件珍玩器，珐琅釉是人类文化史上最早出现的装饰釉之一。

当法国传教士将这种画珐琅器进贡给康熙帝时，其优美的造型、绚丽的色彩，立即将康熙帝深深吸引。这种画珐浪器华丽无比，它与康熙帝推崇的博大清新、富丽华贵的皇室装饰效果相一致。

它比当时宫中使用的五彩、斗彩瓷器可能更具魅力，所以康熙帝决定在宫中尝试制造这种画珐琅器，并将其移植到他最喜爱的瓷器上。

同时，从国外进口有与景泰蓝相似的金珐琅、铜珐琅等品物。当时国内也盛行在铜、玻璃料和瓷器等不同质地的胎上，用进口的各种珐琅彩料描绘而成的珐琅彩器，其中，在瓷胎上绘画的称"瓷胎画珐琅"，也就是驰名中外的珐琅彩瓷器。

珐琅彩瓷器的出现是瓷器发展史上的一个必然产物，珐琅彩瓷器的前身景泰蓝兴起于明代，是在铜胎上以蓝为背景色，掐以铜丝，再填上红、黄、蓝、绿、白等色釉烧制而成的工艺品。

清康熙年间这种"画珐琅"的方法被用在瓷胎上，其吸取了铜胎画珐琅的技法，在瓷质的胎上，用各种珐琅彩料描绘而成的一种新的釉上彩瓷。

康熙珐琅彩瓷的造型，以小型器皿为主，主要为瓶、盒、盘、碗、杯、壶等，其中以碗的数量较多，而瓶的造型则非常少见。

如康熙珐琅彩牡丹纹碗，高7厘米，直径14厘米。碗的口部、底足微外撇。白釉底色含青，匀净，细洁滋润。碗内一色白釉。碗外壁饰牡丹花，图饰以蓝釉做底，绘以粉红色牡丹花，绿色叶子，整个色彩基调明朗清晰，简洁而大气。

此碗整个效果并不像瓷器，而像一个宝石制品。蓝色像蓝宝石，红色像红宝石，釉料肥厚，质感甚好，釉中有细小白色粒状，是为特征。底足露胎，洁白细净，糯米感强。

底书红料方框"康熙御制"，红料肥腻间有细小杂质，艳而不俗，字体为标准秀美的楷书，运笔极其规矩，中锋运笔，笔路分明，外框

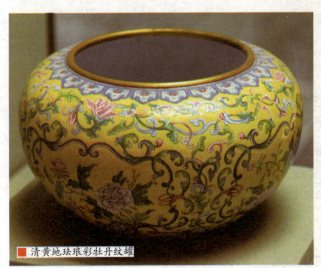

■ 清黄地珐琅彩牡丹纹罐

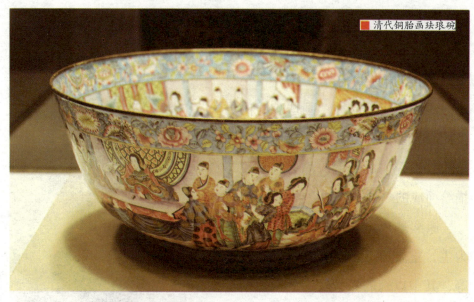

一粗一细，十分规整，仿佛一个印章。

再如康熙画珐琅缠枝花卉纹菱花式盘，高2.7厘米，口径17厘米，足径 8.4厘米，此盘用12种颜色绘制，珐琅釉层肥厚，釉色丰富，造型逼真。

清代画珐琅开光花卉小瓶

有件紫地莲花纹瓶，是传世品中唯一康熙珐琅彩瓷瓶。此瓶长颈、扁圆腹，底平实。外壁通体以紫釉为地，颈部以黄料彩绘3组变形蝉纹，腹部绘变形莲花纹，底部方栏内刻"康熙御制"楷书款。此瓶高仅13.2厘米，但器型十分饱满稳重，小器大样，具有极高的观赏性。

珐琅彩瓷是清代唯一在皇帝直接授意下创烧的，其艺术风格适应皇室富贵华丽的装饰需求，较之于当时流行的斗彩、五彩瓷更具魅力。它一经问世就秘藏于皇宫内苑，专供皇室赏用。

康熙珐琅彩瓷的胎质，一般采用景德镇烧制的白瓷做胎，制胎时先在器内外蘸满釉，然后晾干，再用工具旋掉胎体外面所施的釉，形成外壁不带光亮的涩胎，最后送入窑内烘烧成反瓷，再进行描绘。

这一点可以从一件康熙珐琅彩黄地缠枝牡丹纹碗上看出，此碗外部黄色珐琅彩下面，即隐约可见胎体上的旋纹。

康熙珐琅彩黄地缠枝牡丹纹碗高7.8厘米，口径15厘米，足径6厘米。碗广口撇沿，口沿至腹部轮廓线缓收，腹部微丰，圈足。碗内光素无纹饰。

碗外以黄彩为地，以红、蓝、绿、粉、藕荷等色绘盛开的缠枝牡丹花纹。碗底蓝料方框内楷书"康熙御制"双行4字印章款。

由于康熙时期珐琅料依赖于进口，造价较昂贵，珐琅器的生产数量十分有限。此碗属康熙珐琅彩瓷中的精品，造型端庄，画工严谨，色彩艳丽，制作技艺已十分成熟。

康熙珐琅彩瓷有时也使用前朝所制白瓷做胎，如康熙珐琅彩盘，就是在明永乐时期的白釉瓷盘上施彩的。另外还有一些是以紫砂作为

397

绚丽多彩

清代时期

■ 珐琅彩黄地方壶

珐琅彩瓷的胎。

类似的还有康熙景德镇窑画珐琅菊花方壶，通高9.6厘米，口径6.0厘米。菊瓣式子母盖，盖面以柱头式之钮为花心，錾成一朵浅浮雕式花瓣平展的菊花。壶身四面方而边角圆滑，流与把手均呈方形，镀金圈足亦呈菊瓣式。

壶内施浅蓝珐琅，器表颈部浅蓝地，每一菊瓣内又各画一朵小菊花，壶腹黄地，四面以菊瓣式铜圈围成开光，其内绘不同颜色的盛开菊花各一朵。开光外绘彩色折枝菊花枝叶，流与把手绘图案式菊花。底白地书蓝色"康熙御制"双圆框双竖行楷书款。

该器型端庄稳重，比例适度，线条流畅。此造型在画珐琅器发展史上首次出现。换言之，它是康熙时期首创器型，其后出现的与之相同或相近的造型，则是以此为雏形演变发展而来的。

康熙珐琅彩瓷的款识，多用胭脂色或蓝色珐琅料书写，一般为4字楷书"康熙御制"。个别器底为刻款，款识多写在方栏或双圈线内，字体结构严谨。

如康熙黄地开光珐琅彩花卉纹碗，高6厘米，口径10.8厘米，足径4.4厘米。碗撇口，弧腹，腹部略下垂，圈足。碗里

紫砂 是一种介于陶器与瓷器之间的陶瓷制品，泥色有多种，紫砂器不挂釉，而是充分利用泥本色，烧成后色泽温润，古雅可爱，紫砂陶质地古朴纯厚，不媚不俗，与文人气质十分相似，以至于文人深爱笃好、以坯当纸，或撰壶铭，或书款识，或刻以花卉，刻以印章，托物寓意，每见巧思。

■ 清代錾胎珐琅方水丞

清代画珐琅喜字盒

光素无纹饰。外壁用黄地开光珐琅彩做装饰。黄釉地上有4个花瓣形开光，开光内以松石绿釉为地，彩绘牡丹与菊花。

开光外绘折枝莲花纹。圈足内施白釉。外底署红料彩楷书“康熙御制”双行4字款，外围红料彩双方栏。此碗所绘纹饰工整细腻，画面色彩鲜艳夺目。

康熙早期的画珐琅器，胎壁制造厚重，器体较小，主要为一些炉、瓶、盒、盘之类，比较单调。作品用笔飘逸洒脱，但不甚工整，颜色品种也不够丰富。珐琅施用浓厚，光泽度差，表面欠平整，且砂眼较多。

清代铜胎画珐琅瓶

珐琅釉的主要成分是矽酸盐类。需与不同材质的胎体结合，因此在制作技术上要兼顾釉与胎两者的理化性质。也就是说，这些釉至少应调配到膨胀系数比胎质的小，同时熔点比胎质的低，才能完整地附着在器表以增添器皿的美观。

如康熙景德镇窑画珐琅荷花水丞，高4.6厘米，腹径4.7厘米。此器为铜胎，敛口墩形水丞。

■ 清代铜胎画珐琅人物盘

器内外均施湖蓝略透明之釉，部分隐约露胎，器外表绘红白荷花数枝，荷花边立有一对鹭鸶，其中一只昂首回目张望，另一只则做低头觅食状。画面疏朗清新而富于变化。色彩雅丽悦目。水丞镀金，器底微内凹，光素无纹无款。根据纹饰风格及色釉堆砌而凸出画面的现象，应是康熙早期时的作品。

大约在康熙五十五年（1716），广州和欧洲的画珐琅器制作匠师先后进入内廷，参与指导和制作包括瓷胎在内的各种胎质的画珐琅器。

这一时期的画珐琅器，充分显示出薄、平、光、艳、雅的画珐琅器特点。珐琅质地细腻洁净，涂施均匀，表面打磨平整光滑，基本无砂眼，色泽艳丽明快，颜色丰富，达10余种。

作品除白色地以外，更为盛行以黄色珐琅为地，具有浓重的皇家色彩。画面用笔工致，如工笔重彩画，更具图案性效果，内容题材以表现富贵吉祥的写生花卉为主，早期那种飘逸洒脱的用笔方法已销声匿迹。

金属胎珐琅器是一种集金属制作与珐琅釉料加工处理为一体的复合型工艺制品。它既具备金属贵重、坚固的特点，又具备珐琅釉料晶莹、光滑及适用于装饰的特点。

如康熙画珐琅十六瓣花式凤纹盘即为铜胎，盘口折成平台式，白地绘蓝色卷草纹，矮立的盘壁，内绘各色草叶纹，外饰各色螭纹，盘心中央渲染红色图案花，8只祥凤满布黄地的盘面；盘背白地，中央书褐色"康熙御制"双圆框双行楷书款，周围放射出8片卷叶纹，用褐色勾叶形及叶脉，以黄、蓝色釉渲染。

器型美观，釉料色阶变化多而光洁，画面层次分明犹如珐琅彩瓷，应为康熙晚期画珐琅技艺发展成熟阶段的作品。

该盘器型美观，釉料色阶变化丰富，画面层次分明与珐琅彩瓷相同。凤纹盘的中央渲染一朵图案花，8只祥凤展翅向外盘旋；盘背也自中心向外放射出8片卷叶纹，立壁的内、外也分别满饰各色草叶及螭纹。线条流畅，使祥凤充满动感。

凤纹盘既是非常精美的陈设器，自然也兼具实用的功能。

康熙珐琅彩瓷和铜胎珐琅器一样多做色地装饰，少见白地画珐琅者。常见色地有红、黄、蓝、紫、绿、胭脂等色。纹饰以缠枝牡丹、菊花、虞美人、折枝大朵花卉及团花中心加寿字和开光花卉等为主，画工严谨细腻，具有图案化的效果。

如康熙黄地珐琅彩牡丹纹碗，高7.2厘米，口径15.2厘米，足径5.7厘米。碗敞口，口沿下轮廓线缓收，腹部微丰，圈足。

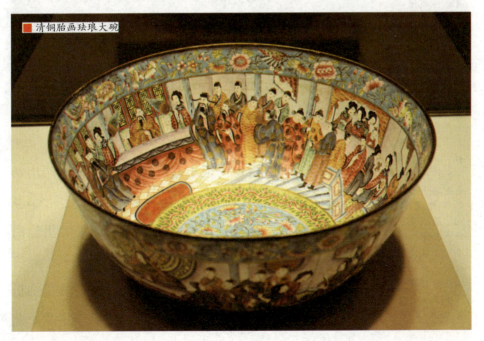

清铜胎画珐琅大碗

碗内光素无纹饰。碗外以黄彩为地，其上以粉、蓝、绿、紫、藕荷等色彩绘8朵盛开的牡丹花。碗底蓝料彩方框内楷书"康熙御制"双行4字印章款。

此碗的绘画技法已经改变了铜胎珐琅器规矩，呆板的风格而趋于生动写实。其洁白细腻的胎质，莹润如玉的釉面，明快艳丽的色调以及精湛绝伦的绘画技巧充分体现出皇家宫廷御用器之精美。

蓝地者如康熙蓝地珐琅彩缠枝牡丹纹碗，高5.2厘米，口径11厘米，足径4.4厘米。碗敞口，深弧壁，圈足。内施白釉，外壁用蓝地珐琅彩缠枝牡丹纹做装饰。足内施白釉，有胭脂彩双方栏"康熙御制"图章式款。

此碗在宝石蓝地色的衬托下，以紫红、金黄、草绿色绘就的缠枝牡丹显得格外娇美，具有康熙朝珐琅彩瓷器的典型特征。

其他地色器物也很丰富，如康熙紫红地珐琅彩缠枝莲纹瓶，高13.2厘米，口径4.4厘米，足径5.4厘米。瓶撇口，细长颈，扁圆腹，平底无釉，里施白釉。通体饰珐琅彩，紫红地，蓝、白、黄彩料绘画纹饰，颈部饰变形蝉纹，中间连以变形小蝉，腹部饰折枝莲纹。底部方栏内刻楷书"康熙御制"4字款。此

开光 又称开窗，为瓷器装饰构图方式之一。即在器物的显著部位以线条勾勒出圆形、方形等形状的框架，框内绘各种图案，起到突出主题纹饰的作用。这种装饰方法如同古建筑上开窗见光，故名。南宋吉州窑、金代耀州窑及金、元磁州窑等瓷器上普遍采用开光装饰。元、明、清景德镇瓷上大量运用开光技法装饰画面。开光装饰技法使器物更具有整体性、连续变化的美感。

器是珐琅彩瓷器初创时期的一件佳作，其效果颇似铜胎画珐琅，风格朴实。

类似还有康熙珐琅彩胭脂红地四季花卉纹碗，口径12.3厘米，碗撇口，深弧壁，圈足。内施白釉，无纹饰，外壁在涩胎上以胭脂红彩做地，设3个花形开光，开光之间隔以折枝花纹。3个开光内均以黄料彩做地，各绘牡丹花一朵。圈足内施白釉。采用开光技法装饰是康熙珐琅彩瓷器的特点之一。

康熙后期的画珐琅，充分显示出画珐琅器薄、平、光、艳、雅的特性，胎骨由试制阶段的厚重逐渐趋于轻薄，釉质温润细腻。器型种类增多，除碗、盘外，常见唾盂、香盒、花瓶、鼻烟壶、手炉等生活用品，同时，还用画珐琅技法仿造宣德炉。

唾盂也就是人们常说的痰盂，宋代孟元老的《东京梦华录·十四日车驾幸五岳观》："执御从物，如金交椅、唾盂、水罐、果垒、掌扇、缨绋之类。"

明代王圻的《三才图会·唾壶唾盂图考》："元，唾壶唾盂皆以银为之，有盖，涂以金。今制，皆以黄金为之。壶，小口巨腹。盂，圆形

■ 清代画珐琅缠枝莲纹葵瓣式盒

如缶，盖仅掩口，下有盘，俱为龙纹。"

清康熙画珐琅瓜瓣花卉唾盂，是清代画珐琅中的典型作品，花纹细腻，胎体厚重。铜胎，侈口、削肩，垂腹大圈足瓶。器内施浅蓝釉，外表黄地，颈绘图案花叶，瓶腹绘牡丹花叶三朵。

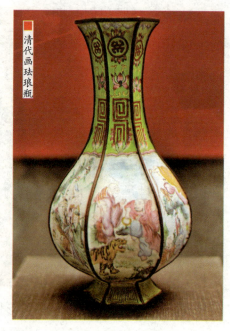

清代画珐琅瓶

流光溢彩的金属宝器

底白地书蓝色"康熙御制"双方框双行楷书款，唾盂瓶腹绘饰牡丹花叶以浅色凸显花卉轮廓，至花心颜色渐深，花叶脉络则以深色线条描绘，细致美观。

而康熙御制铜胎珐琅花卉图鼻烟壶应是康熙时较早的作品，为内府所制，数量极少，传世只有13件，此壶是当中唯一带有原装珐琅盖的一件，非常珍罕。其图饰自然淡雅，一面绘玫瑰牡丹摇曳生姿，色泽绝美；另一面绘天竹，以及寓意吉祥的万寿和蟠桃纹饰。此壶为当时法国画师所绘。

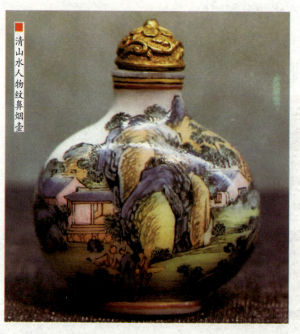

清山水人物纹鼻烟壶

釉色增多，颜色纯正鲜艳，图案清晰，显示出烧造画珐琅的技术已达到较高水平。作品多以黄釉做地，黄釉呈明黄的色调，釉色光泽亮丽洁净的程度，可居三朝之冠，亦有少量白釉或淡蓝釉为地者，上压红、粉红、绿、草绿、宝蓝、浅蓝、赭和紫等彩釉；黑色开始启用，但色涩而无光泽。

装饰纹样以写生花卉及图案式花卉如缠枝花卉、折枝花等为主，也有极少许传统山水风景。花卉主题为玉兰、牡丹、茶花、桃花、荷花、梅花与菊等。花间有的还缀以蝴蝶、蜜蜂、锦鸡、鸟等，增添了画面的活力。

画珐琅开光鸟兽菱花形手炉和画珐琅开光鸟兽椭圆手炉，出自清朝宫廷造办处，是难得的景泰蓝制品。菱花形手炉高17厘米，腹宽14.9厘米，腹长17.1厘米，铜胎镀金。通体四瓣菱花形，提梁弯折成菱花形线条，炉内置一铜炭盆。

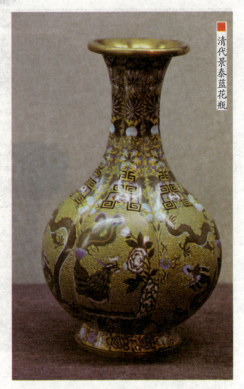

清代景泰蓝花瓶

盖顶平，镂空呈连续卐纹图案，盖侧饰折枝花卉纹。肩部饰花叶边饰，腹部设四个菱花形开光，内饰"三羊开泰"及花鸟图案，开光图案两两相对。开光外浅绿釉地，间饰折枝花卉纹、蝠纹和桃纹，寓福寿之意。

用火取暖，是先民们早就发现的，古人将火种放进

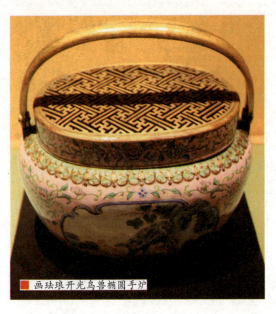

画珐琅开光鸟兽椭圆手炉

清掐丝珐琅花纹手炉

陶器具内，称为"火炉"，在古诗文中常有描述。唐代诗人白居易曾写诗道：

<blockquote>

绿蚁新醅酒，红泥小火炉，

晚来天欲雪，能饮一杯无？

</blockquote>

手炉是冬天暖手用的小炉，是在火炉的启示下演化而来的。手炉的起源，相传产生于隋代。

隋炀帝南巡到江苏江都，时值深秋，天气寒冷。江都县官许伍为拍皇帝的马屁，叫铜匠做了一只小铜炉，放进火炭，献给炀帝取暖。炀帝十分高兴，捧在手上，便称为"手炉"。

手炉多为铜制，是中国古代宫廷和民间普遍使用的一种取暖工具，与脚炉相对而言。因可以捧在手上，笼进袖内，所以又名"手""捧炉""袖炉"；炉内装有炭火，故也称"火笼"。

手炉由炉身、炉底、炉盖、提梁组成，自唐朝始创，到明朝中后期，手炉工艺达到炉火纯青的境界。清末，手炉工艺开始衰落。

手炉有八角形、圆形、方形、腰形、花篮形、南瓜形等，大部分是由紫铜、黄铜、白铜制成，也有少量珐琅或是瓷器制品。在手炉制作工艺中，最吸引人的当属花纹纷繁的炉盖。

作为散热区，镂空雕刻的炉盖有五蝶捧寿、梅兰竹菊、喜鹊绕梅等众多纹形，跟炉身的福禄寿喜、花鸟虫鱼、人物山水等花纹相得益彰，从一个侧面反映了传统民俗文化的博大精深。

康熙晚期的绘画技法，图案式的花卉是以浅色凸显花瓣的轮廓，至花心渐深，并以深色的线条细致地绘饰花叶的脉络；相反地也有以深色细线精确地勾勒出花瓣和叶片形状，再以晕染的方式表现出整体的形状与颜色。

写生花卉部分也采用恽寿平、蒋廷锡的没骨花卉绘画技法，至于传统山水则具王石谷、王原祁的绘画风格。画风极细腻，色彩谐调。

新兴的画珐琅色彩鲜艳明快，豪华富丽，深得康熙皇帝的赏识，凡精美之作，在器物上署"康熙

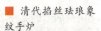
■ 清代掐丝珐琅象纹手炉

御制"款。从文献记载中可知康熙对画珐琅器的浓厚兴趣，他不仅命西方传教士画家和宫廷内画家为珐琅处画珐琅器，还从法国招来烧画珐琅的匠人为其服务。

但所有绘画都必须符合皇帝的旨意，皇帝不喜欢西洋油画的风格，所以，康熙时的画珐琅都保持着中国传统绘画的特点。

如康熙景德镇窑画珐琅桃蝠纹小瓶，高13.5厘米，口径4.1厘米，足径4.1厘米。此瓶为铜胎。敞口，束颈，鼓腹，圈足，口边、足边均铜镀金一周。小瓶通体白色珐琅地上画通景福寿图。

颈部饰乳白色的流云，有两只红色蝙蝠在缭绕的白云中盘旋。腹部涡旋的流水旁有低矮的石头，石旁生长着繁茂的绿色竹叶，石缝中长有一株古老的树干，老树的枝头又分成两杈，每根枝干上结出丰硕的桃实两颗，桃树叶似在微风中飘动，有4只红色蝙蝠在树间飞舞嬉戏，蝙蝠、寿桃组成寓意"富寿"的吉祥图案。

瓶的圈足内白地，中心宝蓝色双方框内有"康熙御制"的楷书款。此瓶所绘图案舒朗

清逸，遒劲有力的树干，树杈以黑色釉皴染而成，具有真实、自然的立体效果。天上的流云与地上的小河互相呼应，飞动的蝙蝠与熟透的鲜桃动静结合，组成了一幅具有祝福意义的吉祥图案。

这件小瓶是康熙时期绘制、烧造最为精美的一件佳作。康熙皇帝既非常重视与外国交流沟通，又特别赏识廉臣，他曾当面褒赞于成龙为"今时清官第一"，并"制诗一章"表赐白银、御马以"嘉其廉能"。

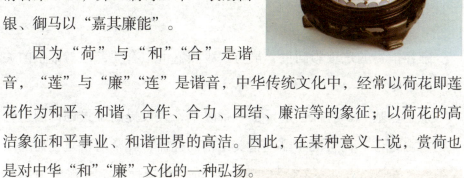

清代景泰蓝花瓶

因为"荷"与"和""合"是谐音，"莲"与"廉""连"是谐音，中华传统文化中，经常以荷花即莲花作为和平、和谐、合作、合力、团结、廉洁等的象征；以荷花的高洁象征和平事业、和谐世界的高洁。因此，在某种意义上说，赏荷也是对中华"和""廉"文化的一种弘扬。

阅读链接

画珐琅起源于法国，于16世纪由欧洲商人及传教士经广东传入中国，最早在广东制造，广东称作"烧青"或"广珐琅""洋珐琅"。

这种异常精美的工艺一进入中国便受到皇帝的喜爱与重视，清朝康熙、雍正、乾隆三帝皆于北京皇宫造办处及广东两地设立珐琅作坊，并多次从广东选送优秀画珐琅工匠进京效力，大量生产，所做珐琅制品皆供皇室享用。

风格独特的雍正时珐琅器

　　雍容华贵的珐琅彩问世，虽与"康熙盛世"有关，但与雍正的关系更为重要。

　　雍正登基后，对社会进行了一番改革，大大提高了景德镇制瓷艺人的社会地位。而且雍正酷爱精美绝伦的瓷器，经常对宫廷瓷器加以评价，亲自过问，并派得力的官员去管理瓷业生产。

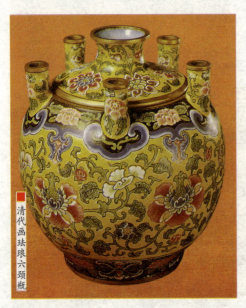

清代画珐琅六颈瓶

　　康熙、雍正年制作珐琅彩时，先在景德镇官窑中选出最好的原料烧制成素胎送至宫廷，由宫廷画师加彩后在宫中进行第二次入低温炉烘烤而成。

　　雍正时期也是金属胎珐琅器发展的重要阶段，从清宫造办处《各作成做活计清档》中来看，

雍正朝烧制的金属胎珐琅器中，只有掐丝珐琅和画珐琅两种。

■ 雍正画珐琅黄地五彩云蝠纹碗

由于雍正皇帝不喜欢掐丝珐琅，在"造办处"档案中，雍正元年至七年制造掐丝珐琅器的记录比较集中，此后仅见雍正十年做花瓶、炉、蜡台的一份记载，这或许是由于烧造水平始终不如意的缘故吧！

但据"造办处"档案记载，这个时期设有"珐琅作"，并有制造掐丝珐琅器和仿制"景泰珐琅瓶"的记录。仿制技术水平亦很高。清宫造办处《各作成做活计清档》记载：

　　雍正六年五月初五，据圆明园来帖内称：本月初四，怡亲王郎中海望呈进活计内奉旨……其仿景泰蓝珐琅瓶，花不好，钦此。

这种情况说明，其作品的艺术风格同其后的乾隆

雍正 清世宗爱新觉罗·胤禛的年号，雍正帝是清朝第五位皇帝，入关后第三位皇帝，在位时期，平定了罗卜藏丹津叛乱，设置军机处加强皇权，实行"改土归流""火耗归公"与"打击贪腐"等一系列铁腕改革政策，对康乾盛世的连续具有关键性作用。

黑地珐琅瓶

时期已无大的差异。

雍正时期的掐丝珐琅器有款识的只有一件珐琅豆，风格近似康熙匀丝浓珐琅，出现了清代掐丝珐琅史上的一个低谷。

该珐琅豆全称为"清雍正掐丝珐琅凤耳豆"，高10.1厘米，口径7.1厘米，腹径8.8厘米，足径4.6厘米。铜胎覆盏式的盖，盖顶有唇口圆盘式钮，盖与器身合组成球状器腹，器侧镶浮雕式镀金凤首衔环耳，环饰掐丝云纹，高足。

凤耳豆的器内光素，器表除盖、腹与圈足上装饰六圈掐丝回纹外，其余满饰大小圆圈纹，填墨绿色釉，圆圈大小整齐划一，紧密排列，器型线条优美，掐丝工整，可谓精美绝伦。是落雍正款的唯一掐丝珐琅器。

豆底镀金阴刻"雍正年制"无框双行仿宋体款。器型仿自东周青铜器中盛食物的"豆"，覆盘式的盖，盖顶有圆盘式的环钮，盖与器身合组成球状器腹，器侧镶浮雕凤首衔环耳装饰，作为陈设器或盖盒；将盖子打开仰置，与器腹一样，可当盛物的盘子。

此掐丝珐琅凤耳豆，器型俊秀玲珑尔雅，掐丝粗细均匀，纹饰独

紫地莲花纹瓶

特，布局紧凑，盖与器身接合精确，制作精美绝伦，可说绝无仅有，系海内孤品。

雍正时期是画珐琅生产逐渐兴盛的阶段。雍正皇帝对新兴的画珐琅情有独钟。客观上刺激画珐琅的生产，数量增多，式样不断翻新，图案、釉色有新的发展和变化。

装饰图案除缠枝花卉外，仍以草虫、花鸟为主要题材，寓意吉祥的图案显著增多，往往以西洋式的花叶纹或图案式的西番莲

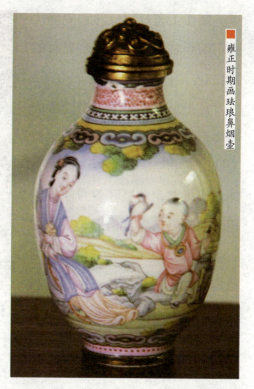

雍正时期画珐琅鼻烟壶

及荷花为锦地，配合画传统的四季花卉、竹石、鸟鹊等吉祥纹饰；器型的式样多，例如圆、椭圆、桃形和不定形等。

画风极细腻，但有些纹饰则过于烦琐。釉色以黄色为主，黄釉呈杏黄的色调，色感厚而光泽差。还出现了新的釉色。

特别是以黑色为地、上压彩色花纹的作品是前所未见的，这种黑釉是雍正时期烧成的，所以格外受到皇帝的青睐，即使烧制其他彩釉作品，在局部也可看到绘制黑釉花纹的现象。这种运用黑釉的手法是其他时期罕见的。

雍正年间的珐琅工艺的突出成就是自行研制成功了新的珐琅色釉20余种，极大丰富了珐琅色釉种类，为乾隆时期的金属珐琅工艺的全面发展奠定了坚实的基础。

雍正时，画珐琅的生产走上了成熟、规范化的发展道路。在此基础上画珐琅器继承并发展了康熙晚期薄、平、光、艳、雅的风格特

点，制作工艺日臻成熟和完善。
雍正朝画珐琅有自己比较显著的
特色。

首先是雍正时期风格独特的
器物造型，雍正时期的画珐琅器
与同时期的瓷器、漆器一样，胎
体制作规整，造型轻盈秀丽，雍
正时期的画珐琅器仍以小型器物
居多，以鼻烟壶为大宗，造型工
整别致，釉色亦鲜亮。

其次是器型多有创造，例如乌木把手执壶、云纹穿带盒、带托香
插、卤壶、多层式烛台、天球式冠架、筒式熏炉、八宝法轮、六颈
瓶、多孔式花插、仙桃式洗、渣斗及双桃水丞等仿植物造型的仿生作
品等新的器物造型都是在此时期创造的。

清雍正画珐琅乌木把手执壶，高16.8厘米，最宽16.4厘米，铜胎，

乌木盖钮，双层圆冠式盖，
与乌木把手以转轴相连，压
下按钮即可开启；梨形的壶
身，壶流自腹面伸出的方向
与把手呈90度，流口有镌成
浅浮雕式对凤的流盖，矮圈
足。

壶盖上层黄地饰如意云
头纹、转枝花叶，下层黑地
绘装饰图案花叶；壶身满绘
各种花叶，底白地饰枝叶，

414

流光溢彩的金属宝器

中央蓝色双圆框内书红色"雍正年制"双行楷书款。

此壶的形制和纹饰的式样均与传统的不同，显然是受西洋文化的影响；乌木的把手和盖钮，与明亮的黑釉相呼应，充分地表现出雍正朝画珐琅的时代特色。

壶的纹饰也受到西洋文化的影响，无论是花叶或图案式的番莲均与传统式样迥异；明亮的黑釉与黑色的把手和盖钮相呼应，器型设计与彩色搭配，均巧思独具。

画珐琅开光提梁壶

而且该执壶的形制与传统的不同，显然是受西洋文化的影响，兼具实用及装饰的功能。以画珐琅工艺制造宗教法器始于清雍正时期。

珐琅鹤

如清雍正画珐琅八宝纹法轮高22厘米，底径10厘米。

法轮为轮形，镂空8辐，辐两面以珐琅彩绘轮、螺、伞、盖、花、罐、鱼、肠八宝纹，毂绘菊花纹，轮外缘装饰云头式和叶片式齿各四，下置莲花瓣圆底座。座底书蓝色楷书"雍正年制"4字款。法轮即八宝之一，此器之上又以八宝纹作为装饰，设计奇巧。其造型别致，工艺细腻，为雍正时期画珐琅器的代表作。

雍正铜胎画珐琅双桃式水丞高7.5厘

清代画珐琅山水人物梅瓶

米，最大口径6.2厘米。水丞为双桃形，由一大一小两个桃形组成，大桃有圆形口，其内可盛水，做文房用具。小桃装饰在大桃之侧。两桃由古铜色的铜树干相连，似同一树干上结出的两个果实。

水丞的颜色亦如刚刚成熟的桃子，呈果绿色，到桃的尖部渐渐晕染成粉红色，桃上点缀有绿色的桃树叶，两只红蝙蝠栖息于桃实上。双桃上绘以双蝙蝠，即组成了寓意"福寿双全"的吉祥图案。大桃的底部写有黑色珐琅"雍正年制"楷书款。

以桃的形状做水丞，构思巧妙，新奇，无论其造型、色彩，均以自然界中的桃实为参照物，形象极为生动。其弯曲盘绕的树干，似百年的老树结出新嫩的果实，珐琅釉细腻而光润。这件作品反映出雍正时期精湛的工艺水平。

御制描金双耳珐琅彩瓶，全名又叫作"清雍正御制描金双耳珐琅彩瓶"，此瓶高17.8厘米，而且珐琅彩颜色极为丰富，一改康熙时只有花卉的单调图案，有很多绘画在其中，包括花鸟竹石和山水，而且彩画中题了很多的诗词，绘有迎首及压脚章。

在珐琅彩作品中，在一件瓷器上

清代画珐琅葫芦式瓶

集诗、书、画、印为一体是非
常少见的，而且该彩瓶还采用
了油画技法堆垛料彩，立体感
非常强，另外诗词对仗工整，
书法极精湛的题句及朱白相应
的图章，堪称艺术珍品。

雍正时期的画珐琅器，有
其标新立异的色彩处理方法，
在珐琅釉料的色彩处理方面，
除了继承康熙时期以黄色或白
色等珐琅料做图案地色之外，
并推陈出新，有所突破。

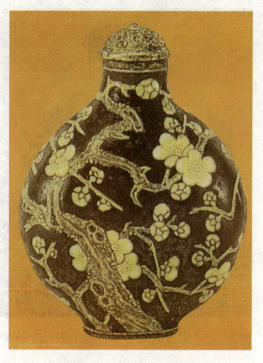

■ 清代画珐琅黑地
白梅花鼻烟壶

比较盛行一种以黑色珐琅釉料，衬托纹饰图案，
从而在器物表面形成一种貌似黑退光漆艺术效果的画
珐琅器装饰方法。

雍正帝一向钟爱沉稳庄重的黑色，因此黑色成了
雍正时期的流行色，黑漆的光泽亮丽超越康、乾两
朝，使用普遍，是此时期的一大特色。

内务府造办处记载，雍正皇帝曾于1729年，因见
洋漆万字锦缎结式盒，旨谕造办处烧制黑珐琅盒。因
此黑色珐琅彩釉的烧制，似与东洋漆器有关，是雍正
朝画珐琅的一大成就。

这件雍正画珐琅云纹穿带盒，高13.3厘米，口径
8.3厘米×3.8厘米，亮丽光洁的漆黑地釉上绘饰五彩
祥云，图案虽简单但效果突出，可视为雍正朝黑釉珐
琅器的代表作。扁椭圆式双层盒，盖与盒身两侧附穿

蝙蝠 由于蝙蝠
的"蝠"字与福
气的"福"字谐
音，因此在中华
文化中，蝙蝠是
幸福、福气的象
征，蝙蝠的造型
也经常出现在很
多中华传统图案
中，如"五福捧
寿"就是五个
艺术化的蝙蝠
造型围绕着一
个寿字图案。

流光溢彩的金属宝器

钮以黄绦穿连成一体。底略内凹，白地绘蓝色卷草纹围成长方形框，内书红色"雍正年制"一行宋体字款。其形制上与日本人盛药的根付及印盒很相似，显然受到东洋风格影响。

再如雍正铜胎画珐琅黑地牡丹纹鼻烟壶，是雍正时期画珐琅中的最多见的珐琅作品，因为画珐琅做工要求非常得高，所以经常会听人们说画珐琅无大器。

这件画珐琅鼻烟壶呈荷包形状，高5厘米，是扁圆体样式，比较特殊的就是它通体用的都是黑色釉料做底色，两面各有一朵盛开的牡丹花，花的色彩纯正艳丽，花叶层次分明，生机盎然。

盖子则是添加最常用的宝蓝色釉料，并且连接着一个象牙的小勺，雍正时期的画珐琅中用黑色做底色的作品虽然是其独创的，但是数量并不多，而这件更是其中的精品。

雍正朝的画珐琅釉色花样翻新，它具体表现在使用进口的西洋珐琅釉料的同时，还自行试制并烧炼成功了新

清掐丝珐琅灵芝花瓶

的珐琅色釉近20种，极大地丰富了珐琅釉料的颜色品种。在雍正六年（1728），《造办处各作成做活计清档》中记载了宫中作坊新试制珐琅色釉的情况：

新炼珐琅料：月白色、白色、黄色、浅绿色、亮青色、蓝色、松绿色、亮绿色、黑色，以上共九样。

新增珐琅料：软白色、秋香色、淡松黄绿色、藕荷色、浅蓝色、酱色、深葡萄紫色、青铜色、松黄色，以上共九样。

可见当时对珐琅器的制作十分重视，不断地试制新的珐琅釉色。遗留至今的一些精美作品不仅反映出当时精湛的画珐琅制作工艺水平，而且与珐琅釉料烧炼工艺的进步和颜色品种的丰富不无关系。

如雍正画珐琅六颈瓶，高11.6厘米，最大口径4.9厘米。瓶侈口，长颈，圆体，管钮形盖，肩部另出5支细长圆管颈，连盖中央之颈口共6颈，故名。

盖为黄珐琅地，饰紫、藕荷、浅绿、蓝、红色5朵折枝宝相花。肩施宝蓝地，周边细颈下绘如意头，间饰红折枝花。瓶身黄珐琅地饰缠枝宝相花，红瓣，宝蓝心，浅绿蕊，衬托以绿叶。足部黑地饰红色折枝菊花。足底中心双蓝线方框内署楷书

雍正画珐琅六颈瓶

此六颈瓶图案描绘工致，花卉排列整齐有序。在珐琅地色的设计上，使用了黄色及当时流行的黑色。纹饰中又做了白、青、蓝三色退晕处理。

此瓶整体设色清晰鲜明，色彩对比强烈，绚丽而又和谐。图案花纹用笔细腻，制作工艺考究，造型新颖独特，是清雍正时期画珐琅器中的新器型。

再如一件画珐琅梅雀图印盒，也是雍正年间珐琅器颜色搭配的一件典范精品，印盒高4.8厘米，口径10.3厘米，算是清代画珐琅中的大器了。

整体器型圆润饱满，以尊贵的黄色为底色，凸显皇家制品的大气磅礴，四周花纹以不同色彩的菊花做纹饰，线条流畅，上部开光画是两只喜鹊站在梅枝上，寓意"喜上眉梢"。此件画珐琅印盒做工精致，颜色搭配巧妙，是清代画珐琅中的典型之作。

雍正时期的画珐琅器装饰纹饰具有鲜明的个性，其装饰纹饰具有一定的格式，它往往以西洋式的花叶纹或图案式的番莲及荷花为锦地，配合画传统的四季花卉、鸟鹊、竹石等吉祥纹饰的开光；开光的式样很多，例如圆形、桃形和不定形等。

如雍正景泰蓝凤纹大盘，此景泰蓝大盘的直径有42厘

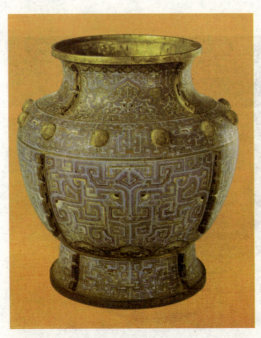

■ 清代掐丝珐琅出戟

清代掐丝珐琅带盖梅瓶

米，盘圈足略微有些外撇，景泰蓝盘壁外敞，唇口，所以略显平敞。盘形非常大而且也很周正，铜质厚重也致密。

盘底的画面是以冰梅纹饰装饰的，外壁的景泰蓝画则是西番的莲花纹，盘口用回纹装饰，内口沿为如意云头纹，主体画是盘子中心的两对红两对黑凤纹，空间是以西番莲纹填充的。这件景泰蓝盘的整体纹饰层次细密，珐琅色泽典雅华丽，是雍正时期景泰蓝精品，特别难得。

一件雍正掐丝珐琅海棠式瓶器型设计别具一格，整个瓶体呈一个海棠花形，富于观赏性，而且图案也是饰以蝙蝠和寿字，来寓意福寿无边。该海棠花式瓶分为口、颈、肩、腹及圈足五个部分，皆呈四瓣海棠花的形状。口缘外翻金。颈部突出部分以绿色为地，饰以黄色花纹。

肩部饰蓝色云状莲花瓣一圈。腹部凸出部分的上方以宝蓝色为地，饰以黑色的蝙蝠，以及中间的寿字。凸出部分的下方以天蓝色为地，宝蓝色双戟纹。

雍正皇帝一生笃信佛教，因此在他主政期间，大兴佛教，而且他还经常跟臣子们宣称"佛、道、儒三教一体"的观念，所以这一时期产生了很多佛教、道教体裁的珐琅器物。

如有件珐琅彩飞天，外表看

清代填珐琅五供

壁画 墙壁上的艺术，即人们直接画在墙面上的画。作为建筑物的附属部分，它的装饰和美化功能使它成为环境艺术的一个重要方面。壁画为人类历史上最早的绘画形式之一。如原始社会人类在洞壁上刻画各种图形，以记事表情，这便是流传最早的壁画。至今埃及、印度、巴比伦、中国等文明古国保存了不少古代壁画。

起来晶莹雨润，把珐琅釉料的色调发挥到了极致，此款珐琅彩飞天摆件的造型是以莫高窟中的壁画作为原型的，飞天仙女的发髻高耸，长裙裹脚，巾带飘逸，手执花盘和花朵凌空飞舞，神情专注，似有超然尘世、凌空腾飞状。

珐琅彩飞天色彩鲜艳明丽，非常有质感，并且可保持长久不褪色，而且珐琅彩表面光滑有玻璃质反光感，有时还可反射蛤蜊光，具有极高的观赏价值。

道家人也称"五供"为"五献"，在清朝时期，按照宫廷要求，五供就是一个香炉、两个花觚、两个烛台。这五供在清朝是非常受重视的。

如雍正盛京景泰蓝"五供"之一珐琅烛台，是流传下来景泰蓝精品之一。佛教的五供包括一对蜡台，一对花觚，还有就是五供之中唯一不成对的香炉，香炉是焚香的用具，被供养在佛像之前，是比丘十八物之一。

■ 清代錾胎珐琅牺尊

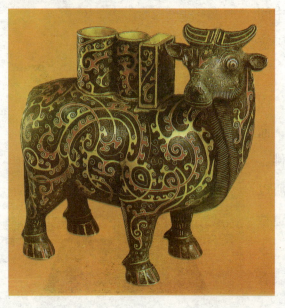

如一件景泰蓝香炉的造型是典型的三足形，左右两侧分别有一个大的耳饰，上有细纹饰，该景泰蓝香炉的三足、炉体和上盖都由景泰蓝画覆盖，非常典雅庄重，这件珐琅香炉一直收藏于沈阳故宫中，是清朝精品景泰蓝之一。

佛教中五供中的花觚

常是一对，而花觚又叫作花插，是插花供佛的工具。有一对景泰蓝花觚的造型很独特，上口大，比较方便将鲜花插入花觚中，中部是一个圆肚用一组景泰蓝花瓣的花纹装饰，底部略大，这样才能够使得整个景泰蓝的重心比较偏下，更加的稳牢。

同时，从景泰蓝花觚也能够看出清朝对佛教的重视程度是非常高的，因为景泰蓝在清朝前期是非常珍贵的御用品。

雍正时，对藏传佛教的重视超过了以前的历代，因此在珐琅器中，也融入了一些藏传佛教的成分。

如雍正画珐琅铜胎蟠龙瓶，器型即仿自藏传佛教的藏草瓶。该瓶高21.3厘米，足径8.8厘米，重1183.7克。折沿口呈车轮式，平肩，敛腹，肩镶二镀金正面独角花，镶金工精美的独角花尾高浮雕式夔龙。

镀金口面阴刻转枝番莲，口壁绘如意云头及花草纹。颈镌一圈去地阳纹的转枝，草叶为装饰重点，上方为浅蓝地画深蓝色的

流光溢彩的金属宝器

■ 清代画珐琅盘

藏草瓶 又称甘露瓶，瓶式之一，清朝廷为西藏僧侣烧制的用于插草供佛的特别器皿，故称藏草瓶。藏草瓶是极具藏族特色的器物。雍正时已有烧制，乾隆时期制品为圆唇口，直颈有凸弦纹，丰肩，腹下部渐收，束胫，足部外撇。这类瓶式不书款识，一般多认作乾隆制品。

转枝花叶，下方为黄地转枝牡丹；器腹明黄地满饰各色象征福、寿、富贵的牡丹花叶及桃实、蝙蝠、灵芝等。矮圈足镀金，器底阴刻"雍正年制"无框双行楷书款。

蟠龙瓶整体展现出皇室用器的高尚尊贵，显然为皇帝御用器物。器型别致，仿自藏传佛教的藏草瓶，是非常精美的陈设器，自然也兼具实用的功能。

雍正时的画珐琅器器底落款处也极富特色，许多都在器体落款处装饰吉祥纹饰，或者用云纹、龙凤纹、鹦鹉纹及螭纹衬托着年款，其形式别具一格。

清雍正时画珐琅花鸟洗，高10.8厘米，口径14.2厘米，铜胎，上侈下敛筒形器身，四象足。器内施浅蓝釉，器表黄地八开光，依次绘蟠桃、葫芦、双蝠；朱梅、白梅；竹、山茶、双蝶；禾穗、双鹤；松和山鹊；莲花；竹、牵牛花和山鹊；双鹤、双蝠和萱草，均是象征祥瑞祈福的题材。

开光外填饰各种番莲、牡丹及五瓣花叶，四足饰番莲花。底黄地以双凤首尾相衔围成圆框，中央蓝圆框内白地书红色"雍正年制"双行宋体字款。笔洗是文房用具，用以清洗画笔或毛笔。

雍正时期的珐琅彩相比康熙时期，制作工艺和技术都有进步，并且当时已能成功生产国产珐琅料，珐琅料不管从颜色还是品种，比康熙时期都丰富很多。

所用素胎依然是景德镇御窑厂选送精品，有时也直接利用宫中的脱胎填白瓷器，以白地彩绘。彩绘图案也日趋丰富，器内器外，从花鸟竹石到山水人物一应俱全，并配有与画意相应的题诗，成为将诗、书、画相结合的艺术珍品，瓷器风格也更趋优雅。

康熙时期的珐琅彩瓷大多作规矩写生的西番莲和缠枝牡丹，有花无鸟，显得单调。而雍正时以花卉图案居多，山水、人物也有。当时尤为突出的是画面上配以相呼应的题诗。

雍正时这些题诗的书法极佳，并于题诗的引首、句后配有朱文和白文的胭脂水或抹红印章，其印面文字又往往与画面及题诗内容相配合，如画竹的用"彬然""君子"章；画山水的用"山高""水长"

■ 景泰蓝提梁壶

章；画梅花的用"先春"章；等等。

如雍正珐琅彩题诗过墙梅竹纹盘，口径17.2厘米，双方框"雍正年制"蓝料款，所绘梅竹是典型雍正过墙花纹样，配有题诗"芳蕊经时雪里开"，为雍正年间宫廷御用器物，绘工极其精致细腻，是内府作坊绘瓷师傅的杰作。

它的梅竹纹彩绘纹饰由内壁延至外壁，即梅枝主干由器足向上延伸，跨越口沿进入盘内，其中一枝再翻过口沿回到外壁，如一幅立体画布。花枝与竹树攀越口沿，绘画细腻，内外纹饰浑然一体。盘内的题诗构思新颖大胆，绘工精美绝伦，极为珍贵。

花枝由器外延至器内称作"过墙花"，首创于明末，至清因受到帝王的喜爱而得以迅速发展。清雍正年间"过墙花"纹饰发展极盛，其工艺水平亦臻至顶峰。

清内府以"过墙花"做装饰的画珐琅瓷器大小具备，绘工精湛。这件珐琅彩盘的"过墙花"花枝由外壁攀进器内之后再次翻出外壁极为罕见，当属清宫内府之珍稀异品。

再如雍正过枝茶梅纹大盘，高8.5厘米，口径53厘米。从外足绘两枝硕大的茶花和梅花，由盘壁径口沿折至内壁及底，使盘的

■ 斗彩桃蝠葫芦瓶

内外纹饰成了一幅完美和谐的茶花和梅花竞开的广阔画面。

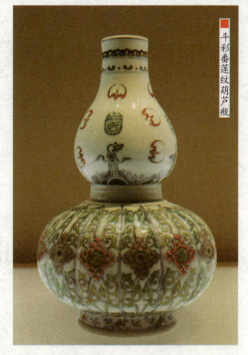

画中的枝干为淡褐色，用深褐色细线条勾描，使枝干显得更加苗壮刚劲。红色的茶花，衬以翠绿色的叶子，花心色深，花瓣向外颜色渐淡。梅花施以粉白色，花蕊点以黄色，花底以绿色为点缀。

整个画面线条纤细，层次清晰，工整严谨，布局协调，色彩富丽，光泽柔和，运笔自然流畅，具有强烈的立体感，胎质细腻洁白，施釉均匀，釉汁纯净，造型规整，形体美观。

盘底青花双圈内书"大清雍正年制"6字款。大盘底为双圈底，图有红白两种梅花，题诗"芳蕊经时雪里开"及"清香""寿古""佳丽"等印章。

阅读链接

珐琅彩的彩料还有"洋为中用"的成分。

五彩和粉彩中都不含的化学成分"硼"珐琅彩中有；珐琅彩中含"砷"；康熙前的瓷器中黄色为氧化铁，而珐琅彩中黄色的成分是氧化锑；珐琅彩还有用康熙前没见过的胶体金着色的金红。

文字上也有记载，宫中原名《瓷胎画珐琅》的档案于乾隆八年（1743）改名《瓷胎洋彩》，由此可见珐琅彩确是欧洲进口，由此更可见康熙帝国时中外文化与贸易交往的盛况。

异彩纷呈的乾隆时珐琅器

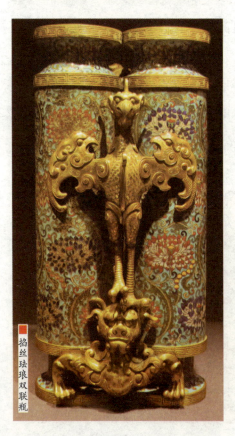

掐丝珐琅双联瓶

史料记载，乾隆四十四年（1779）除夕年夜饭，只有乾隆皇帝的餐具是景泰蓝，底下全部用瓷器。可见景泰蓝在中国历史中扮演着重要的角色，它是身份与地位的象征，也具有深刻的历史意义。

由于乾隆皇帝本人对于金光灿烂、富丽堂皇的金属胎珐琅器倍加赏识，因此，在其制造和生产上，给予了大力的扶持，只要宫内需要，即命成套成系列地烧造，生产规模极为庞大，且不惜工本。

据档案记载，当时造办处制作了数量可观的珐琅器，包括宫廷典章用品、佛堂用品、生活用品、陈设品和文房清供以及家具、漆器、瓷器、玉器上的嵌片等。

　　大有高达2米以上的佛塔，小到仅几厘米的鼻烟壶、轴头，包罗万象。中国古代金属胎珐琅器的生产达到了一个空前绝后的繁荣发展阶段。

　　乾隆时期，掐丝珐琅继续发展，器型规整，金光灿烂，作品风格殊异，异彩纷呈。掐丝珐琅器、錾胎珐琅器、画珐琅器、透明珐琅器均得到了全面的发展。

■ 掐丝珐琅海螺

　　在掐丝工艺上，普遍采用双线掐丝法，并且出现了掐丝绘画相结合的装饰方法。乾隆帝非常喜爱掐丝珐琅，并命养心殿造办处珐琅作生产了种类繁多、难以计数的掐丝珐琅器。

　　在器型方面，与瓷器器型的时代风格相同，并出现了一些珐琅与别类材质的组合器。造型端庄华美，掐丝工整严谨，珐琅失透，温润似玉，色调典雅，光泽浑厚，形成了清代宫廷掐丝珐琅的典型风格。

　　乾隆时期，金属胎起线珐琅制品的烧造展现出新的繁荣景象。乾隆朝掐丝珐琅的胎子，铜质精纯，胎骨厚重，无轻飘之感，甚至有些器物用昂贵的黄金制

乾隆　清高宗爱新觉罗·弘历的年号，弘历是清朝入关后第四位皇帝。乾隆帝在位期间巩固多民族国家的发展，文治武功兼修。并且当时文化、经济、手工业都是极盛时代，他为发展清朝康乾盛世局面做出了重要贡献，确为一代有为之君。

胎；珐琅釉料均无透明感，砂眼减少，细腻光滑，珐琅釉的色彩之丰富远远超过了以往任何时期。

在图案装饰上，除继承明代勾莲花的做法外，还运用仿古的兽面纹、几何纹，并将山水亭榭、花鸟虫鱼、人物故事作为装饰，追求绘画的意趣，取得了较好的装饰效果；在镀金、錾刻方面，不惜财力、功力，金色浓重，刻饰精美。

这一时期的掐丝珐琅工艺还常与画珐琅工艺相结合，并镶嵌珠宝，具有典型的金碧辉煌的皇家艺术风格。

当时，宫内造办处的珐琅生产了许多艺术水平很高的作品。广州地区制造掐丝珐琅的技术亦有新的突破；扬州地区的掐丝珐琅生产也不逊色，烧制的作品很有地方特色。

烧制大型掐丝珐琅器的技术迅速提高，数量显著增多。高大的屏风、宝座、佛塔等，都是前所未见的新成就。这种大型珐琅制品的烧造，不仅要求有大型的窑炉，而且需要控制大面积的铜胎经高温之后不会变形的技术，还需掌握釉色通体一致。

显然，烧制大型珐琅制品较之小型器物要求技术高，难度大，需要特殊的设备。乾隆时期，对于这类技术的掌握和控制，可以说达到了炉火纯青的程度。

1774年和1782年，曾烧制两批各6座高大的珐琅佛塔，分别陈设于宫廷的佛堂内，塔高均在230厘米以上，底宽0.94米，堪称乾隆时掐丝珐琅重器，为清代掐丝珐琅史的最高峰。

塔的造型各不相同，釉色各异，图案富于变化。有的以淡黄色为地，饰彩釉缠枝、八宝纹；有的以浅蓝色为地，饰彩釉忍冬、蔓草和璎珞纹，各有千秋，色彩和谐稳定。

塔身结构严谨，接合处不露痕迹。通体釉料饱满、光润，很少砂眼。显示出乾隆时期珐琅工艺的杰出成就，也是传世珐琅制品中的珍品。

这些大型景泰蓝佛塔都是乾隆皇帝敕命烧制的，其中，掐丝珐琅宝相花纹佛塔完工之后陈设于紫禁城东北部宁寿宫区的梵华楼内。

8年后，又依前6塔之规格样式烧造了6座，陈设于紫禁城西南部慈宁宫花园的宝相楼内。这两批佛塔

■ 清代铜胎珐琅香炉

佛塔 是佛教的象征。佛塔最早用来供奉和安置舍利、经文和各种法物。根据佛教文献记载，佛陀释迦牟尼涅槃后火化形成舍利，被当地8个国王收取，分别建塔加以供奉。在1世纪佛教传入中国以前，中国没有"塔"，也没有"塔"字。直至隋唐时，翻译家才创造出了"塔"字，作为统一的译名，沿用至今。

■ 清代嵌珐琅挂屏

气势宏伟，充分展现了乾隆时期掐丝珐琅工艺的辉煌成就。

宫廷典章用品中，还有宝座、屏风、香筒、甪端、太平有象等；佛堂用品有佛塔、佛龛、佛像、坛城、五供、七珍、八宝等。

如铜胎掐丝珐琅五岳图屏风，以紫檀木为边框，分为五扇，高近300厘米。画面以掐丝珐琅分别刻画东、南、西、北、中五岳。叠峦叠嶂，青绿苍茫，气势雄伟，不愧为清宫造办处之杰作。

每扇均镶掐丝珐琅画心，画心上用不同的花鸟图案，以拟人的手法展示封建社会的伦理关系。而实际展现的则是色彩艳丽的山水花鸟画面。其间多采用晕色的技法，渲染出景物色彩的浓淡和层次的远近。

其中，大量运用粉红釉色，以表现桃红柳绿鲜花盛开的春天景色，可谓气象万千。画面上的金属起线粗细运用自如，粗线条多是直接在铜胎上锤揲出来的，细部花纹则结合掐丝的方法。

按照画面需要，采取不同的起线方法，线条粗细运用灵活，流畅活泼，增强了艺术表现力。这种在铜胎上采取锤揲的起线方法，是起线技术新发展。

一件珐琅五伦图屏风产自广

州，是乾隆时期粤海关官员的贡品。

如铜胎掐丝珐琅三友图屏风，亦以紫檀木为边框，分为三扇，每扇画面分别以掐丝珐琅的技法，刻画松、竹、梅图。

其色彩凝重，画意甚浓。这类珐琅制品，画面开阔，掐丝起线，釉色晕染，极力追求绘画效果，是绘画艺术与珐琅工艺完美结合的典型作品。

■ 清代錾胎珐琅象

透明珐琅器是金属胎珐琅工艺的一种，透明珐琅器始制于清雍正年间，清中期乾隆年间兴盛。广州是当时最大的透明珐琅器烧制中心。

清乾隆年间的高温熔融硬透明珐琅器代表之一为錾胎透明珐琅面盆，高14厘米，外口径47.5厘米，内口径34厘米，面盆为铜胎，胎壁轻薄。口呈圆盘形，折边，口沿镀金，圈足。

其内外器壁均贴饰银片花纹，表面则施蓝色硬透明珐琅釉，釉质透明，银片花纹隐约可见。盆内壁亦有金片贴饰的各种八宝纹饰，折边贴饰八仙纹。金片花纹色彩斑斓，光彩夺目。

这时，还善于把古代名画家的书画作品巧妙地运用到掐丝珐琅制品中，是一种新的尝试。

五伦图 《孟子·滕文公》："君臣、父子、夫妇、长幼、朋友。父子有亲，君臣有义，夫妇有别，长幼有序，朋友有信。"五伦即五常。后人画花鸟，以凤凰、仙鹤、鸳鸯、鹡鸰、黄莺为五伦图。用凤凰表示君臣之道，用仙鹤表示父子之道，用鸳鸯表示夫妇之道，用鹡鸰表示兄弟之道，用黄莺表示朋友之道。

如乾隆铜胎掐丝珐琅明皇识马图，是以唐代大画家韩幹的《明皇识马图》为蓝本烧制的。画面上的色彩皴擦点染。乃至题跋和钤印均仿造绘画的效果。人物和马匹的不同姿态各具传神之妙。乾隆皇帝题写的七言律诗，另做一开用掐丝珐琅烧成，笔墨转折，宛若手迹。这件作品再现了绘画和书法的原貌。

再如乾隆铜胎画珐琅配乌木圣经故事图首饰盒钟，长方形铜胎画珐琅配乌木制成，乌木色深褐。此首饰盒钟为由下而上渐次收缩的台式设计，下承方形支脚。顶端为一个拱顶方形座钟，钟盘为圆形画珐琅，二时针，盘间有一个上发条的钥匙孔。

首饰盒主体部分为对开门式设计，双门内部竖置三层带有圆形拉环的抽屉。首饰盒主体部分四棱为铜质立柱，立柱及钟顶部装饰圆雕铜质人像。首饰盒钟上下均装饰圣经故事题材的长方形珐琅画。

錾胎珐琅是早期的景泰蓝的制作方法之一，它是在一块铜板上錾出花纹的轮廓，然后再填充珐琅釉料，这种景泰蓝的制作工艺要比掐丝复杂得多了，而整个景泰蓝看起来也更显得线条流畅。

錾胎珐琅"太平有象"据记载是由两广总督李侍尧于1776年进贡给乾隆皇帝的，通高170厘米，长100

鼻烟壶 简而言之，就是盛鼻烟的容器。小可手握，便于携带。明末清初，鼻烟传入中国，鼻烟盒渐渐东方化，产生了鼻烟壶。中国鼻烟壶，作为精美的工艺品，集书画、雕刻、镶嵌、琢磨等技艺于一身，采用瓷、铜、象牙、玉石、玛瑙、琥珀等材质，运用青花、五彩、雕瓷、套料、巧作、内画等技法，汲取了域内外多种工艺的优点，在海内外享有盛誉。

厘米，宽55厘米，通体铜胎镀金。

象卷鼻垂尾，四足直立，背上有蓝黄底的鞍垫和一个宝瓶，寓意"太平有象"，象背上的垫子左右饰云龙纹，下设置束腰长方形座。

象通体为月白色珐琅地，其上锤揲起线勾云纹，而宝瓶、鞍鞯、鞍垫及长方形座的花纹则用掐丝填彩色珐琅釉技法完成，故此件太平有象为"复合珐琅器"。此象为佛堂供器，共两件为一对。

掐丝珐琅生活用品数量极其庞大，有熏炉、手炉、冠架、盘、碗、盒、茶壶、杯盘、多穆壶、火锅、筷套、唾盂、烛台、花浇、鼻烟壶、铜镜等。

掐丝珐琅春字捧盒为乾隆时期的代表性作品。宝盒一对共两件，皆以铜为胎，铸造成桃形式样。胎体铸造完成后，于其上以铜丝掐成所要装饰之图腾，后再填以彩色珐琅釉而成。

此器以天蓝色珐琅釉为底色，盒盖正面有一大型桃形开光，开光内饰一聚宝盆，盆内宝物满满，释放出多道霞光，霞光之上托着"春"字，春字中心圆形开光，居中饰一寿星，两旁以衬饰松柏与文鹿。

借由"春"字与寿星，寓意"春寿"；"春"字旁装饰两只五爪飞龙，四周则以浮空彩云为饰。大型桃形开光正下缘处

铜珐琅太平有象

■ 铜镏金掐丝珐琅
贴蟠龙蒜头瓶

冰裂纹 也就是青瓷哥窑中的开片纹之一，又叫断纹瓷，是古代龙泉青瓷哥窑中的一个极致顶级开片品种，因其纹片如冰破裂，裂片层叠，有立体感而称之。宋代哥窑瓷器以冰裂纹为主要特征。宋以后景德镇窑历代都仿烧哥窑瓷器。现在冰裂纹的应用更为广泛，在一些餐桌的桌面、茶几的下搁板处都较常见。

镌刻有"大清乾隆年制"由右至左6字楷书款。

宝盒外壁的面、盒底、宝盒内缘亦以天蓝色珐琅釉为底色，上下外壁面饰以蝙蝠彩云纹中佐暗八仙纹；盒子底部、盒子内缘上下之处则饰有冰裂纹佐梅花纹。

中国古典工艺以"春寿图"作为装饰主轴的，在各类工艺品上多有所见。其中又以明清雕漆工艺为最大宗，如明嘉靖"雕漆剔彩春寿图圆盒"、清中期"雕漆剔彩春寿图圆盒"。

似此类装饰纹饰于掐丝珐琅上出现，可以说是较为罕见。

这对掐丝珐琅"春寿图"桃形宝盒体积硕大，盒上纹饰工艺高深精湛，寓意吉祥，珐琅釉色泽华丽完美，呈现典型乾隆时期珐琅工艺特色。

还有一对乾隆御制金胎掐丝珐琅缠枝莲纹龙柄多穆壶是皇家的圣器，高45厘米，胎内含金量达到了近30%，两件器物的龙柄尾部有着明显的区别，是公母之分。

据介绍，该多穆壶作为乾隆养心殿造办处制造的御用陈设，除了造型上具有浓郁的民族风格外，还体现着藏、蒙、满、汉团结的主题。

制造工艺上更是可圈可点：颈部拥有龙首鱼尾柄和龙首流；颈、腹部及盖面施天蓝色珐琅釉为底，装饰掐丝折枝莲纹，掐丝流畅，填釉饱满，釉色鲜艳且纯正；覆钵形盖，纯金宝珠钮；圈足外壁刻缠枝莲纹，与其相对的是在长方框内刻"乾隆年制"楷书款。

珐琅彩缠枝花卉瓶

掐丝珐琅陈设品也有多种：

其一是普通陈设品瓶、罐等，如梅瓶、天球瓶、长颈瓶、双连锦袱瓶、六方贯耳瓶、鸭颈瓶、双管式瓶、英雄瓶、镂空转心瓶、棕式瓶、蒜头瓶、抱月瓶、葫芦瓶等。

如乾隆景泰蓝年年有余凌云瓶，高14.1厘米，口径5.5厘米，足径6.4厘米。器皿造型来源于中国传统梅瓶，并且此景泰蓝花瓶纹饰也是取材于中国传统题材。

因为莲与连同音，鱼与余同音，因此，这件绘有鲤鱼与莲花的盘

■ 清代掐丝珐琅圆盒

乾隆填珐琅镶玉葫芦瓶

流光溢彩的金属宝器

子就是寓意着连年有余，也就是年年富贵盈余的意思，而且此景泰蓝盘的掐丝工整，色调渐变有致，整体图案的色彩搭配也非常协调，做工精细，色调明快，生机勃勃，寓意着人们的生活富裕、美满。

蒜头瓶其实是瓷器的样式之一，造型一般为颈细长，溜肩，硕腹，圈足，瓶身就像蒜头一样，因此而得名。清代的蒜头瓶形制趋于轻盈秀美，雍正朝有霁红釉蒜头瓶、珊瑚地粉彩花鸟纹蒜头瓶，乾隆时产有掐丝珐琅蒜头瓶等，这些工艺品都是工艺精美，风致各异，比之前的康熙朝茄皮紫釉螭耳蒜头瓶又有了长足的发展。

如乾隆铜镏金掐丝珐琅贴蟠龙蒜头瓶，高40厘米，在瓶子的底部有"大清乾隆年制"款识。此景泰蓝的器型规整、浑朴，雍容华贵之中又见俊雅瑰奇。

从瓶口到瓶身装饰有一个凸起的龙纹，这条龙腾云驾雾，龙眼以

斗彩夔凤八吉祥盘

及爪子等部位刻画精微，周身鳞片密集，熠熠生辉，象征着帝王的权威，有夺人心魄的视觉张力。

瓶腹的开光景泰蓝画的吉祥纹样细密繁多，各有寓意。包括有象征富贵的牡丹、缠枝莲纹，代表长寿的寿桃、祥鸟，寓意平安祥瑞的蝙蝠、云纹、奇兽、如意纹，以及标榜清高雅逸的书卷、蕙兰。

这些画面组合有序，给人的视觉冲击力十分强烈，各个图案疏密排列有致，主次分明，可以知道这个画面的创作者有着非常高超的绘画造诣。

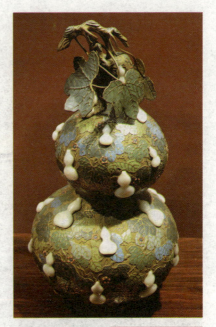

■ 清代掐丝珐琅葫芦

该铜胎掐丝珐琅瓶的另一特色就是使用的珐琅釉料色彩特别丰富，有朱、红、青、绿、蓝、紫、黄、褐、橙，冷暖对比得宜，深浅过渡自然。外加掐丝工艺的运用，越显此瓶出身高贵，皇家风范，光彩夺目。

这件景泰蓝花瓶不仅将清朝乾隆时期的各种高超的工艺结合得淋漓尽致，而且又突出了景泰蓝工艺品的特色，将珐琅的颜色也发挥到了极致，绝对是景泰蓝中的极品。

在安徽省六安县孙家岗也发现了一件乾隆珐琅彩缠枝花卉蒜头瓶，高18厘米，口径2.6厘米，足径5.5厘米。瓶呈蒜头状，有长颈，溜肩，硕腹，圈足。瓶内壁及圈足是用绿釉做底釉。

如意纹 如意为一种器物，其柄端作手指形，用以搔痒，可如人意，因而得名。也有柄端呈心字形的。以骨、角、竹、木、玉、石、铜、铁等制成，长1米左右，古时持以指划。按如意形做成的如意纹样，借喻"称心""如意"，与"瓶""戟""磬""牡丹"等组成民间广为应用的"平安如意""吉庆如意""富贵如意"等吉祥图案。

■ 乾隆景泰蓝凫樽

通体以金彩绘锦纹为地，其上以珐琅彩绘各式缠枝花卉，色彩艳丽。口、足、颈部饰以多道金彩，越显金碧辉煌，华贵典雅。外底双方框内书蓝料彩篆书"乾隆年制"印章款。

乾隆景泰蓝九龙大瓶，高72厘米，径26厘米，瓶身贴镏金9条龙纹和云纹，有着清中期景泰蓝的明显特征，大气而且精细，整个瓶浑然一体。

乾隆填珐琅镶玉葫芦瓶是非常独特的葫芦瓶造型，整件景泰蓝高61厘米，在整个葫芦形的景泰蓝表面用的是錾胎的制作工艺制作的小葫芦以及各式各样的茎和枝叶，并且镶嵌着很多小型的玉葫芦，有白玉、黄玉的小葫芦等。

而且更特别的是还镶嵌着五瓣红珊瑚珠制作的葫芦花。这件景泰蓝作品可以说是前无古人后无来者，用一句话概括就是：造型之巧，制作之精，让人叹为观止。

其二是仿古陈设品，主要是仿商周的青铜器，有花觚、鼎、卣、觥、簋、钟、扁壶、罍、奁、瓹、尊、觯等，造型古朴，纹饰典雅。

如掐丝珐琅鼎式炉从造型到纹饰均为仿古风格，该炉通高59厘米，长39厘米，金装华饰，富丽堂

罍 古代大型盛酒器和礼器。流行于商晚期至春秋中期。体量略小于彝。罍有方形和圆形两种，方形罍出现于商代晚期，而圆形罍在商代和周代初期都有。从商到周，罍的形式逐渐由瘦高转为矮粗，繁缛的图案渐少，变得素雅。

皇。该器造型仿商周缶式方鼎，长方四足高束腰，形制规整，庄重典雅。

器盖镂空，镏金摩尼珠钮，器身以蓝、红、褐、淡绿色填彩绘兽面纹，束腰饰拐子龙纹，整器辅以云雷纹等纹饰。色彩艳丽堂皇，填彩严谨细致，器表打磨精细。

再如乾隆掐丝珐琅缠枝莲纹椭圆炉。直径27厘米，高37.4厘米，炉铜镏金，折沿边，双扳耳，三兽足，炉口饰莲瓣纹，颈处凸显回字纹，下呈三足。香炉通体掐丝缠枝莲花纹，卷草莲瓣纹。

分别以红、蓝、绿、白、黄等各色珐琅嵌填烧制，露铜处施以镏金。所谓缠枝莲纹，是以莲花为主体，以蔓草缠绕成的传统植物图案。

此炉造型小巧别致，掐丝精细，花纹流畅，釉色比较丰富透明，尤以绿色釉为佳，还保持一些元代的风格，但形式与纹饰均有变化，花筋叶脉转折流畅活泼，具有清代掐丝珐琅的特点。

足部作兽首状，面部轮廓清晰，神情生动，眉目庄严。此造型不仅在铜胎掐丝珐琅中盛行，同期的宫廷瓷器中也有其亮影，并对后朝产生较大的影响。

■ 清代掐丝珐琅熏炉

掐丝珐琅 是珐琅器品种之一，一般特指铜胎掐丝珐琅。掐丝珐琅，其制作一般在金、铜胎上以金丝或铜丝掐出图案，填上各种颜色的珐琅之后经焙烧、研磨、镀金等多道工序而成。掐丝珐琅有着五彩斑斓、华丽夺目的魅力，由于其在明代景泰年间获得了史无前例的发展，又一般多外饰蓝色釉料，故习称景泰蓝。

铜胎掐丝珐琅香炉，高71厘米，腹部直径70厘米，炉上镶有两只如意形耳，顶盖上有一只铜狮子。香炉整体从上至下绘有海水纹、游龙戏珠和蓝色、绿色、红色、黄色等多种颜色组成的缠枝花卉纹饰，底足为三只兽头。在香炉上的口沿边上錾刻有"大清乾隆年制"的楷书款识。

兕樽原来指的是一种青铜酒器，而且，器型很像兕，因此而得名。《西清续鉴·绍兴古器评》："兕之为物，出入于水而不溺。……饮酒者苟能以礼自防，岂有沉湎败德之患乎？兕尊之设，其意如此。"

乾隆景泰蓝兕尊由扬州制造，铜胎镀金，兕的站立形象是卷尾立式，兕身以绿色珐琅釉为地，掐饰羽毛纹，铜镀金双爪，锤錾卷尾，兕背开一圆槽，装连椭圆形樽。樽以浅蓝色珐琅釉为地，饰勾莲纹，两侧中部有太极图。

清乾隆掐丝珐琅锦纹扁壶是清乾隆时期造办处珐

■ 清代景泰蓝笔架

■ 掐丝珐琅攒盒

琅作所制的精美之器，此珐琅扁壶高12.4厘米，口径
3.8厘米，扁壶的造型也是仿战国铜器，器型独特，其
釉色清纯，锦纹工整，金碧交辉。

壶圆口，短颈，扁圆腹，长方形圈足，肩部饰铜
镏金双兽耳。壶身用铜镏金錾花蔓草纹将腹部界成排
列规律的长方格，格内以蓝色珐琅釉为地，掐饰红色
菊花锦纹。足内镌楷书"乾隆年制"4字款。

此珐琅扁壶的胎壁厚重，金工富丽，掐丝严谨工
整。引人注目的是，金光灿烂的铜镏金錾花工艺与多
彩的掐丝珐琅工艺错落有致地排列组合，立意新颖。
另外陈设品还有挂屏、插屏等。文房用品有笔筒、笔
架、笔洗、墨床、砚盒、仿圈、镇纸、水丞等。

清乾隆掐丝珐琅龙纹文具一组原属宫廷御用，此
组文具由笔架、水丞、墨床、镇纸4件组成，是皇帝
书写时用的文具。其铜胎规矩，釉色纯正，镀金辉
煌，为清乾隆时期的珐琅器精品。

掐丝珐琅云龙纹文具通高在4.7厘米至15.9厘米

卐字 是佛的
三十二种大人相
之一。又作万字、
卐字、卍字。卐字
的符号，有的向右
旋，有的向左旋。
在近代，右旋或左
旋，时有争论。而
大多数都认为右
旋是对的，左旋是
错的。卐字用来表
示佛的智慧与慈
悲无限。旋回表示
佛力的无限运作，
向西方无限地延
伸、无尽地展现，
无休无止地救济
十方无量的众生。

■ 清代景泰蓝天球瓶

流光溢彩的金属宝器

鼎 是中国青铜文化的代表。鼎在古代被视为立国重器，是国家和权力的象征。鼎本来是古代的烹饪之器，相当于现在的锅，用以炖煮和盛放鱼肉。自从有了禹铸九鼎的传说，鼎就从一般的炊器而发展为传国重器。一般来说鼎有三足的圆鼎和四足的方鼎两类，又可分有盖的和无盖的两种。

之间，4件文具均有长方框3行楷书款识，浅浮雕式双蟠龙拱去地阳文"大清乾隆年制"。

其中暖砚为铜胎，长立方形匣，匣口卡一置砚的平台，放置两方极薄的端砚，平台下方的空间可放热水或炭火余灰，可防在寒冷的冬天墨汁凝固，故称暖砚。器内露胎，器表蓝地，盖及匣四面均饰一正面蟠龙和寿山福海祥云等，匣座錾卷枝莲花。

这一组文房用具，以双龙拱"卐"字彩坠和寿山福海为共同的装饰主题；金工部分，则饰浅浮雕式转枝番莲纹。盖及匣的四面都装饰龙纹，威武的飞龙腾云驾雾于寿山福海之上，龙首朝人，五爪张扬，充分表现出龙的威猛气势。

笔山两面均饰双龙拱卐字彩坠，龙为五爪，显然是皇帝御用之物。由六条镀金龙蟠成雕塑式的钮，搭配莲瓣台座，台座底部以浅浮雕式双龙捧住"大清乾隆年制"款，皇室的架势十足。

笔架做成山峰的形状，故有"笔山"之称，毛笔搁置在两峰之间，是古来文人重要的文房用具之一。"水丞与勺"提供研墨时所需的水。

纸镇是写字画画时用来镇压纸张，避免飘动，是文房用品之一；若其下方刻上印文，即成印玺。

用掐丝珐琅工艺仿制瓷器，也是乾隆时期一种新的表现形式。铜胎掐丝珐琅制品的造型和纹饰，借鉴其他工艺门类是比较普遍的，但仿造瓷器的效果还是前所未有的。

　　乾隆时期，仿造"景泰年制"款的珐琅制品增多，仿制技术水平亦很高。清宫造办处《各作成做活计清档》记载：

　　乾隆三十二年二月初四日，催长四德五德来说，太监胡世杰传旨，多宝格内着做仿古样款掐丝珐琅瓶一件、宝瓶一件、罐一件，俱要大明景泰阳纹款，先画样呈览，钦此。

　　于本月二十四日，库掌相永吉，将画得掐丝珐琅宝瓶纸样一张、双管瓶纸样一张、罐纸样一张，交太监胡世杰呈览，奉旨：每样准做一件，钦此。

　　乾隆三十二年四月二十日，接得库掌柜永吉押帖一件，内开本月十五日，太监胡世杰交掐丝珐琅象鼻腿圆鼎一件，传旨：将不齐全处收拾，再照此炉式成做一对，此炉活计金

水俱好，嗣后着珐琅处官员栢唐阿人等，跟同监视匠役，镀金务要活计精工，不可怠忽，钦此。

以上清官档案记录表明，乾隆时代重视仿造"景泰御前珐琅"，其中，有的是照旧样仿制，有的则画新样制造，镌刻"大明景泰年制"款。从珐琅制品中可以看到这类仿制品。但按照原器仿制的作品，其风格类似明代特点，而画样新作的制品，则清代特点突出。

如掐丝珐琅缠枝莲纹双环耳瓶，通体以浅蓝釉为地，以单线勾勒缠枝枝干，串联盛开的几朵彩釉大花，底镌刻"景泰年制"款。

图案风格近似明代特点，釉色纯正稳重，亦似明代特征，而没有采用清代新出现的色釉。但作品掐丝匀细规矩，填釉饱满，很少砂眼，这种过于拘谨的仿制手法，有别于原器自然流畅的艺术风格。

乾隆二十年前后，造办处档案记载仿造"景泰年制"珐琅制品的事例较多，但到乾隆三十三年以后，这种仿制活动亦很难见到了。

如乾隆铜胎掐丝珐琅云龙纹天球瓶，广腹，长颈，卧足。通体以白釉为地，掐丝起线，用浅蓝釉晕染出滚

动的云纹。一条红色的巨龙，张开阔口，舞动双爪，尾巴上卷，盘旋于滚滚的青云之中，追戏一颗闪烁火焰的宝珠，气势雄伟，给人以强烈的涌动感。

技师们为了表现画面的层次，还采取了晕色技法，红色釉中略显淡紫。色彩的深浅浓淡，运用得十分熟练，立体感很强。

使人一看便知，这是仿瓷器中青花釉里红的效果制造的，增强了金属胎掐丝珐琅工艺的表现力。

铜珐琅三足香炉

仿制"景泰御前珐琅"也是这时造办处珐琅作的重要活动之一。乾隆皇帝很喜欢景泰珐琅，曾多次传圣旨"造办处珐琅作"官员，令其精心设计铜胎掐丝珐琅陈设品图样，器物底部需镌刻"大明景泰年制"阳文款。并要求先画样呈现览，准时再作。

遵照御旨，造办处官员很快把设计图样呈献给皇帝，上谕"照样准做"。显然，这类仿制"景泰年制"款的珐琅作品多是按照新的设计方案制造的，同明代"景泰珐琅"的风格有明显差异。特别是釉色中粉红色的大量运用，更展露出乾隆时代的鲜明特征。

如乾隆铜胎掐丝珐琅花蝶纹天球瓶，通体以浅蓝釉为地，饰彩釉折枝花卉，多姿多彩的蝴蝶，在花丛中飞舞。其间粉红色的运用十分突出，乾隆时代的风格非常明显。

■ 景泰蓝围棋子罐

然而，瓶体底部却镌刻阳文楷书"景泰年制"款。这种仿制全无明代珐琅之特点，只是款识相似罢了。

另外，一种仿制"景泰御前珐琅"的作品，则完全按照明代珐琅器的造型、图案和釉料特点精心仿造，基本特征同明代珐琅无大差异。但这类仿制品的掐丝粗细均匀，规整细腻，填釉饱满，光洁明亮，较少砂眼，镀金闪亮辉煌。这些细部的工艺特点，很明显有别于明代的珐琅作品。

如乾隆铜胎掐丝珐琅云龙纹鼎式炉，即按照库存旧器式样制造的，器型、图案及釉色均极相似，可以达到以假乱真的程度。所以曾被误认为"景泰珐琅"而珍藏。显然，这类仿制品水平很高，作品很逼真，但如果仔细观察，亦可看出其中的差异。

乾隆后期，造办处的珐琅作由于没有什么烧造活计，其官员和匠役等被合并于别处当差。这无疑限制了珐琅工艺的发展。

乾隆时期，仿古造型和仿生器物等，式样都颇为新颖。乾隆皇帝嗜古，除上面所述金银铜胎外，也常常要求把古代青铜器等的造型运用到瓷胎珐琅制品中，仿古尊、彝、鼎、卣、瓿、簋等古代礼仪器的造型和图案，多有所本。但这些仿古器瓷物均展现出珐

夔龙纹 夔是神话中形似龙的兽名，夔龙纹一说为龙纹、蜗身兽纹，主要形态近似蛇，多为一角、一足、口张开、尾上卷。夔龙纹始流行于商、西周青铜器及玉器上，后代的珐琅器因造型和纹饰均模仿当时的青铜器，因此也有印夔纹装饰的。

琅工艺的本色，使珐琅工艺的表现范围更加丰富。

如乾隆掐丝珐琅摩羯纹立耳三足炉，通高20.5厘米，口径18.3厘米，底径17.7厘米。炉为圆形，鼓腹，双立耳，三兽蹄形足，紫檀木盖，盖钮缺失。

通体在天蓝色地上掐丝填珐琅为纹，口沿下环饰几何形纹，口沿与双耳内侧分别阴刻细密的卷草纹和对峙的夔龙纹。

腹部饰3条首尾相随蜿蜒曲折的摩羯，口衔盛开的折枝花，各色云朵分布其间。腹下部饰一周翻滚的海水，外底饰对称的四朵缠枝莲花，中心圆形开光，内蓝地，嵌铜镀金"乾隆年制"双竖行楷书款。

同时，乾隆时期用各种动物形象做器型的制品也显著增多，除明代传统式样的角端、狮子、仙鹤等形象之外，还出现了犀、象、羊、兔、天鸡等造型，颇有新意。如乾隆掐丝珐琅牧人骑羊笔架，高15厘米，长16厘米，宽7.8厘米，羊身以白色釉为地，用铜丝双掐成卷毛，头部和脊背处施浅驼色釉。

掐丝珐琅龟形瓶

■ 斗彩缠枝花卉盖盒

流光溢彩的金属宝器

羊作昂首跪卧状，一个似蒙古汉子的放牧人头戴着赭色尖顶圆帽。上身穿蓝色夹领短衫，下着赭色长裙，侧坐于羊背之上，双手轻抚羊背，昂首仰视，悠闲自娱。笔架下承托铜镀金长方形座，底部中心双方框内阴刻楷书"乾隆年制"4字款。该笔架釉色沉稳，掐丝匀细工致，金光灿烂，夸张的造型构思，和谐的色彩，富有浓厚的生活气息，为乾隆时期掐丝珐琅制品的上乘之作。

再如乾隆珐琅彩人物故事纹鹿头樽，鹿头樽因形似鹿头所得名。器型硕大、端庄，直口，短颈，溜肩，圆腹，圈足。整器通体施以珐琅彩并以浅浮雕方法刻绘。肩部饰以对称的双鹿头，鹿头以金彩盖住，金光灿烂。腹部浅刻十二生肖描金图案寓意美好。底部刻有"大清乾隆年制"6字篆书款。

"鹿"与"禄"谐音，寓意吉祥，创烧于康熙朝，是清代皇室的大型陈设器，多见青花器和粉彩器。其造型一般为收口，双耳为鹿首，腹部上敛下垂，倒置器身，若鹿头或牛头，据称是模仿青铜器中樽的造型而来的。

乾隆时的鹿头樽器一般身绘缠枝莲纹饰，肩头饰螭螭双耳。鹿头尊更多为粉彩装饰，器身画面大多绘山水鹿苑，常称百鹿樽，以乾隆时期最为著名。

山峦起伏，树林茂密，溪流回环，花草争艳，大小鹿群出没其间，或奔，或跳，或行，或躺，吃草、饮水、鸣叫、嬉戏，百鹿百态。景致丰富，层次清晰，疏密有致。

百鹿樽深得乾隆皇帝喜爱。原因显而易见，其主题纹饰具有吉祥含义。"百鹿"与"百禄"同音，这种瓷樽可看作是宫廷特殊等级和身份的象征。器身图案也深得乾隆皇帝喜爱。百鹿樽一般都描绘了一幅理想化的帝王狩猎场景。

此外，这种珐琅彩瓷器本身纹饰特别精美，将广阔的山水浓缩于这种梨形器之上，百鹿樽狭窄的肩颈处，远处山峰的描绘呈现了一幅放大的透视山水画。

珐琅彩瓷发展到乾隆时代，又进入了一个辉煌时期。乾隆皇帝儒雅好古，对于康熙、雍正时期遗留宫内的珐琅彩瓷更视为珍宝。

除承前制继续在宫中烧制外，并为每件器物配制楠木匣钵，专门储藏于乾清宫珐琅彩瓷的专库内。

档案记载：乾隆六年正月初八，太监于丙森来说，"太监高玉等交瓷胎珐琅红地锦上添花茶碗一对，黄地锦上添花五寸碟一对。传旨：着配匣入乾清宫珐琅器库内，钦此。"乾隆还诏令翰林院的翰林们为这批珍宝整理编目。

乾隆时期珐琅彩瓷在数量上远远超过了康熙、雍正两朝，器型更加丰富，仅瓶类

乾隆铜胎画珐琅包袱盖罐

就有蒜头瓶、双连瓶、葫芦瓶、双耳瓶、棒槌瓶等多种造型，此外还有茶壶、酒盅、方盒、盖碗、圆盘等，碗、碟类器皿数量也明显增多。

如乾隆铜胎画珐琅包袱盖罐，以画珐琅工艺装饰器表，罐身为黄地，在黄底上绘满了不同的转枝花卉，争相盛开，枝叶蔓蔓，罐子的内胎上着淡蓝色釉。盖顶上镶有一个小圆钮，海蓝色云头纹外为一圈玉兰与牡丹的结合纹饰，淡雅与富丽交织，别有一番滋味。

盖子和瓶体之间是子母口，黏结得很紧密，做工精细。这件画珐琅的短颈、削肩、扁腹、底露铜胎，颈部一周分格绘铃兰纹样，涂以红黄绿三色，交替分布。

肩部开光内施浅蓝绿透明釉，内填盛开莲花纹，开光之间缀以小朵的富贵牡丹花；罐身下部满填各式缠枝花卉，花瓣柔嫩、枝茎延绵、色泽妍美、富丽堂皇，体现了清代缠枝花纹枝蔓弯曲、布局繁密规整、极具图案性的特点。

乾隆珐琅彩蓝紫地花卉纹双连瓶

整器中部绘包袱纹，斜系精美的绶结，其上点饰艺术抽象化的各式彩蝶，羽翼轻薄、翩跹飞舞于花海，如此美妙的图案，绝对算得上景泰蓝精品中的精品。

在罐子的底部，是白地蓝色釉料书写的"乾隆年制"楷书款，为相交的双圈，这说明这件铜胎画珐琅作品是乾隆御

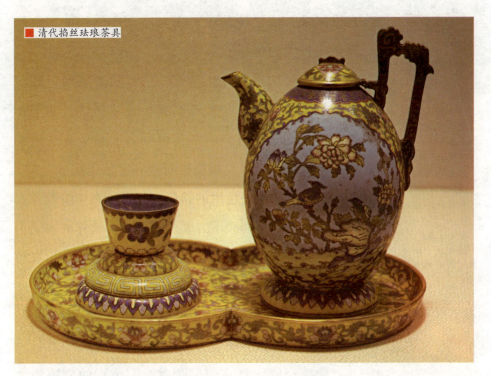

清代掐丝珐琅茶具

用的精品景泰蓝制品。

双连瓶又称双联瓶、合欢瓶，是乾隆时期流行的瓶式之一，乾隆官窑为表现其卓越的承造能力，故于前人的基础上无不尽力烧造"双管瓶""三级瓶""四喜瓶""五岳瓶""六孔瓶"和"七孔花插"等，同时足以展现技术与想象的瓶式。

如乾隆珐琅彩蓝紫地花卉纹双连瓶通高17.5厘米，口径分别为6.8厘米和4.8厘米，足径分别为7.5厘米和5.1厘米，瓶体双连式，洗口，溜肩，肩以下收敛，足微外撇，附盖，盖顶，盖边及盖口均施金彩。

瓶口，足均描金，瓶里及足内施豆绿釉。外半器紫色，半器深蓝色为地，通体色地上采用轧道工艺。盖面及瓶身的轧道地上用黄、白、绿、红等色绘折枝花卉及缠枝花卉。底书"大清乾隆年制"6字篆书款。

乾隆画珐琅花卉高足盖杯，是当时广州民间作坊仿照当时西洋高足杯的形状而制成的，也是宫廷御用珐琅作品，高27.4厘米，口径

流光溢彩的金属宝器

把玩 即"把玩件",又称"手玩件""手把件",是古玩术语,指能握在手里触摸和欣赏的玉器雕件或核雕等。把玩玉器是赏玉人爱玉崇玉的一种表现,体现出他们对玉爱不释手、恋恋不舍的情怀。"把玩件"自古以来就深受男性喜爱,发展到今天,被更广泛的人群接受。

12.8厘米,俗话说珐琅彩无大器,这件画珐琅已经算是比较大的精品了。

这件画珐琅花卉高足盖杯是铜胎画珐琅,四阶式盖菠萝形盖钮,类似于高脚杯式的杯体,两个耳部是夔龙金饰,杯内施浅蓝色釉料,整个画珐琅都装饰有绿色的花叶,填烧松石蓝和宝蓝色釉。

整体的珐琅底色用的粉色,并且绘有三阶西洋式装饰花卉,杯口与腹下方錾西洋式装饰纹样并填烧宝蓝釉;高足上下錾莲瓣纹填烧宝蓝色釉,其余均在粉红地上绘西洋式装饰花卉。

盖杯的底部是露胎的,并且阴刻着"乾隆年制"无框楷书款。

珐琅彩瓷纯系宫中皇帝后妃们把玩的御用瓷,它的发展完全取决于皇帝的爱好,皇帝不仅亲自参加图样设计,而且准烧什么,不准烧什么,都由皇帝钦定。宫中造办处珐琅作内更是分工明确,画师、烧造匠师各负其责。在器物烧成之后,每件物品还要经过皇帝过目品评。最后造册登记,定名入账,陪匣收藏,甚至藏于何处,皇帝都有具体的安排。

此外,由于珐琅彩

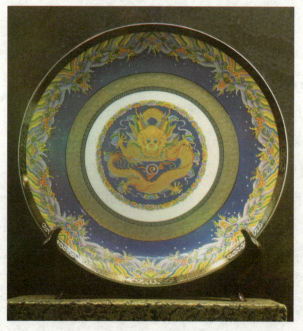

■ 画珐琅瓷盘

瓷烧制难度极大，加之成本昂贵，更使它身价倍增。

如档案记载：雍正七年四月，皇帝传旨烧一件珐琅小瓶，直至八月才烧成，其间历时四个月有余。依宫中造办处的优越条件，烧造一个小瓶尚用一百余天，可见珐琅彩瓷的烧制工艺何等复杂。难怪从康熙中后期至乾隆中期这六七十年间，流传于世的珐琅彩瓷不过500余件，可谓弥足珍贵。

■ 清代掐丝珐琅方罍

珐琅彩瓷器没有大的器物造型，其中碗、盘最多，只是每一品种都有不同的变化。另外还有一个品种是宜兴紫砂陶胎外绘珐琅料彩，这也是难得一见的。

乾隆金属胎画珐琅山水图案盘是乾隆年间的铜胎画珐琅精品，而且比较不同的是，这件画珐琅盘精品是一对，盘直径15.8厘米，而且整体图画虽相似，但是不相同，都非常有韵味。

此对盘均敞口，浅弧壁，是常见的圆底足，在盘子的底部有珐琅彩折枝天竺做款识，铜胎非常厚重，口沿和足底是镏金的，盘内口沿以黄、绿、蓝彩绘制孔雀羽毛做装饰，盘中心画白地的远山近水、亭台楼阁、拱桥宝塔、渔船行旅等。

画面非常精细，仿佛将中国山水画的题材尽收于

山水画 中国山水画简称"山水"。以山川自然景观为主要描写对象的中国画。形成于魏晋南北朝时期，但尚未从人物画中完全分离。隋唐时始独立，五代、北宋时趋于成熟，成为中国画的重要画科。在传统上按画法风格，山水画分为青绿山水、金碧山水、水墨山水、浅绛山水、小青绿山水、没骨山水等。

婴戏图 即描绘儿童游戏时的画作，又称"戏婴图"，是中国人物画的一种。因为以小孩儿为主要绘画对象，以表现童真为主要目的，所以画面丰富，形态有趣。画面上的儿童或玩耍，或嬉戏，千姿百态，妙趣横生。还有和生肖图案、各种吉祥器物、儿童游戏结合的。象征着多子多福，生活美满。

这件画珐琅之中，盘外壁画黄地缠枝花卉纹，是清代出口金属胎画珐琅的代表作品。

珐琅彩瓷器在胎质的制作方面是非常讲究的。胎壁极薄，均匀规整，结合紧密。在如此的胎质上又施釉极细，釉色极白，釉表光泽没有橘皮釉、浪荡釉，更没有棕眼的现象，确可用"白璧无瑕"来赞誉。

珐琅彩瓷器，可以说秉承了历史上中国陶瓷发展以来的各种优点，从拉坯、成型、画工、用料、施釉、色彩、烧制的技术上几乎是最精湛的。

在乾隆时期出现了很多极其优秀的陶瓷作品，但珐琅彩在制作程序和用料上是其他众多品种无法比拟的。画工也不是一般的窑工，而是皇宫里面顶尖的专业画师，所以这些器物可以代表当时最高的艺术水平，最高的工艺水准。

此时珐琅作里，群英荟萃，人才济济，有专攻花鸟鱼虫的画家余省，攻人物楼景的画家张廷彦，攻人物花卉的画家金廷标，形成乾隆珐琅彩瓷"取材多样""装饰华美"的艺术特色。

乾隆珐琅彩瓷的纹饰与康熙、雍正两朝明显不同，大致可分为以下几类：

一类是仿雍正时融诗、书、画为一体，但题材更为多样化，不仅有山石、花鸟，还有山水人物和仙山楼阁图。

如豆青地开光山水诗句纹瓶，腹部装饰4个圆形开光体，开光内绘景州开

清代画珐琅八宝盒

福寺塔全景，及乾隆御制《登景州开福寺塔》七律诗一首，诗句后钤"乾隆宸翰""唯精唯一"篆印。

此瓶在构图设计上可谓别出心裁，它以多种色调的珐琅彩料与扮彩料合绘纹饰，不仅画面十分丰富、层次鲜明、画工精致，而且诗与画共同入画，极大丰富了瓷绘的表现力。

此外，在装饰工艺上它集彩绘、描金、轧道、凸印、开光等多种工艺于一身，充分反映出乾隆时期高超的制瓷工艺水平。

另一类是婴戏人物纹饰，如一件婴戏纹双连瓶，瓶体为双连式。此瓶腹部白地上绘两组婴戏纹：

一组为四婴戏三羊图，寓意"三羊开泰"。另一组为九子嬉戏图，画中儿童形态迥然不同，手持各种吉祥物，意寓"事事如意""福在眼前"等。此婴戏图底本出自供奉内廷的宫廷画家金廷标，人物神态逼真、生动活泼，甚

三羊开泰图手炉

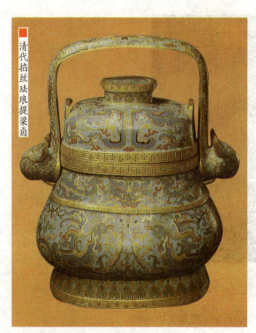

清代掐丝珐琅提梁卣

得人爱。此瓶在色地上彩绘花卉，明显具有铜胎画珐琅效果，所绘人物画法写实，线条流畅，设色精丽。

乾隆时期的珐琅彩婴戏纹饰，常通过儿童活动，将吉祥之意寓意其中。在另一件黄地花卉开光婴戏纹瓶上，通体以黄釉为地，以各种色料通体彩绘缠枝花卉，三面开光内所绘婴戏图，分别寓意"竹报平安""吉庆有余""官带流长"。

寓意"三阳开泰"的代表作是乾隆画珐琅"三羊开泰"纹手炉，是清宫御用的珐琅器物，手炉为椭圆形菱花式，铜镀金开合式提梁。高18厘米，炉身直径16厘米至19厘米，底径略小有13厘米至16厘米，珐琅器身四面饰菱形开光，两两相对。

前后两面开光内绘"三羊开泰"图，画面上天空红日高照，山峦起伏，湖水潋滟，又有古松、蒲草，地面上3只山羊仰首向日，一派祥和温馨的气氛。两侧面开光内绘月季绶带图。开光外饰宝蓝地缠枝花卉纹。盖面满布镂空"卐"字锦纹。

这件画珐琅手炉色彩丰富，图画的画工也非常精致，将吉祥寓意于珐琅画的纹饰以及山水画中，完美地体现了宫廷艺术的精美特点，是广珐琅器中具有代表性的经典作品。

乾隆时期在珐琅彩瓷上，还出现了一类临摹西洋人物和景色的纹饰，其用笔光滑平柔，几乎看不到笔触，色彩绚丽丰富，并运用焦点透视方式，使画面上的人物及背景上的建筑物，具有光线明暗的立体

流光溢彩的金属宝器

效果。这些都是制瓷匠师将西洋画法渗入珐琅彩瓷绘技艺中的结果。这种装饰方法常表现在粉盒、烟壶等之上。

如乾隆黄地珐琅彩开光西洋人物纹绶带耳葫芦瓶，高10厘米，口径0.6厘米，足径2.8厘米×2.1厘米。瓶呈葫芦形，小口，长方形足，瓶身两侧置二绶带状耳。

通体施黄釉，以珐琅彩满绘勾莲纹。瓶身两侧上下开光，上部椭圆形开光内以胭脂彩绘山水楼阁图，下部海棠形开光内绘西洋母子图。足内施白釉。外底署蓝料彩楷书"乾隆年制"双行4字款。

此瓶纹样描绘细腻，尤其是开光内的西洋女子衣着华丽，因采用了西洋画的明暗透视技法而具有立体效果。葫芦形的瓶体和山水图案则体现了中国传统的文化意味。东西文化的交融在这件器物上达到了和谐的统一。

再如乾隆珐琅彩人物故事笔洗，是乾隆皇帝给民族英雄渥巴锡的赏赐品，绘有《红楼梦》人物故事。高18.8厘米，珐琅彩陶瓷造型，此器刻画精细，人物面目、衣衫等皆有阴阳向背，正是此时期瓷画中引入西洋技法的反映，底有蓝料彩双方框"乾隆年制"4字楷书款。

乾隆年间的珐琅釉颜色中经常出现一种粉色，这种粉色在瓷器装饰上也很流行，尤其在为国外订烧的瓷器上，经常出现。器物上的金色可谓灿烂辉煌。

如乾隆珐琅彩加粉彩琴棋

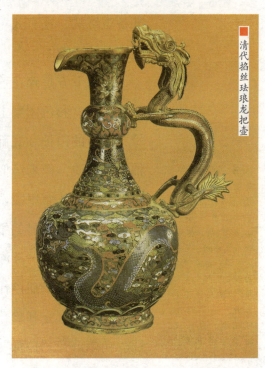

清代掐丝珐琅龙把壶

■ 清画珐琅春燕瓶

流光溢彩的金属宝器

书画人物故事纹螭龙双耳樽，修胎规整，画工精细，从口部至圈足共有八层纹饰，并运用了黑彩装饰及衣褶轧道工艺。

白地轧道粉彩勾勒衣褶的制造过程十分繁复，烧好瓶胎后，工匠继而用一种状如绣针的金属工具在彩色釉地上拨画出一种细如毫芒的凤尾纹，俗称"轧道"工艺，再以粉彩料加绘出衣褶图案，被称为"锦上添花"。

该樽从上往下的纹饰依次为：几何纹，流苏纹，碎花纹，斜格纹。图案内容更是丰富多彩，人物绘画栩栩如生，松树下对垒下棋的，操琴的，有儿童背来书卷的，有拿画卷来准备观赏的，还有儿童烧开水的；等等，俨然一幅乾隆盛世的雅趣图。

樽的下方是碎花莲瓣纹案，圈足处是不露地卷草折枝花纹，彩色图案上有极细的开片纹，并有七色彩晕，瓶身的白釉和底部的白釉色泽不一样，瓶身的白釉细腻润质，像米汤似的微微泛黄。

胎薄，从瓶里能看到瓶外的彩色图案。底足胎釉接合处有一圈明显的细小的锯齿纹，青料"大清乾隆年制"6字3行隶书款深入胎骨。

千百年来，葫芦作为一种吉祥物和观赏品，一直受到人们的喜爱和珍藏，是中华吉祥文化的代表和象征。葫芦谐音"护禄""福禄"，其枝茎称为"蔓"。

隶书 亦称汉隶，是中国汉字中常见的一种庄重的字体，书写效果略微宽扁，横画长而直画短，呈长方形状，讲究"蚕头雁尾""一波三折"。隶书起源于秦朝，由程邈形理而成，在东汉时期达到顶峰。

"蔓"与"万"谐音，"蔓带"与"万代"谐音，每个成熟的葫芦里葫芦籽众多。"福禄万代"象征"福禄寿"齐全、子孙万代、繁茂吉祥。

此外，葫芦还可以驱灾辟邪，加上入口小、肚量大的特色，寓意广进财源，挂在财位上，财富易进而不易外流。

如清乾隆珐琅彩双耳瓶，高16.5厘米，直径8厘米，造型秀丽，瓶口和颈部相对彩绘莲纹，其间用宝石红料彩绘瑞花，附设双灵芝纹耳。腹部装饰各色大小葫芦，枝叶繁茂，几只蝙蝠翩翩飞舞。

此器小敞口、细颈、圆腹，圈足，颈部饰双耳，造型新颖，轻巧秀美。器物通体施白釉，光滑莹润。颈部饰粉红色吉祥纹，色彩艳丽，瓶腹绘蝙蝠葫芦图，整体色彩搭配和谐，典雅精致，为上乘之作。

乾隆珐琅彩绘受西洋画的影响很大，色彩特点主要表现为杏黄细腻而泛红，蓝色鲜艳，胭脂红色浓而透明。

天津发现一对乾隆款珐琅彩胭脂紫轧花地宝相花纹瓶，非常典型。高25厘米，口径6.7厘米，底径6.5厘米。这对勾连瓶，撇口，长颈，长圆腹，假圈足。

颈部蓝色地，朱红色条状图案，作螺旋状绕颈一周。腹部胭脂

灵芝纹 是古典家具雕刻中常见的纹饰。自古以来灵芝被认为是天意、美好、吉祥、富贵和长寿的象征。在中国历史上灵芝代表权力至上、庄重、神圣、高尚，是最有影响的吉祥物。灵芝寄生在枯树朽木之上，花中得生有枯木逢春之意。芝盖上云彩般的花纹，犹如祥云凝聚、冠盖如意。

■ 珐琅花卉诗句纹瓶

紫地，锥剔出凤草纹，黄地开光绘3组宝相花纹，色彩光亮油润。

瓶里及底均施淡绿釉，釉表呈现折光不强的皱纹，口、肩部描金彩，底中心篆书"大清乾隆年制"6字红色方款。此瓶富丽堂皇，采用轧道工艺装饰手法，体现了清乾隆崇尚华贵艳丽的审美风尚。

天津另有一件清乾隆款珐琅彩芍药雉鸡图玉壶春瓶，高16.3厘米，口径4厘米，底径5厘米。小撇口，长颈，腹部下端丰满，圈足。瓶胎质细腻洁白，胎体轻薄，釉面莹润如玉，上用珐琅彩绘画。

颈部用蓝料彩绘上下两组蕉叶纹，腹部珐琅彩绘芍药雉鸡图：两只雌雄雉鸡栖身于山石上，彼此相偎，作态亲昵，周围衬以芍药花及秋季花草。

空白处墨彩题诗："青扶承露蕊，红妥出阑枝。"引首朱文"春和"印，句尾白文"翠铺"朱文"霞映"二方印。瓶底赭彩4字方款"乾隆年制"。

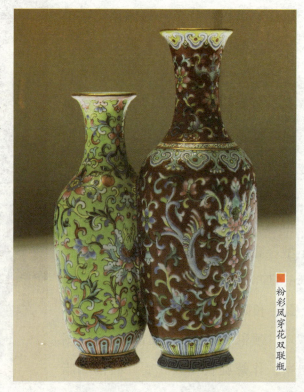

这件玉壶春瓶，构图十分精美，芍药雉鸡寓意金鸡富贵，有吉祥的含义。画工精细入微，绘画图案取自清代宫廷画家的手稿。此瓶集诗、书、画、印于一身，犹如一幅展开的画卷，称之国宝名副其实。

自乾隆以来，珐琅彩瓷器又有了一个"古月轩"的名字，尤其是民间，一直认为珐琅彩的别号就是"古月轩"，也有人认为"古月轩"是珐琅彩中的极品。

关于"古月轩"的由来，也有多种猜测。后世许之衡著《饮流斋说瓷》一书载有古月轩三说：一谓古月轩属于乾隆之轩名；一谓古月轩系胡姓人，精画料器，而乾隆御制瓷器仿之也；一谓古月轩为清帝轩名，历代精制之品均藏于该轩内。

关于"古月轩"为胡姓之说，民间一直有一个传说：

相传在中国江西瓷都景德镇附近，曾有一户胡姓人家，世代以烧瓷为生。他家的瓷制品因为精美得到了百姓的欢迎，也就惊动了官府。乾隆南巡时，他的臣子将胡姓制瓷献给皇上，得到皇上大大赞美。

于是，大臣们想让胡姓人进宫专为皇上和皇宫制瓷。但因为种种原因，姓胡的不愿意进宫，于是大臣们在宫里特设一个窑，按照胡姓人的烧制方法烧制出了精美的珐琅彩瓷器。

为了表宫里与民间的不同，也为了显示这种瓷器的出处，有人就将"胡"字拆开，将专为宫中烧的这种珐琅彩瓷器叫作"古月轩"。

传说很有味道，但无论如何，"古月轩"已经成为珐琅精品的代名词。

粉彩百花图葫芦瓶

如乾隆御制"古月轩"彩杏林春燕图碗，珐琅彩绘杏林春燕图，弱柳扶风，杏花盛开，双燕飞翔其间，一侧行楷御题诗："玉剪穿花过，霓裳带月归。"造型秀美，白釉温润，底为双方框"乾隆年制"蓝料款。工艺精湛，为乾隆珐琅彩杰作。

再如御制珐琅彩"古月轩"题诗花石锦鸡图双耳瓶，高16.5厘米，"乾隆年制"蓝料款，卷草形双耳，肩部饰卷草如意，主题纹饰为锦鸡花石。

此器为乾隆皇帝特别烧制的赏玩器，西洋画风和传统水墨相结合，秀丽别致，"新枝含浅绿，晓萼散轻红"两句题诗，更添文人气息，为乾隆珐琅彩精品。还有乾隆"古月轩"珐琅彩内佛手果子外花石纹题诗碗，"乾隆年制"蓝料款，碗心绘佛手果子纹，碗外壁绘花石纹，并配有"迎风似逐歌声起，宿雨那经舞袖垂"题诗。

阅读链接

意大利籍的清宫廷画家郎世宁来到中国，由于他多才多艺被康熙帝诏为宫廷画师，郎世宁从清朝的康熙、雍正到乾隆都为宫廷绘画，特别是乾隆朝，他花了30年的精力为宫廷出了不少的精品作，在瓷器的珐琅彩画中他的贡献最大。

郎世宁的西方绘画艺术与中国的传统绘画艺术不同，他主张以视角绘画，而中国的宫廷画师都依照宋人郭熙定的原则作画，在山水画中，"画山盈丈，树木盈尺，马盈寸，人物盈十分之一寸"。

郎世宁的绘画多采用以视角、立体、透视、明暗、写实、解剖、准确、细腻等特点结合起来。

弥足珍贵的清晚时珐琅器

　　嘉庆及其以后时期，珐琅器的烧造呈萎缩局面。虽然数量有所减少，但质量还是比较精细的。嘉庆时期，铜胎掐丝珐琅作品仅见盘、盌之类。总体工艺制作水平都不及前代，掐丝珐琅的胎体较薄，色彩鲜艳。这个时期的"老天利""德兴成"等作坊制作出的掐丝珐琅工细，质量较好。

　　如老天利景泰蓝红榴福祉，是一件比较少见的石榴形器。此作品在纹饰中，上下口以蝙蝠寓意为"齐天洪福"，中央为缠绵不断的蔓草纹，形成的五个光子中饰"福、寿、禧、禄、财"。此件的制作原料与工艺上也比较特殊，其底座设计了铸錾配饰，使榴的写实枝干和叶，与整个榴体相结合；器

清代掐丝珐琅牡丹纹扁壶

铜珐琅熏炉

冠则是玉制品的写实枝干和叶，与榴体相结合。头部为玉制镶嵌，形成榴嘴。正是所有的这些构成了一件完美的景泰蓝手工艺品"红榴福祉"。

嘉庆时一些民间珐琅作坊所烧造的掐丝珐琅器物，造型较多为仿古铜器，或仿乾隆时期的一些掐丝珐琅精品，款识大都是刻款。

道光时，掐丝珐琅甚少，以1825年由养心殿造办处珐琅作烧造的永陵掐丝珐琅五供为代表，其造型、图案、掐丝、珐琅均接近乾隆晚期风格。五供包括两件瓹、两件烛台、一件香炉，常用于祭祀等场所陈设。而且此掐丝珐琅五供器型较一般寺庙佛堂内的陈设五供要大得多，又以掐丝珐琅工艺制成，因此弥足珍贵。

如掐丝珐琅八吉祥，高为35.2厘米至35.9厘米。这一组八吉祥掐丝珐琅作品都是放在宝瓶莲花座上的，以铜胎掐丝珐琅工艺制作而成，工艺精美。

到了清末光绪、宣统时期，由于金属胎掐丝珐琅器"景泰蓝"具有鲜明的民族风格，受到了一些西方国家的青睐，成为一种可获得利润的出口商品，因而刺激了宫廷以外商营作坊的生产。在这种情况下，民间掐丝珐琅工艺有了稍许恢复和发展。同治年间的掐丝珐琅制品，以浅黄色釉为地者居多，饰红、绿彩图案，掐丝均匀细腻。

一段时间里，北京地区除"老天利""德兴成"外，还先后建立了"洋天利""静远堂""志远堂"等专营铜胎掐丝珐琅的私人商号和店

流光溢彩的金属宝器

堂，以老天利、德兴成的质量上乘，器型工整，多仿古器造型或乾隆精品造型，款识多刻款。

据有关资料记载，景泰蓝出口始于清道光年间。老天利制作的《宝鼎炉》分别在美国芝加哥世界博览会和巴拿马万国博览会上两次荣获一等奖。至此，景泰蓝在国际上声誉大震。

皇室也开设了如"印铸局""大清工艺局"等宫营作坊，运用了掐丝珐琅的工艺技术，制作金属珐琅器和诸如奖章、奖杯之类的制品。代表作品如银胎掐丝珐琅蕉叶纹兽耳瓶，高17.8厘米，口径7.2厘米，足径7.3厘米。此瓶造型仿古青铜器式样，瓶银胎，广口，垂腹，圈足，双兽耳。

颈施白色珐琅釉为地，饰蓝色釉蕉叶纹，耳下环周八出戟；腹施绿色釉地，蕉叶纹内饰兽面纹，足墙饰蟠

夔纹。底方框内镌阳文"印铸局勋章制造所制"9字隶书款。

清末珐琅器更加胎薄体轻，有的借助于机械成型的方法，器型规矩。由于金属拉丝技术的运用，掐丝匀细，线条流畅。

如晚清珐琅彩凤尾尊，该尊高24.5厘米，撇口，直径11.1厘米，圈足直径6.5厘米，二层台底足，其整体造型十分标准，尊体的弧线特别简洁流畅，显示出拉坯工匠极为精湛的手艺，其纹饰布局分为两个部分，分别被上中下三周边饰所分隔，边饰圈内的图案由红、黄两色的六角形花纹和绿色的折枝纹组成，具有较明显的晚清风格。

■ 清代珐琅彩人物图瓶

凤尾尊上部的纹饰内容有山石、古藤树、花草和锦鸡，其中，山石左上方有一朵特大的鲜花是以金红珐琅彩绘制，鲜艳而美丽。两只锦鸡分别立在藤枝的上下相对而鸣，它们的羽毛和长尾被各种釉色渲染得淋漓尽致，令人赏心悦目。

下部的纹饰内容有湖石、古藤树、花草和喜鹊。湖石的画法颇为用心，能透过石洞看到后面的花草，充分表达了湖石瘦、漏、透的审美要求。

古藤树画得粗壮而弯曲，树皮上的褶子历历在目，显得苍劲而富有古韵。有两只喜鹊栖于枝头，

博古 该纹样是瓷器装饰中一种典型的纹样，博古即古代器物，由《宣和博古图》一书得名。后来，"博古"的含义加以引申，凡鼎、尊、彝、瓷瓶、玉件、书画、盆景等被用作装饰题材时，均称博古，在各种工艺品上常用这种题材作为装饰，寓意高洁清雅。古代瓷器上的博古图流行于明末至清代的景德镇窑瓷器上。

其中上面的那只弓着身、曲着颈，朝着下面的那只鸣叫，形态十分传神。在不远处，又有两只喜鹊正在翩翩飞来，画面寓意"四喜临门"，图案的设计令人叫绝。湖石的上方刻出一花枝，枝头上盛开着一束硕大的鲜花，以典型的天蓝珐琅彩绘制，给人以高中典雅的感觉。艺术效果十分突出。

另外，草地上、枝头上，又有数不尽的大小花朵竞相绽放，被风吹落的花瓣和彩蝶并肩起舞，一幅春意正浓、万物兴盛的景象。

同时，晚清珐琅器的填料饱满，釉面光洁，砂眼少而细小。作品的釉色多变，有以赭红、淡黄、苹果绿、灰白和墨色釉作地者，前期那种以浅蓝色釉为主色调的作品减少。

如珐琅彩人物故事螭龙双耳瓶，撇口、长颈、螭龙双耳、丰肩、圆腹、圈足。胎质细致，釉色白净，形制秀美。口、肩、底部蓝料绘制回纹、如意纹、变形蕉叶等十一道辅助纹饰，红料饰透雕螭龙双耳，红、蓝双色相间，互为抢目争艳。

双耳瓶的腹部主题纹饰则以红、蓝、绿、黄、紫等珐琅彩绘以人物故事，正面为宽大正厅间一鹤须童颜老翁诗兴勃发坐于书案前，两眉清目秀年轻女子一前一侧亭亭玉立，老翁身后书柜古书层层叠叠，柜前大扇立地屏风一幅山水诗文图，案侧假山盆花，又侧圆穹门外廊房深深庭院青翠，反面绘博古景。

整器构图完美，画笔精致，色彩雍容华贵。珐琅彩多见小

清代珐琅高足炉

粉彩人物纹笔筒

件制品，该瓶通高33.5厘米，且完美成对承传，实属不易。

晚清出现了大量的仿品，"达古斋"款掐丝珐琅袱系纹笔筒属晚清珐琅作坊名号，其笔筒的造型与风格与"志远堂"款笔筒如出一辙。如"志远堂"珐琅书卷式笔筒，通高9.5厘米，口径有8.5厘米，足径略小有6.7厘米。笔筒以浅蓝色珐琅为地，掐丝填红、黄、蓝、白、绿、黑等颜色的折枝花卉及秀石纹，花纹装饰比较注重色彩的晕染效果。这件作品虽然是出自清代晚期的民间作坊，但是造型优美，制作精良，造型和图画设计颇具匠心。

而且，此书卷式笔筒景泰蓝的造型也比较独特，是做成了大小两书卷式，装饰掐丝珐琅锦袱纹，底做如意云头式足一周，口部饰一红色珐琅长方形框栏，上有掐丝填黑色珐琅"志远堂"款。

阅读链接

珐琅器的制作工艺，从传入以后，经历了漫长的发展、成熟和创新过程，很快便为中华民族传统艺术所融合，并成为世界金属胎珐琅工艺中的一枝奇葩，已经成为我们民族的特种工艺。

由于生产工艺复杂，材料的不可替代性，使得其价值较高，是收藏、馈赠的珍贵艺术品。